U0524897

国家社会科学基金重大招标项目"明清民国珍稀时音韵书韵图整理集成与研究"（19ZDA308）阶段性成果之一

南京大学双一流学科建设"百层次"科研项目经费资助出版

普通话的
分韵及韵谱字汇

张玉来
朱晓琴
曹 嫄

编 著

中国社会科学出版社

图书在版编目（CIP）数据

普通话的分韵及韵谱字汇 / 张玉来等编著. —北京：中国社会科学出版社，2022.11
ISBN 978-7-5227-0636-8

Ⅰ.①普… Ⅱ.①张… Ⅲ.①普通话—韵母—研究 Ⅳ.①H116

中国版本图书馆 CIP 数据核字（2022）第 137007 号

出 版 人	赵剑英
责任编辑	许　琳
责任校对	李　硕
责任印制	郝美娜

出　　版	中国社会科学出版社
社　　址	北京鼓楼西大街甲 158 号
邮　　编	100720
网　　址	http://www.csspw.cn
发 行 部	010-84083685
门 市 部	010-84029450
经　　销	新华书店及其他书店
印　　刷	北京君升印刷有限公司
装　　订	廊坊市广阳区广增装订厂
版　　次	2022 年 11 月第 1 版
印　　次	2022 年 11 月第 1 次印刷
开　　本	710×1000　1/16
印　　张	18.5
插　　页	2
字　　数	304 千字
定　　价	108.00 元

凡购买中国社会科学出版社图书，如有质量问题请与本社营销中心联系调换
电话：010-84083683
版权所有　侵权必究

前　言

　　韵书是我国特有的一种查正字音和查找同韵字的工具书，其基本形式是按某一音系（共同语或方言或前代音系或自拟音系）把汉字（相当于语素或词）按照韵基或韵母的不同分成不同的韵部，再按一定体例编排而成的语音书。汉字韵书作为汉字工具书的一种特殊形式，其核心是按照字音将一定数量的汉字进行编序，其基本工作包括：分析字音结构、收集汉字、确定每个汉字的确定读法（含一字多音）、分析并划分字音的韵部、将汉字按韵部归类、再按同音关系归纳小韵（音节）等。

　　综观汉语韵书千余年的编纂史，我们可以发现其目的不外两个方面：一是供人们查正、辨析字的读音（共同语或方言），保证字音的准确；一是用于诗歌押韵。广义的诗歌指所有有韵的文体，包括诗、词、曲、赋、儿歌、顺口溜等，历史上，汉语的诗歌基本都是押韵的。诗歌押韵有时需要有关韵书来指导，它可以供诗人押韵时查找可以一起押韵的同韵字，方便艺术创作。因此，我国历史上常常将韵书跟诗歌体式相关联，称为"诗韵"或"词韵"或"曲韵"等。按这一传统，本书所编纂的普通话韵书，也跟白话新诗、新词、新曲相关联，因此，也可以称为"新诗韵书"或"新诗韵"。新诗押韵实例是编纂普通话韵书时归纳、划分韵部的依据，反过来，普通话韵书也可以指导并规范新诗的押韵行为。

　　历史上各类传世的汉字韵书，其编纂的语音依据主要是各代共同语音系，如《切韵》《中原音韵》，等等。现代学术意义上的共同语，通常是指一个部落或民族的全民语言，它大致依据的是某个部落或民族的某一区域的语言，并经历长时间的使用、普及而逐渐形成。汉民族共同语源远流

普通话的分韵及韵谱字汇

长，从先秦的"雅言"，历经两汉的"通语"、六朝至唐宋元的"正音"、明清时期的"官话"，到现代的"国语""普通话"，已经有了两千多年的历程。现代汉民族共同语先后经历了"老国语""新国语""普通话"三个阶段。"老国语"是在明清时代的"官话"的基础上，经过人为审定形成的，依据的音系不完全是一个活的方言点的音系；"新国语"是在"老国语"基础上，吸收了"老国语"审音的经验、教训后，依据北京话的音系审定的共同语语音系统；"普通话"是"新国语"的另名，是新中国成立后使用的称呼。普通话的审音依据也是北京话，稍有差异的是，随着时代的变化，普通话有些字音的审定与"新国语"不同。20世纪50年代，经国务院批准，现代汉民族共同语被确定为"以北京语音为标准音，以北方话为基础方言，以典范的现代白话文著作为语法规范的普通话"。"普通话"是现代汉民族共同语最规范的称谓。

本书是在分析新诗押韵的实践基础上，依据北京话音系，探讨了普通话分韵的历史、原则、标准以及分韵的层级等学术问题，总结了新诗韵书编纂的正反两方面的历史经验，最终编成了普通话韵谱字汇。

本书是《汉语新诗韵论》（张玉来、许霆合著，中国社会科学出版社2019年版）一书中《汉语新诗韵书》部分的修订。这次修订跟原书主旨有所不同，《汉语新诗韵书》原来主要围绕新诗押韵展开论述，这次修订虽然也关注新诗押韵的有关问题，但主体是普通话的分韵及韵谱字汇编纂两个方面。普通话的分韵部分主要讨论了汉语普通话的分韵原则、标准及诗歌押韵的通押关系，讨论了普通话如何划分韵部和划分多少韵部的问题；"普通话韵谱字汇"部分则根据本书确定的韵部，按语音关系编纂了一部《普通话韵谱字汇》。《普通话韵谱字汇》以分辙、分韵、分韵母、分声调、按同音音节的方式编排汉字，其目的是用来查检可以一起押韵的同韵字。

本书沿用了《汉语新诗韵论》里提出的分韵原则和分韵标准，在这些原则和标准的基础上，划分了韵母韵（39韵）、严韵（15韵）、通韵（13辙）三级韵部体系；本书所提出的分韵体系和韵谱字汇是学术性和指导性的，不具有强制性，使用者既可当作正音材料使用，也可以用来查检韵字，根据读者需要自行取舍；本书最后有两个附录（《汉语拼音方案》《〈普通话韵谱字汇〉多音字表》），以方便读者参考。

前　言

　　本书由张玉来负责总体框架设计，负责分韵原则及分韵标准的确定等部分的写作，并制定了《普通话韵谱字汇》的编纂体例。朱晓琴编排了《普通话韵谱字汇》，曹嫄又做了多次修订，最后张玉来进行了审定。曹嫄还编写了《普通话分韵音节表》《普通话常用儿化词例表》《〈普通话韵谱字汇〉多音字表》等，张玉来又做了大幅修订。曹嫄承担的编写和修订的工作量比较大，总字数有九万之多。我要感谢这两位的辛苦劳动！

　　我们还要特别说明的是，本书的《普通话分韵音节表》和《普通话韵谱字汇》虽是根据本书新订的韵母体系编排的，但也充分照顾了《汉语拼音方案》原"韵母表"的结构，音节拼写也保留了汉语拼音惯常的形式，只是对韵母的表示方式做了一些调整，这一点请读者注意。

　　最后还需说明的是，儿化韵虽被称为"小辙"，也有诗人偶尔用来押韵，但是，从新诗押韵的实践看，押儿化韵的新诗并不多。因此《普通话分级分韵表》以及《普通话韵谱字汇》中，都没有纳入小辙的内容，而是单独在《普通话的儿化韵及儿化韵音节》部分中做了处理，有需要了解的读者，可以参看。

　　由于本人学识有限，书中所有不足，概由我负责。

　　欢迎读者批评指正！

张玉来
南京大学双杏斋
2022 年 11 月 20 日

目　录

壹　汉语诗歌声律的构造及其押韵传统 ……………………（1）
　　一　诗歌语言的声律特征 ………………………………（1）
　　二　汉语诗歌的声律构成 ………………………………（3）
　　三　汉语诗歌的押韵传统 ………………………………（13）
　　四　汉语韵书与诗歌押韵 ………………………………（21）
　　五　与押韵有关的基本概念 ……………………………（22）

贰　新诗韵书百年编纂历程 ……………………………………（26）
　　一　新诗的诞生与新诗韵书的编纂 ……………………（27）
　　二　老国音时期的新诗韵书（1913—1928）…………（31）
　　三　新国音时期的新诗韵书（1932—1958）…………（36）
　　四　普通话时期的新诗韵书（1958—　）……………（37）

叁　各新诗韵书间存在的分韵歧异 ……………………………（51）
　　一　新诗韵书分韵体系比较 ……………………………（51）
　　二　各新诗韵书间的歧异现象 …………………………（64）
　　三　各新诗韵书间分歧的原因 …………………………（67）

肆　十八韵及十三辙系统的韵书 ………………………………（74）
　　一　十八韵体系的韵书及其评价 ………………………（74）
　　二　十三辙源流及韵辙归纳例证 ………………………（82）

1

伍　诗歌通押与韵部归纳的关系 ·· (97)
- 一　关于诗歌通押的已有认识 ·· (98)
- 二　诗歌通押与严韵系统 ·· (100)
- 三　诗歌通押实例 ··· (104)
- 四　诗歌通押关系的本质 ·· (120)

陆　普通话韵母系统的审音及分韵原则 ·································· (122)
- 一　普通话韵母系统的审音 ·· (122)
- 二　普通话的分韵原则 ·· (134)

柒　普通话韵部层级及分韵标准 ··· (138)
- 一　普通话韵部的三个层级 ·· (138)
- 二　普通话分级分韵表 ·· (143)

捌　普通话分韵音节表 ·· (147)
- 一　普通话音节统计 ··· (147)
- 二　普通话带调音节表（1287 个） ···································· (153)
- 三　普通话各韵音节数分布 ·· (170)

玖　普通话韵谱字汇 ··· (172)
- 一　说明 ·· (172)
- 二　普通话韵谱字汇 ··· (173)

拾　普通话的儿化韵及儿化韵音节 ··· (229)
- 一　北京话儿化的形成及普通话儿化词的规范 ····················· (229)
- 二　普通话儿化韵的读音规则及儿化韵母系统 ····················· (232)
- 三　普通话儿化韵的押韵 ··· (239)
- 四　普通话儿化韵部的归纳 ·· (241)
- 五　普通话儿化韵音节表 ··· (246)
- 六　普通话常用儿化词例表 ·· (250)

目 录

附录 ……………………………………………………（256）
　壹　《汉语拼音方案》 ………………………………（256）
　贰　《普通话韵谱字汇》多音字表 …………………（259）

参考文献 ………………………………………………（278）

壹　汉语诗歌声律的构造及其押韵传统

我国诗歌，从广义上说，有节奏和韵律的文学形式都是诗歌，与我国传统上的韵文大致相当。作为一种特定的文学体裁，自有其特定的语言形式。语音是语言的外在形式，诗歌讲求语音的艺术美。在创作中，诗人利用语音的成素，使诗歌具有回环、跌宕等特殊美感，我国传统上把诗歌的语音形式规则称为声律，将声律及其他方面（如黏连、对仗等）的要求，统称为格律。格律的范畴自然要比声律宽泛得多。诗歌的独特语言形式构成了诗体的重要特征，它具有稳定性和传承性，当然也在不断创新中。

一　诗歌语言的声律特征

朱光潜在《诗论》里指出，在历史上，诗与乐有很久远的渊源。在起源时，它们与舞蹈原来是三位一体的混合艺术……文化渐进，三种艺术分立，音乐专取声音为媒介，趋重和谐；舞蹈专取肢体形式为媒介，趋重姿态；诗歌专取语音为媒介，趋重意义。①这就指明了诗歌具有语音艺术的特性。按我国的诗歌传统，将配合音乐的称为歌，不配音乐的称为诗，也可混称为诗歌。

我国古代很早就认识到了诗歌的艺术特点。《尚书·尧典》："帝曰：'夔！命女典乐，教胄子，直而温，宽而栗，刚而无虐，简而无傲。诗言志，歌永言，声依永，律和声。八音克谐，无相夺伦，神人以和。'夔曰：'於！予击石拊石，百兽率舞。'"② 这就把诗歌表达情感、意义及其语言特点都说到了，其中特别强调了诗歌与音乐和舞蹈的关联。

---

① 朱光潜：《诗论》，北京出版社 2005 年版，第 147 页。
② 王世舜译注本：《尚书·尧典》，四川人民出版社 1982 年版，第 18 页。

普通话的分韵及韵谱字汇

《论语·阳货》："小子何莫学夫诗？诗，可以兴，可以观，可以群，可以怨。迩之事父，远之事君；多识于鸟兽草木之名。"① 班固《汉书·艺文志》："《书》曰：'诗言志，歌永言。'故哀乐之心感，而歌咏之声发。诵其言，谓之诗；咏其声，谓之歌。"② 这也是阐发了诗歌是表达情感和思想的，它既可"诵"，也可"咏"。

诗歌作为一种具有音乐性的文学体裁，其音乐性体现在可以配乐歌咏，这就要求诗歌讲究声音跟乐谱相适配。这是其他文体所不具备的。刘勰在《文心雕龙·声律》中说："夫音律所始，本于人声者也。声含宫商，肇自血气，先王因之，以制乐歌。故知器写人声，声非学器者也。故言语者，文章管籥，神明枢机，吐纳律吕，调和唇吻而已。古之教歌，先揆以法，使疾呼中宫，徐呼中徵。夫徵羽响高，宫商声下；抗喉矫舌之差，攒唇激齿之异，廉肉相准，皎然可分。今操琴不调，必知改张，摛文乖张，而不识所调。响在彼弦，乃得克谐，声萌我心，更失和律，其故何哉？良由外听易为巧而内听难为聪也。故外听之易，弦以手定；内听之难，声与心纷；可以数求，难以辞逐。"③ 刘氏在这里所要说的是，文章（当然包含诗歌）是由言语构成的，写出来的话要唇吻调和，像音乐一样要有宫商高下的变化，但是，为什么人们感觉语音的调和不如音乐那么容易做到呢？那是因为"外听易为巧而内听难为聪也"，也就是说，音乐是直接诉诸听觉的，而文章是诉诸心灵的。心灵要通过声音表达出来就没有那么容易了，声律也是不容易运用好的。

世界各民族的诗歌都有特定的形式，无论是"自由体"还是"格律体""半格律体""准格律体"，无不存在着内在的格律要求。闻一多在《诗的格律》里说："对于不会作诗的，格律是表现的障碍物，对于一个作家，格律便是表现的利器。上面已经讲了格律就是 form。试问取消了 form，还有没有艺术？上面又讲到格律就是节奏。讲到这一层更可以明了格律的重要；因为世上只有节奏比较简单的散文，决不能有没有节奏的诗。本来诗一向就没有脱离过格律或节奏。这是没有人怀疑过的天经地义。如今却

---

① 杨伯峻、杨逢彬注译本：《论语·阳货》，岳麓书社2000年版，第168页。
② （汉）班固：《汉书·艺文志》，商务印书馆1955年重印本，第7页。
③ （梁）刘勰：《文心雕龙·声律》，郭晋稀注释本，岳麓书社2004年版，第329—330页。

什么天经地义也得有证明才能成立？是不是？"① 因此，无论是什么形式的诗歌，格律是少不了的，是诗歌就得有其独特的语言表现形式，它比散文要更讲究语言的节奏和旋律。

我国诗歌源远流长，产生了包括上古歌谣、周秦诗歌、汉代乐府、古体诗、近体诗、宋词、元曲、明清时曲与剧曲等丰富的诗歌经典，矗立起了一座座文学丰碑。由于诗歌是最富音乐性的语言艺术，因此一种诗体的发生之初大多与其特定时代的音乐形式相结合。由于乐律的要求，诗歌语言讲求字音的节奏、轻重、高低和回环，这样就形成了诗体的格律。古体诗之前的诗歌，讲求直抒胸臆，律出自然，格律的要求没有人为的强制性。自五言与七言古体诗兴起之后，格律逐渐成为一种自觉的诗歌创作规则，至唐代近体诗而隆盛。此后的宋词、元曲等的创作，无不受到各自格律的制约。

综观历代汉语诗歌的格律形式，约而言之，大致包含以下几个方面：1. 句式：诗句的长短和句子数量的多少；2. 诗章：一首诗分段（章/阕）、分几段；3. 平仄：句中各字的声调要区分平仄；4. 对仗：在相关的诗句中使用意义上同类或对立的词语，一般要求词性相同，位置相同，平仄相关；5. 节奏：诗句内有规律地使用长短和强弱有别的音节（词语）；6. 押韵：在特定诗句的末尾使用相同韵基的韵字，使诗歌具有和谐回环美。使用韵字时，有疏密、换韵等要求。

朱光潜说："诗既离开乐调，不复可歌唱，如果没有新方法来使诗的文字本身上见出若干音乐，那就不免失其为诗了。音乐是诗的生命，从前外在的乐调的音乐既然丢去，诗人不得不在文字本身上做音乐的工夫，这是声律运动的主因之一。齐梁时代恰当离调制词运动的成功时期，所以当时声律运动最盛行。齐梁是上文所说的音义离合史上的第四时期，就是诗离开外在的音乐，而着重文字本身音乐的时期。"② 格律是诗歌音乐性的重要体现，无论如何诗歌不能不讲求格律。

二 汉语诗歌的声律构成

什么是汉语诗歌的声律？综合历代学人对声律的看法，可概括为：声

---

① 闻一多：《诗的格律》，《晨报副刊》1926年5月13日。
② 朱光潜：《诗论》，北京出版社2005年版，第272页。

普通话的分韵及韵谱字汇

律就是汉语语音要素在诗歌中的应用规则。

诗歌是语言（语音）的艺术，语言是由语音、词汇、语法构成的，诗歌是遣词造句、协和语音的艺术创造，声律就是语音在诗歌创作中的表现形式。

汉语语音的基本表达单位是音节，音节的构成是：（声+韵）+调＝音节，按照今天语音学的分析来说，那就是：声母是辅音；韵母是元音，或元音加元音，或元音加辅音构成的；声调是音节的音高高低升降的变化。汉语语音的使用单位是音节，书面上一个汉字基本等于一个音节，一个音节表达的语言单位一般是词，不表示词的是语素，个别的只表示词的辅助成分，如儿化词中所标的"儿"。一个音节大致包括声母（按照传统，零声母也算名义上的声母）、韵母和声调三个组成部分。声律就是这些要素在文学中的体现。

声律运用到诗歌中，其主要表现形式有四个方面：讲求平仄、押韵、对仗、停顿（节奏）。这四个方面都与汉语的语音要素相关。比如杜牧的《山行》：

山　行*

杜牧

远上寒山石径斜，
白云生处有人家。
停车坐爱枫林晚，
霜叶红于二月花。

这首诗首先是押韵的，即斜（中古音［zia］）、家、花三字同韵，它们韵母相近（同韵腹、韵尾）。其次，声调的调型是交替的，即"仄仄平平仄仄平，⑯平⑰仄仄平平。平平仄仄平平仄，⑰仄平平仄仄平"。再次，在音节停顿上是 2-2-2-1 式，即两个音节一顿，最后一个音节一顿，这就是节奏。

---

* 诗句中下带点的字为入韵字。如有换韵，则一韵的字下加点，另一韵的字下画双线。全书同此。（唐）杜牧：《山行》，见《杜牧集》，山西古籍出版社 2004 年版，第 5 页。

壹 汉语诗歌声律的构造及其押韵传统

对仗也是语音要素的体现，下面再讲。

汉代以前人们尚没有系统地认识到声律在文学中的作用，诗歌格律的运用全出自天籁。至南北朝时，声律之论方盛。（唐）皎然《诗式·明四声》："乐音有宫商五音之说，不闻四声。近自周颙、刘绘流出，宫商畅于诗体，轻重低昂之节，韵合情高……"①《南齐书》记载了当时的盛况："永明末，京邑人士盛为文章谈义，皆凑竟陵王西邸。绘为后进领袖，机悟多能。时张融、周颙并有言工，融音旨缓韵，颙辞致绮捷，绘之言吐，又顿挫有风气。"②

声律之所以被人们所重视，跟时人发现汉语四声的存在有关。《南史》卷四十八《陆厥传》："（永明末）时盛为文章，吴兴沈约、陈郡谢朓、琅邪王融以气类相推毂。汝南周颙善识声韵。约等文皆用宫商，将平上去入为四声，以此制韵，有平头、上尾、蜂腰、鹤膝。五字之中，音韵悉异，两句之内，角徵不同，不可增减。世呼为'永明体'。"③又卷五十七《沈约传》："（约）又撰《四声谱》，以为'在昔词人累千载而不悟，而独得胸衿，穷其妙旨'。自谓入神之作。"④四声的发现，促进了人们对汉语语音的认识，作者有意识地运用这一要素进行创作。沈约《谢灵运传论》称："一简之内，音韵尽殊，两句之中，轻重悉异。妙达此旨，始可言文。"⑤

古人对声律的认识是有过程的，一旦发现之后就能自觉地运用到诗歌创作中。声律运用到诗歌之中，到底能给诗歌的表达带来哪些艺术效果呢？也就是说声律在诗歌构成中的作用如何呢？古人大都语焉不详。刘勰在《文心雕龙·声律》里说："夫吃文为患，生于好诡，逐新趣异，故唇吻乱纷；将欲解结，务在刚断。左碍而寻右，末滞而讨前，则声转于吻，玲玲如振玉；辞靡于耳，累累如贯珠矣。是以声画妍媸，寄在吟咏；滋味流于下句，气力穷于和韵。"⑥在朦胧之中，我们可以体味到他要说的一些意思。

---

① （唐）皎然：《诗式》，学海类编本，第1页。
② （梁）萧子显：《南齐书》卷四十八"刘绘传"，吉林人民出版社1995年版，第455页。
③ （唐）李延寿：《南史》卷四十八《陆厥传》，中华书局1975年版，第1195页。
④ （唐）李延寿：《南史》卷五十七《沈约传》，中华书局1975年版，第1414页。
⑤ （梁）沈约：《谢灵运传论》，见黄钧等选注《历代骈文选》，湖南文艺出版社1986年版，第96页。
⑥ （梁）刘勰：《文心雕龙·声律》，郭晋稀注释本，岳麓书社2004年版，第331—332页。

下面我们就说说声律在文学作品中的艺术作用。

（一）平仄交错构成抑扬跌宕的美

汉语四声传统上称作"平上去入"，这四个调的调值不同，《元和新声韵谱》："平声哀而安，上声厉而举，去声清而远，入声直而促。"① 就是说平声是一个长平调，其他三声都不是平调，因为平调可以无限延长，故谓平声；其他三个声调都不是平调，不能无限延长，故统称为仄声。声调的平仄对立实质是长短曲直的不同，即平与高低曲折的对立。诗歌就是以此加强格律变化的。这种变化实质是高低长短的不同，高低长短的交错就构成了抑扬跌宕的艺术效果。比如：

春　望②

杜甫

国破山河在，仄仄平平仄
城春草木深。平平仄仄平
感时花溅泪，⑥平平仄仄
恨别鸟惊心。仄仄仄平平
烽火连三月，⑰仄平平仄
家书抵万金。平平仄仄平
白头搔更短，⑥平平仄仄
浑欲不胜簪。⑰仄仄平平

在讲求声律的诗歌中，平仄总是交错递用的。沈约所谓"若前有浮声，则后须切响"就是这一主旨的体现。平仄律的实质是平与不平（高下或曲折）律。有人称平仄是长短律，即平长，仄短，也有其一定的道理。

（二）韵脚和谐构成回环缭绕的美

从历代汉语诗歌押韵的行为和规则看，所谓押韵即一首诗里的某些诗

---

① 引自王利器《文心雕龙校证》，上海古籍出版社1980年版，第214页。
② （唐）杜甫：《春望》，见《杜甫集》，凤凰出版社2006年版，第69页。

句末尾用上韵基相同或十分相近、语感上和谐的韵字。所谓韵基（又称韵身），就是汉语韵母的主要元音和韵尾的组合，如现代汉语的 an/ian/uan/üan 四个韵母里的 an 就是韵基。如果没有韵尾，那么韵腹就是韵基，如现代汉语的 a/ia/ua 三个韵母里的 a 即是韵基。韵基相同或非常相近的字，就可押韵，这些押韵字汇合起来，传统上称为韵部。同一韵部指的是主要元音相同（或相近）、韵尾相同的字的集合，比如 an、ian、uan、üan 四个韵母的字统合为一个韵部，可以称为"山寒"韵。这一韵部的字在同一首诗中出现在句子末尾就构成了押韵。

诗文讲求押韵，目的是增强文章的回环缭绕的和谐美，加强诗歌的乐感。由于同一韵部的字主要元音相同或相近，这就加强了乐音成分（元音为乐音），再加上韵尾的辅助，就显得和谐乐耳，韵味无穷。刘勰所谓"异音相从谓之和，同声相应谓之韵。韵气一定，故余声易遣……"① 说的就是这一道理。比如：

登 高②

杜甫

风急天高猿啸哀，
渚清沙白鸟飞回。
无边落木萧萧下，
不尽长江滚滚来。
万里悲秋常作客，
百年多病独登台。
艰难苦恨繁霜鬓，
潦倒新停浊酒杯。

上例"哀回来台杯"五字押韵，押的是代表中古音的"诗韵"（平水韵）的十灰（哈）韵，读起来一韵往还，余音不绝。又如：

---

① （梁）刘勰：《文心雕龙·声律》，郭晋稀注释本，岳麓书社 2004 年版，第 332 页。
② （唐）杜甫：《登高》，见张忠纲、孙微编选《杜甫集》，凤凰出版社 2006 年版，第 316 页。

普通话的分韵及韵谱字汇

天净沙·秋思①

马致远

枯藤老树昏鸦，
小桥流水人家。
古道西风瘦马，
夕阳西下，
断肠人在天涯。

"鸦家马下涯"押韵，押的是曲韵的"家麻"韵，这首曲句句有韵，朗朗上口又悦耳。

（三）对仗构成整齐匀称的美

对仗是古典诗歌的传统之一。对就是对应，仗就是仪仗，对仗就是句对句，词对词。对仗跟语音要素有什么关系呢？我们可以先看看下面这首词：

更 漏 子②

温庭筠

柳丝长，	仄平平
春雨细，	平仄仄
花外漏声迢递。	
惊塞燕，	平仄仄
起城乌，	仄平平
画屏鹧鸪。	
香雾薄，	平仄仄
透帘幕，	仄平平

---

① （元）马致远：《天净沙·秋思》，见刘益国校注《马致远散曲校注》，书目文献出版社1989年版，第22页。

② （唐）温庭筠：《更漏子》，见张红、张华编著《温庭筠词新释辑评》，中国书店2003年版，第86页。

壹　汉语诗歌声律的构造及其押韵传统

　　惆怅谢家池阁。
　　红烛背，　　　　　平仄仄
　　绣帘垂，　　　　　仄平平
　　梦长君不知。

　　在这首词里，柳丝长（仄平平）：春雨细（平仄仄）；惊塞燕（平仄仄）：起城乌（仄平平）；香雾薄（平仄仄）：透帘幕（仄平平）；红烛背（平仄仄）：绣帘垂（仄平平）两两对仗。对仗的句子声调相反，相反的声调对在一起，就是两行不同的句子，句子的平仄不同相映成趣，成为异中相对的整齐，整齐中又有差异，差异中又有匀称。对仗的句子中的词语词性相同，如"柳丝"与"春雨"皆为名词性词语，"长"和"细"皆是状物形容词。

　　声律在对仗中的作用如上，诗歌使用了这种形式称为律仗，入律的对仗可以使音节在变化中显示出整齐的匀称美。

（四）语气停顿构成节奏变化的美

　　汉语每一个音节都是一个自然的发音单位，每一个音节都是一个停顿。音节用到诗歌当中，就有大停顿与小停顿的区别，大大小小的停顿就构成了诗歌语言的停顿节奏，大停顿处语气长，小停顿处语气短，平声音节长，停顿较大；仄声音节短，停顿较小。在入律的诗歌中，平平仄仄中两平处大停，占两拍，两仄处两小停，占一拍，长长短短的声调就构成了大小不等的节拍，形成优美的节奏变化。如：

秋兴·之七①
杜甫
　　昆明池水汉时功，平平平仄仄平平
　　武帝旌旗在眼中。仄仄平平仄仄平
　　织女机丝虚月夜，仄仄平平平仄仄
　　石鲸鳞甲动秋风。仄平平仄仄平平

---

① （唐）杜甫：《秋兴·之七》，见《李白杜甫诗全集》，北京燕山出版社1995年版，第526页。

普通话的分韵及韵谱字汇

波漂菰米沉云黑，平平㊀仄平平仄
露冷莲房坠粉红。仄仄平平仄仄平
关塞极天唯鸟道，㊀仄仄平平仄仄
江湖满地一渔翁。平平仄仄仄平平

在吟诵的时候，长者占一拍，短者占半拍，这些长长短短的停顿就构成了文学作品节奏顿挫的艺术美感。

声律作为诗歌要素之一，在诗歌创作中作用重大，它促进了诗、词、曲、赋的繁荣，给我们留下了丰富的文化遗产。杜甫作为伟大的诗人，他就非常重视格律的运用。他在《遣闷戏呈路十九曹长》中有"晚节渐于诗律细"的句子①。我们在杜诗中很难找到不合律的诗句。

声律在诗歌构成中虽是如此之重要，但诗歌的形式与内容的表达是对立统一的，如果过于追求形式化就势必走向另一极端，也会影响到诗歌的意境创造。因此，过分讲求声律，就会造成一些弊端。[日]空海《文镜秘府论》"天卷"《序》说："沈侯（按：沈约）、刘善（按：刘善经）之后，王（按：王昌龄）、皎（按：皎然）、崔（按：崔融）、元（按：元兢）之前，盛谈四声，争吐病犯，黄卷溢箧，缃帙满车。"②又在《论病》中说："颙（按：周颙）、约（按：沈约）已降，兢（按：元兢）、融（案：崔融）以往，声谱之论郁起，病犯之名争兴；家制格式，人谈疾累……"③由此可见声律之论甚为繁杂。《唐会要》卷七十五："开元二十五年二月敕：今之明经进士，则古之孝廉秀才。近日以来，殊乖本意。进士以声律为学，多昧古今；明经以帖诵为功，罕穷旨趣……"④这就是说，声律不仅行于一般诗歌，还用于其他文体，也应用到科举考试，讲求十分过分。

《文镜秘府论》"西卷"《论病》中说："夫文章之兴，与自然起；宫

---

① （唐）杜甫：《遣闷戏呈路十九曹长》，见《李白杜甫诗全集》，北京燕山出版社1995年版，第598页。
② [日]空海：《文镜秘府论》"天卷"《序》，王利器校注本，中国社会科学出版社1983年版，第9—10页。
③ [日]空海：《文镜秘府论》"西卷"《论病》，王利器校注本，中国社会科学出版社1983年版，第396页。
④ （宋）王溥：《唐会要》，中华书局1955年版，第1377页。

壹 汉语诗歌声律的构造及其押韵传统

商之律,共二仪生……泊八体、十病、六犯、三疾,或文异义同,或名通理隔,卷轴满机,乍阅难辨,遂使披卷者怀疑,搜写者多倦。"① 空海遍搜前人文病之说总合为二十八种,跟声律有关的就有:平头,上尾,蜂腰,鹤膝,大韵,小韵,傍纽,正纽,水浑,龃龉等。其病解说不一,大抵都跟声调、押韵有关。这样复杂的声病讲究,诗人作诗时就会拘禁难从。

钟嵘《诗品》:"齐有王元长者,尝谓余云:'宫商与二仪俱生,自古词人不知之。惟颜宪子论文,乃云律吕音调,而其实大谬。唯见范晔、谢庄颇识之耳。尝欲造《知音论》未就而卒。'王元长创其首,谢朓、沈约扬其波。三贤咸贵公子孙,幼有文辨,于是士流景慕,务为精密。襞积细微,专相凌架,故使文多拘忌,伤其真美。余谓文制,本须诵读,不可蹇碍。但令清浊通流,唇吻调利,斯为足矣。至平上去入,则余病未能。蜂腰鹤膝,闾里已具。"② 钟嵘也对过分的声律拘禁不满,即"文多拘忌,伤其真美",从而主张"但令清浊通流,唇吻调利,斯为足矣"。

(唐)皎然《诗式》也说:"沈休文酷裁八病,碎用四声,故风雅殆尽。后之才子,天机不高,为沈生弊法所媚,懵然随流,溺而不返。"③ 因此,殷璠《河岳英灵集叙》说:"齐、梁、陈、隋,下品实繁,专事拘忌,弥损厥道。夫能文者,匪谓四声尽要流美,八病咸须避之,纵石拈掇,未为深缺。"④ 显然,皎然、殷璠对"四声八病"这类说法也不以为然。

我们可以来看一看有声病的诗,到底是什么情况:⑤

> 山方翻类矩,
> 波圆更若规。
> 树表看猿挂,
> 林侧望熊驰。

——犯平头病

---

① [日]空海:《文镜秘府论》"西卷"《论病》,王利器校注本,中国社会科学出版社1983年版,第396页。
② (梁)钟嵘:《诗品》,张朵、李进栓注译本,中州古籍出版社2010年版,第56—57页。
③ (唐)皎然:《诗式》,学海类编本,第2页。
④ (唐)殷璠:《河岳英灵集·集论》,见王筱云、韦凤娟编《中国古典文学名著分类集成28文论卷(一)》,百花文艺出版社1994年版,第182页。
⑤ [日]空海:《文镜秘府论》"西卷"《论病》,王利器校注本,中国社会科学出版社1983年版,第402—415页。

普通话的分韵及韵谱字汇

  荡子别倡楼，
  秋庭夜月华。
  桂叶侵云长，
  轻光逐汉斜。

——犯上尾

  青轩明月时，
  紫殿秋风日。
  瞳胧引光辉（瞳眬引夕照），
  晻暧映容质。

——犯蜂腰

  陟野看阳春，
  登楼望初节。
  绿池始沾裳，
  弱兰未央结。

——犯鹤膝

  这些所谓犯病的诗，从内容角度看也不算太坏，但是不合格律要求，自然在声律论者看来是犯病的。由于声病说拘忌难越，作者难免望而却步。白居易在《寄唐生》诗中说出了"非求宫律高，不务文字奇"的心声，[①] 也是对这一流弊的抨击。声病之累到宋词、元曲已基本被冲破，所求者顺乎文气，平仄、押韵、对仗入律即可。

  声律作为古典诗歌传统之一，矗立起来一代又一代的诗歌高峰。随着社会历史的发展，严格的声律拘禁已成为历史的陈迹；新体诗的出现，打破了传统声律的樊篱，成为一种新的文学体式。我们今天学习、研究声律的目的是继承诗歌遗产，帮助我们欣赏古典文学作品，并非要求新诗要像唐诗那样有严格的声律限制。

---

① （唐）白居易：《寄唐生》，见《白居易全集》，中华书局1979年版，第15页。

诗歌声律的形成、发展跟汉语的语音变化相关，与社会历史文化背景的变化相关，还跟音乐形式的变化有关。诗、词、曲一开始都是配乐歌唱的，由于要跟音乐相适配，那么字音的高低长短就不能不讲求。周德清在其《中原音韵》"后序"里有过一段描写："复初举杯，讴者歌乐府【四块玉】，至'彩扇歌，青楼饮'，宗信止其音而谓余曰：'"彩"'字对'"青"'字，而歌'"青"'字为'"晴"'。吾揣其音，此字合用平声，必欲扬其音，而'"青"'字乃抑之，非也。畴昔尝闻萧存存言，君所著《中原音韵》乃正语作词之法，以别阴、阳字义，其斯之谓欤？细详其调，非歌者之责也。"① 按曲律，【四块玉】的这两句该是"仄仄平，平仄仄"，罗宗信说的是"青"为阴平字，"晴"为阳平字，此处"青"字当随乐谱，其声调稍扬，似"晴"字。这说明乐谱对字音有约束作用。由于后来诗词曲慢慢跟乐谱脱钩，变成了不可歌的徒诗、徒词、徒曲，声律的讲求也就松弛下来了。另外，由于音乐的发展，现代任何新体诗都可以随时谱新曲，写作歌词可以不受乐谱的约束，诗歌创作自然就自由多了。

三 汉语诗歌的押韵传统

押韵是汉语诗歌格律的重要组成部分，是汉语诗歌最重要的形式标志之一。朱光潜说："与格律有关的是'韵'（rhyme）。诗歌在原始时代都与乐舞并行，它的韵是为点明一个乐调或是一段舞步的停顿所必需的，同时，韵也把几段音节维系成为整体，免致涣散。近代徽戏调子所伴奏的乐声每节常以锣声收，最普通的尾声是'的当嗤当嗤当晃'，'晃'就是锣声。在这种乐调里锣声仿佛有'韵'的功用。澳洲土著歌舞时所敲的袋鼠皮，京戏鼓书中的鼓板所发的声音除点明'板眼'（即节奏）之外，似常可以看作音乐中的韵。诗歌的韵在起源时或许是应和每节乐调之末同一乐器的重复的声音，有如徽调中的锣，鼓书中的鼓板，澳洲土著歌舞中的袋鼠皮。"② 他还引用邦维尔《法国诗学》里的话："我们听诗

---

① （元）周德清：《中原音韵·后序》，据张玉来、耿军《中原音韵校本》，中华书局2013年版，第82页。

② 朱光潜：《诗论》，北京出版社2005年版，第15页。

时，只听到押韵脚的一个字，诗人所想产生的影响也全由这个韵脚字酝酿出来。"①

押韵为什么会成为诗歌的重要形式标志？这是因为诗歌本质上是吟咏或歌唱的，主要不是为了阅读。若诗歌只是书面阅读的文体，那么，它跟其他文体就没有了本质区别。因此，押韵是为了好听而不是为了好看。刘勰《文心雕龙·声律》所说的"滋味流于下句，气力穷于和韵"讲的就是押韵的艺术效果。② 押韵在诗歌表现上的价值主要有两个方面：一是通过韵字设置的疏密、变换或反复，使得诗歌的声音和谐，产生"语音缭绕"的回环美；二是通过一定位置上的韵字的设置，可使诗句串联在一起，构成不同的诗节，隔离不同的诗段。

根据学界对历代汉语诗歌押韵的研究，有几个方面的押韵传统应该予以重视。

（一）押韵是自然的语言艺术行为

诗歌押韵是一种自然的语言艺术创造行为。在用自然语言创作的状态下，诗人押韵纯任天籁，全靠诗人对自己语言的语音感知，并不是什么神秘的技能，也不需要特别的语音训练。

按照汉语的押韵传统，押韵依据是语言的音系。当一个音系里的语音成分组合成韵基（有人称为韵身，即韵母中不含介音的部分）之后才可以产生押韵这种艺术行为。押韵产生的和谐、缭绕的艺术效果来自韵基的相同或相近。但是，韵基并非押韵的唯一依据，在一定条件下，不同的韵基也可以押韵。从语音学上说，音系具有唯一性，不存在普遍性的音系，共同语有共同语音系，方言有方言音系，并且音系随着时代和社会的变化而变化。因此，诗歌押韵可以押共同语韵，也可以押方言韵，有时也可以模仿古人的用韵。由于音系的时代变化，历史上的诗歌用韵，因为时代的不同，而具有各自时代特征。下面我们用一首《诗经》里的《兔罝》予以说明。

---

① 朱光潜：《诗论》，北京出版社2005年版，第232页。
② （梁）刘勰：《文心雕龙·声律》，郭晋稀注释本，岳麓书社2004年版，第331—332页。

兔　罝①

诗经·周南

肃肃兔罝（tziɑ），（鱼部）
椓之丁丁（teng）；（耕部）
赳赳武夫（piuɑ），（鱼部）
公侯干城（zjieng）。（耕部）

肃肃兔罝（tziɑ），（鱼部）
施于中逵（giu）；（幽部）
赳赳武夫（piuɑ），（鱼部）
公侯好仇（giu）。（幽部）

肃肃兔罝（tziɑ），（鱼部）
施于中林（liəm）；（侵部）
赳赳武夫（piuɑ），（鱼部）
公侯腹心（siəm）。（侵部）

《兔罝》共三章，每章四句，每句四字。三章都是交替用韵，一、三句一韵，二、四句一韵。它押的是周秦时代的上古韵。

（二）不同时代押韵的语音依据不同

押韵的物质基础是语言中的词（书面上大致是字）的语音。可是，语言是不断变化的，语音也是不断变化的。陈第在《毛诗古音考·自序》里说："盖时有古今，地有南北，字有更革，音有转移，亦势所必至。"② 所以，我国历史上的诗歌押韵常常跟同时代的语音相依存，语音变了，押韵的系统也会变。历史上，汉语语音大致经历了三大阶段的变化，语音史研究者称为上古音、中古音和近代音。一般认为，东汉之前的语音称为上古音，相应的东汉之前的诗歌用上古音押韵，以《诗经》押韵为典型，其他诗歌大致与《诗经》的用韵高度一致；魏晋到晚唐五代的语音是中古音，以《切韵》这部韵书记录的语音为代表，相应的这个时代的用韵与《切韵》相

---

① 本诗韵脚字拟音据王力《诗经韵读》，见《王力文集》第六卷，山东教育出版社1986年版。
② （明）陈第：《毛诗古音考》，康瑞琮点校本，中华书局1988年版，第7页。

普通话的分韵及韵谱字汇

近。宋代以后到明末清初的语音为近代音,以《中原音韵》这部韵书记录的语音为代表,相应的宋词、元曲的用韵与之相近。清代以来的共同语语音是现代汉语语音,因此,北方俗曲、民歌用北方话押韵,押韵系统跟十三辙相近。

(三) 押共同语韵是诗歌用韵的主流

从历代汉语诗歌押韵的实践来看,诗歌押韵体系的主流是押共同语韵,虽然也有押方言韵或古韵的诗歌,但不是诗歌的主流。汉语共同语形成的历史很早,先秦时期叫"雅言",汉代叫"通语",魏晋以下称"正音",明清称"官话",近现代以来称"国语""普通话"。虽然历史上的共同语音系并不像今天的普通话一样有着明确的音系依据——北京话音系,但是历代都维系着一种全国通行的具有一定弹性的共同语音系。历代诗人押韵,大致遵循一个相同的语音系统。比如,唐代早期(盛唐前)的近体诗,大致押共同语韵,依据的是《切韵》系统,与"平水韵"相类。如:

送魏大从军[①]
陈子昂
匈奴犹未灭,魏绛复从戎。
怅别三河道,言追六郡雄。
雁山横代北,狐塞接云中。
勿使燕然上,惟留汉将功。

——押一东韵

喜见外弟又言别[②]
李益
十年离乱后,长大一相逢。
问姓惊初见,称名忆旧容。

[①] (唐)陈子昂:《送魏大从军》,见彭庆生《陈子昂诗注》,四川人民出版社1981年版,第134页。

[②] (唐)李益:《喜见外弟又言别》,见王亦军等编注《李益集注》,甘肃人民出版社1989年版,第59页。

别来沧海事,语罢暮天钟。
明日巴陵道,秋山又几重?

——押二冬韵

按照初唐的共同语系统,东韵和冬韵是不同的韵部,两者一般不在一起押韵。

由于历史上共同语的普及程度和规范性不高,有的诗人会不自觉地押方言韵。比如,在元代共同语里,后鼻音-ŋ、前鼻音-n 和闭口音-m 的韵母是要分别押韵的,不可以混押。但是,有的曲家由于自己的方言分不清三者的区别,就一起混押了。如:

【双调】湘妃怨①
杨朝英

寿阳宫额得魁名(ŋ),南浦西湖分外清(ŋ)。横斜疏影窗间映(ŋ),惹诗人说到今(m),万花中先绽琼英(ŋ)。自古诗人爱,骑驴踏雪寻(m),忍冻在前村(n)。

后代模仿古代的诗体,一般就会仿照古人的押韵方式,就会用古韵。如:

咏煤炭②
于谦

凿开混沌得乌金,藏蓄阳和意最深。
爇火燃回春浩浩,洪炉照破夜沉沉。
鼎彝元赖生成力,铁石犹存死后心。
但愿苍生俱饱暖,不辞辛苦出山林。

——押十二侵韵

---

① (元)杨朝英:【双调】《湘妃怨》,见许金榜注《阳春白雪》,中州古籍出版社1991年版,第53页。

② (明)于谦:《咏煤炭》,见林寒选注《于谦诗选》,浙江人民出版社1982年版,第43页。

普通话的分韵及韵谱字汇

祭 风 台①

宋湘

何处烧军问劫灰？舟人指点祭风台。
灵旗暗转江云动，古柏阴生水鹤来。
吴蜀君臣俱健者，东南草木尽兵材。
谁教八十余三万，赤得千秋一壁回。

——押十灰韵

明清时代，-m、-n 韵尾的相关韵已经混同，可是近体诗还是要分押。于谦的诗里，没有用一个 -n 尾的字。同样，从唐代开始，近体诗规定哈、灰韵可混押，可是明清时代，两者韵母已经不同，不可能押韵。宋湘的诗完全遵循古人规范，让"灰台来材回"等字押韵，就是用的古韵。

（四）自然韵与规定韵

当一种诗体刚开始的时候，其用韵大致出自诗人的自然语感，选择哪些韵字互相押韵，完全靠作者的语音感觉。出于作者自然感觉的用韵可称为自然韵，比如先秦两汉的诗歌辞赋、六朝民歌、唐代近体诗、宋词、元曲、明清时调等用的都是自然韵。因时代不同、地域不同，自然韵在不同时代、不同方言里是有区别的。例如先秦的韵部系统不同于两汉，隋唐的韵部系统不同于两宋。就诗体来说，元曲不同于宋词，宋词不同于唐诗。就地域来说，京韵大鼓不同于河南豫剧，山东吕剧不同于昆曲。

诗歌用自然韵本来是很自然的事。但是，由于我国幅员辽阔，方言复杂，历史上共同语普及程度低，在全国范围内推行以口语为基础的自然韵存在极大困难，加之自唐代科举把诗歌创作作为考试的内容后，社会上需要有一套规范的统一的押韵体系，唐代由政府颁布了用韵规范，诗人不能随意用韵。唐代颁布的用韵规范，依据的是由隋代陆法言的《切韵》改订的韵书——《唐韵》，宋代依然沿用唐代的规范，并对韵书做了修订，改名为《广韵》《集韵》（简本为《礼部韵略》）。由于《切韵》系韵书跟实

---

① （清）宋湘：《祭风台》，见陈元生、高金波主编《历代长江诗选》，长江文艺出版社 1993 年版，第 572—573 页。

际语音有距离,从唐代开始就有人主张归并一些韵,规定某些韵独用,某些韵同用,把同用的合并一下,就剩了112韵,这大致就是唐代的规定韵。到了南宋,平水(今山西临汾)人刘渊在其所著《壬子新刊礼部韵略》(1252)中,把《礼部韵略》中规定的同用韵合并,得107韵。同期,也是平水人的金人王文郁在其《平水新刊韵略》(1229年初刊)中把《礼部韵略》中规定的同用韵合并,而成106韵系统。106韵系统后世称为"平水韵",也称为"诗韵",一直沿用至今。

除了自然韵和官颁规定韵之外,还有一种规定韵,虽然不是官韵,由于后人模仿前代的诗体,但并不能正确使用前代的语音,为了提供押韵依据,后来才有人根据前代的押韵,归纳成韵书,如词有《词林正韵》(清人戈载归纳)、曲有《中原音韵》(元人周德清归纳)、明清白话诗歌有《北京音系十三辙》(张洵如归纳)等韵书。《词林正韵》是填词的参考,《中原音韵》是填曲的参考,《北京音系十三辙》是明清以来白话诗歌的参考。

(五)用韵方式的多样性

历史上,除了近体诗(律)之外,其他诗体的用韵方式相对自由,虽说宋词、元曲都有一定的用韵规范,但比起近体诗来说,可变通的地方比较多。先秦歌谣等更是自由用韵,一首诗里何句用韵,何句不用韵,何处换韵,换几次韵全看诗人的意愿和诗体的需要。

近体诗要押平声韵,要一韵到底,绝少换韵。古体诗的用韵要自由得多,既可以平、上、去、入声的字分别押韵,也可以合押(入声不能合押),并且可以换韵;宋词和元曲的押韵对声调要求不高,可以合押(词的入声字单押);词则根据词牌的不同可以换韵也可以不换韵,曲则不换韵。

(六)严韵与通韵相济

根据历史上自然押韵的行为分析,诗人押韵有和谐韵和一般和谐韵的不同,习惯上称和谐韵为严韵,一般和谐韵可称为通韵。一般来说,押严韵是常例,押通韵是变例。严韵的基本要求是韵基完全相同(或韵基相近,韵母并具有互补关系),押韵时用韵腹和韵尾完全相同的韵字。这是

普通话的分韵及韵谱字汇

最好的押韵行为，正所谓"有才者本韵自足矣"。① 严韵通常有比较严格的语音条件，所谓"若赏知音，即须轻重有异"② 就是针对严韵说的。比如，近体诗押韵要求鱼/虞两韵、东/冬两韵不可互韵，就是区别它们韵基里的韵腹 [u] 与 [o]，据此归纳出来的韵部系统，即称为严韵系统。

押严韵是诗歌押韵的主流，可是，历史上各个时代都允许某些严韵之间可以通押。这些可通押的严韵的韵基在语音上有相似之处，在语感上也有某种性质的接近。通韵的目的是"欲广文路"③，给诗人一定的自由。历代都有诗家论述这方面的问题。宋代王直方《王直方诗话》："陈君节，字明信，言炼句不如炼韵。余以为若只觅好韵，则失于首尾不相贯穿。"④ 宋代惠洪《天厨禁脔》言："古诗以意为主，以气为客，故意欲完，气欲长，唯意之往而气追随之。故于韵无所拘，但行于其所当行，止于其不可不止。盖其得韵宽，则波澜泛入傍韵，乍还乍离，出入回合，殆不可拘以常格。……得韵窄，则不复傍出，而因难见巧，愈险愈奇。"⑤ 他们讲的都是押韵不能拘禁了诗歌意境的表达，变通也就在所难免了。

能够通押的严韵是有条件的，不是任何严韵间都可以通押。通押的条件主要有三：一是有的严韵之间，韵基虽然不同，但语音近似，韵母有互补关系；二是有的严韵之间，韵基上有某种语音性质的相似，语感上有某种接近；三是有时候个别严韵因其特殊情况，可以人为地规定与某个严韵通押，如十三辙系统里，儿韵母的字，允许跟舌尖元音的韵母押韵；也有的韵因其很窄（字数少），存在检字困难，不得不变通押韵方式。根据通押的关系，合并某些严韵之后，这样形成的押韵系统，可称为通韵系统。

历史地看，严韵是押韵的常例，通韵是变例。即使可以通韵的严韵，往往也以单押为主。因此，根据历史传统，严韵是押韵的基本形式，是大多数诗人遵循的押韵体系；通韵是为了某种目的而采用的变通的押韵方式，虽然可以押韵，但并非和谐用韵。

---

① （元）周德清：《中原音韵序》，张玉来、耿军《中原音韵校本》，中华书局2003年版，第11页。
② （隋）陆法言：《切韵序》，见《覆宋本重修广韵》，中华书局1985年版，第5页。
③ （隋）陆法言：《切韵序》，见《覆宋本重修广韵》，中华书局1985年版，第5页。
④ （宋）王直方：《王直方诗话》，见《诗人玉屑》卷八，商务印书馆1938年版，第164页。
⑤ （宋）惠洪：《天厨禁脔》，见《四库全书存目丛书》集部415册，齐鲁书社1997年版，第110—111页。

四 汉语韵书与诗歌押韵

韵书是我国独有的一种工具书。韵书一般以韵为纲，同一韵内再按音节的不同归纳韵字。有的韵书的韵字有注解，如《广韵》；有的韵书的韵字没有注解，如《中原音韵》。我国历史上留存下来的韵书众多，有的韵书是为正音服务的，如《切韵》；有的韵书是为押韵服务的，如《中原音韵》；有的兼而有之，如《中华新韵》。隋代以前没有韵书传世，相传曹魏时期有李登的《声类》、晋代有吕静的《韵集》、六朝时有所谓"五家音韵"等，但这些韵书都没有流传下来（后人虽有辑佚，也只见一鳞半爪）。直到隋代陆法言《切韵》问世，才有了较完备的韵书传世。《切韵》之后，历代都有重要韵书问世，如《唐韵》（唐）、《广韵》（宋）、《礼部韵略》（宋）、《集韵》（宋）、《改并五音集韵》（金）、《新刊韵略》（《平水韵》）（金）、《中原音韵》（元）、《洪武正韵》（明）、《音韵阐微》（清）等。这些形形色色的韵书共同构建了汉语文化里特有的韵书文化系统。

韵书编纂的基础性工作是分韵。分韵就是对实际语言的韵母系统进行分类。给韵母分类就要有依据、目的和原则。根据历代韵书编纂的不同情况，可以从三个方面把握分韵：（1）从分韵的依据看，主要有四种类型：一是根据当时的共同语音系分韵，如《切韵》《中原音韵》；二是根据某一方言音系分韵，如明代王应电的《同文备考》；三是根据前代共同语音系分韵，如《广韵》；四是根据编者设想的音系，如《洪武正韵》。（2）从分韵的目的看，主要有两种：一是为了审定音系，即为每一个字音确定读法的正音韵书，如《切韵》《广韵》，即陆法言所谓"赏知音"者，这类韵书常常是语言研究的产物，可以归入语言研究的范围；二是为了韵文押韵而归纳的韵部，将一定数量的同韵字纳入所分的韵部里，如《中原音韵》，这类韵书属于艺术创作的产物，属于文艺的范围。两者虽然都划分韵部，但在韵部的数量上，常常前者多，后者少。前者强调字音的准确，后者强调字音韵基的相同或相近。（3）从分韵的原则看，主要有三种：一是韵基相同，声调相同，如《切韵》《广韵》《洪武正韵》等，可以称为"以调统韵"式；二是韵基相同，不考虑声调，如《中原音韵》，可称为"以韵统调"式；三是韵母相同，声调也相同，如现代汉语研究中，学者所编制的各类音节表，可称为"音节式韵书"。

韵书并非都为诗歌押韵服务，有的韵书从来就不是押韵的依据，如历史上著名的《切韵》《广韵》《洪武正韵》《韵略易通》《五方元音》等韵书，它们是分析语音的韵书，其目的以分韵为切入点来分析语音系统，押韵不是它们关注的重点；诗歌押韵也并非都依据韵书，比如宋词、元曲就没有韵书依据，押韵大致根据当时通行的共同语韵，无论官方还是民间都没有编出韵书；① 即使十分流行的近代北方通俗曲韵——十三辙也没有成形的韵书问世。② 因此，我国历史上大多数时候的诗歌押韵依据的是自然韵，并非韵书规定韵。我国历史上流行最久、使用最广泛的规定性韵书就是根据金代平水韵系统增修的《诗韵》系统，这个系统从诞生起就跟口头语言脱节，是一个只能行用于纸上的语音系统。虽然大部分韵书不是为押韵服务的，但是很多较为真实地反映时代口语的韵书还是可以作为押韵的参考，比如《切韵》与近体诗用韵，《五方元音》与北方俗曲用韵。

五　与押韵有关的基本概念

为了方便理解押韵和韵书编纂的内涵，我们有必要阐释一些与押韵有关的基本概念。这些概念是理解诗歌押韵的钥匙，也是诗歌押韵实践和押韵理论的重要成果，更是音韵学和语音学研究的重要成果。

正音：主要有两个含义。一是指标准音，即正确的读音，常常与方音或讹音相对；一是指纠正人们的错误读音，使人们说的话或写的文章符合标准音或正确的读音。

审音：是指学者对共同语音系或某个方言音系进行审定，明确该音系的构成成分和音节组织，对有异读的语素或词予以规范，保证音系的完整和规范。由于审音是人为干预音系的行为，有时会出现审音不正确的现象。

元音：人类语言中的一类音素，是指发音时，声波不受发音器官的阻

---

① 词韵有清人戈载归纳的《词林正韵》，曲韵有元人周德清编纂的《中原音韵》，这两部韵书都是在词、曲分别流行很久以后才问世的。

② 近代北方通俗曲韵之十三辙韵书，张洵如 1937 年才编出《北京音系十三辙》，离其通行已经晚了二三百年。

碍而声带颤动的音素，如［a］、［u］、［i］等类；元音也可以连续发出，构成复元音，如［ui］、［ai］、［uai］等。元音是音节中响亮的成分，每一个音节一般都要有元音，如普通话的 gāo（高）、ǎo（袄）等。

辅音：人类语言中的一类音素，是指发音时，声波受到发音器官的阻碍，声带颤动或不颤动的音，如［b］、［k］、［x］、［l］等类；辅音也可以连续发出，构成复辅音，如［sp］、［pl］等。辅音与元音一起构成人类说话的基本单位——音节，如普通话的 jiā（家），但是有的音节可以没有辅音，如普通话的 yā（鸭）等。

音节：人们在言语活动时，说出来的最基本的语音单位就是音节，如 māmā（妈妈），就是两个音节。音节一般由辅音和元音构成，如 tiān（天）、hǎi（海）；有的音节只有元音，如 ā（啊）、yān 等。汉语的音节还有声调，声调不同，意思往往也不一样，如 tiān（天）、tián（田）、tiǎn（舔）、tiàn（瑱）。很多语言的音节没有声调，音高不起作用，如英语的 man［mæn］（男人），音高无论怎么变化，都不改变意义。

音位：在一个语言（或方言）系统中，人们所能发出来的音素有很多，但是并不是所有音素都有区别词义（语素义）的功能。比如，北京话里"哥哥"读作［kɤɣɤ］，后一个字读浊声母，但是它跟前一字的［k］并没有对立，不区别意义，读成前一字的［k］也不会有任何理解上的问题，因此，［k］［g］在北京话里就构成了一个音位。一般来说，两个或两个以上的音素是否是同一音位，要看它们是否读音近似，出现的位置是否互补，具备读音近似、位置互补而又不区别意义的就可以归纳为一个音位。

韵母：汉语的一个音节除掉开头的辅音（音节开头的辅音称为声母），剩下的就是韵母。如果音节开头没有辅音，那么这个音节就是只由韵母组成的音节。如普通话的 jī（鸡）、zhài（债）、zuì（最）、zhāng（张）、ān（安）里的 i、ai、ui、ang、an 就是韵母。

韵头（介音）：也叫介音，是声母和韵基（韵腹或韵腹+韵尾）之间的成分，如现代汉语的 jian、duan、juan 里的 i、u、ü（［y］）就是介音。汉语中有的音节的韵母没有介音，如 dan、zhao 等。韵头不参入押韵行为。

四呼：汉语韵母的韵头各不相同，可分为开齐合撮四呼。以普通话为例：没有韵头，韵母开头就是主要元音的叫开口呼，如 ao、ou、e、ei 等；开头是-i-（含 i 做韵母）的叫齐齿呼，如 ian、i 等；开头是-u-（含 u 作韵

普通话的分韵及韵谱字汇

母）的叫合口呼，如 uan、u 等；开头是-ü-的（含 ü 作韵母）叫撮口呼，如 üe、ü 等。

韵腹：韵母中最响亮的元音叫韵腹，也叫主要元音。一般来说，一个韵母当中，如果有多个元音，口腔开口度比较大的那个元音就是韵腹，如普通话的 iao［iau］里的 a、ou［əu］里的 o（［ə］）。

韵尾：有的韵母中韵腹后面还有其他语音成分，可以是元音，也可以是辅音，这样的语音成分叫韵尾，如普通话的 ai、en、ong 里的 i、n、ng；有的韵母的韵腹后面没有其他语音成分，也就是没有韵尾，如 ia、uo、i、u 等，这类韵母叫无韵尾韵母。

韵基（韵身）：也叫韵身，由一个韵母的韵腹（主要元音）和韵尾构成；如果没有韵尾，韵腹就是韵身。介音不是韵基的成分。如普通话的 ian、uai、ia 韵母里的 an、ai、a 就是韵基。韵基是押韵的基本成分，一般来说，韵基相同的韵母都可以押韵，如普通话的 an、ian、uan、üan，它们的韵基都是 an，因此这些韵母的字，都可以互相押韵。

韵：韵本是一个诗歌创作手法的概念，是指在诗歌的某些句子的末尾用上韵基相同的字这一艺术行为，这种艺术行为就叫押韵，也可以称为"韵"。诗歌不押韵或押错了韵，称为"不韵"或"出韵"。后来，韵也可指称押韵的单位。人们把可以一起押韵（韵基）的字汇集在一起，称为一个韵，有时称为一个韵部。中古时期押韵强调声调的区别，因此，那个时期编纂的韵书划分的韵（韵部）一般区分声调，同一个韵基的字因声调不同又称为不同的韵，可称为"以调统韵"，如《切韵》的"东董送屋"就是四个韵，"哈海代"是三个韵。有时为了指称方便，可以把韵基相同声调不同的韵部，称为一个韵系，如"东董送屋"称为"东韵系"、"哈海代"称为"哈韵系"。不强调分调押韵时代编纂的韵书，划分的韵部常常不包括声调，如《中原音韵》《中华新韵》等。《中原音韵》十九韵就没有区分声调，如东钟、江阳……当然韵部内部的韵字还是可以划分声调的，可称为"以韵统调"。

韵部：有时也简称为"部"，与"韵"同。

韵辙：韵辙与韵部意思相同。

韵字：韵书中每个韵所收的字就叫韵字。韵字一般按音节排列，同音节的韵字构成一个同音字组，这个字组传统上称为小韵。

小韵：见韵字。

押韵：诗歌创作的一种艺术手段。押韵，又作压韵，就汉语诗歌来讲，一般是指在创作中，在某些句子的最后位置上，都使用韵基相同或相近的字，使朗诵或咏唱时，产生铿锵和谐美。这些使用了同一韵基字的地方，称为韵脚。

韵脚：见"押韵"。

宽韵：字数多的韵部叫宽韵。欧阳修《六一诗话》："圣俞戏曰：'前史言退之为人木强，若宽韵可自足，而辄旁出；窄韵难独用，而反不出，岂非其拗强而然欤？'"如平水韵系统的四支、一先、七阳、八庚韵以及十三辙系统的发花、一七辙等都是宽韵。

中韵：字数中等的韵部叫中韵，如平水韵系统的三江、九佳、三肴、十五咸以及十三辙系统的波梭、怀来辙等都是中韵。

窄韵：字数少的韵部叫窄韵，如平水韵系统的十二文、十五删等韵；《中原音韵》系统的"支思韵"以及十三辙系统的"乜斜辙"都是窄韵。

险韵："险韵"有两义：一为字少，如侵、佳等韵；一为易与他韵相淆，如冬易淆于东、灰合口易淆于支、元易淆于先等。江韵字既少，复易与阳韵混。

严韵：严韵就是韵基相同的韵。严格按照同一个韵部选择韵字押韵，这种押韵的行为称为用严韵。严韵不同于窄韵，它强调的是要严格按照韵部押韵，不能跟其他韵部通押。

通韵：相近的韵部的韵字如果可以押韵，这些韵部之间互称为通韵。如平水韵系统的一东/二冬、四支/五微、十四寒/十五删等可通押。通韵是有条件的，不是任何韵部都可以通押。也有人把"通韵"理解成通行的韵，这不是押韵的术语。

韵书：见上文"四、汉语韵书与诗歌押韵"开头。

韵例：指押韵的各种方式和类型，是就诗歌押韵的特点来说的，有时也称为韵式。包括用韵的方式，如平声韵起式、仄声韵起式、一韵到底、换韵、借韵；押韵的位置，如句末韵或句中韵，隔句韵或每句入韵或交叉韵等。

贰　新诗韵书百年编纂历程

中国新诗（广义上的诗歌），是中国诗歌由传统到现代转型的产物。具体来说，中国诗歌是伴随着现代社会生活和思想文化的演进，诗质、诗体和诗语才完成了由传统到现代转型的。从诗歌的语言说，从晚清到五四期间，我国诗界发生了传统诗律观念失效和现代诗律体系重建的变迁。尽管如此，我国新诗运动初期的新诗大多还是继承了传统诗歌押韵传统，正如朱自清在概括初期新诗特征时说："到现在通盘看起来，似乎新诗押韵的并不比不押韵的少得很多。再说旧诗词曲保存在新诗里的，除少数句调还见于初期新诗里以外，就没有别的，只有韵脚。这值得注意。新诗独独接受了这一宗遗产，足见中国诗还在需要韵，而且可以说中国诗总在需要韵。"[①] 朱自清这样概括是符合初期新诗用韵实际的。

诗是一种语言艺术，语言生生不息。由旧诗转型到新诗，在语言上的最大变化就是其诗语由文言到白话的变化，新诗采用现代汉语写作，"正是这个表面上被我们所'使用'的现代汉语，在最深层的意义上规定了我们的行为，左右了我们的历史，限制了我们的书写和言说。"[②] 这种变化引来了新诗音律语言的变化，由此也提出了新诗形式包括格律形式重建的重大课题。新诗发生以来，我国诗人就在借鉴西诗和继承传统基础上，持续不断地推进新诗用韵规则探索和新韵书编纂工作，并取得了丰硕的成果。在这里，我们拟对新诗韵书的百年编纂历程作一描述。

---

① 朱自清：《诗韵》，见《朱自清全集》（2），江苏教育出版社1988年版，第402页。
② 李锐：《我对现代汉语的理解》，载《当代作家评论》1998年第1期。

一　新诗的诞生与新诗韵书的编纂

从 19 世纪中叶到 20 世纪中叶，这近百年的中国历史，是固有文化破碎、被迫面对西方文化冲击、进而发生历史转型的时期。1905 年，奉行千年的科举制度正式废除。这一事件标志着中国本位文化开始向外来文化全面开放。学习西方、"师夷之长技以制夷"① 成了这个时代的主旋律。1919 年爆发的五四新文化运动就是这一历史积累下的能量的总爆发。五四运动是中国近代社会全面转型的重大历史性标志事件。从此，中国的社会、政治、经济、文化、教育等全面向现代转型。

伴随着社会的强烈变革，近代中国在文化领域开展了轰轰烈烈的三大语文运动：拼音化运动（含简化汉字）、白话文运动和国语统一运动。三大语文运动的目的就是救亡图存、发展教育、启迪民智。近代的先觉者们认为，中国的落后和破败缘于教育的落后，教育的落后缘于语言的不统一、文言文的束缚和汉字的繁难。因此，要普及教育，开发民智，富国强兵，就必须从统一语言、倡导白话、推行拼音文字开始。经过无数学人的努力，三大语文运动，尤其是国语统一与白话文运动取得了巨大的成就。共同语意识深入人心，全国人民终于有了基本规范的共同语言——国语/普通话；白话文彻底击败了文言文，成了书面语的主流。拼音化运动的成就虽然不如前两者大，但，无论是"注音字母"方案还是拉丁字母的《汉语拼音方案》，都朝向音素化、符号化迈进了一大步。新中国颁布的《汉语拼音方案》（1958），在注音识字方面大大便利了人民大众，全民族的文化水平得到了空前的提高。

文学作为时代的先声，最为敏感地反映了大时代的变化——白话文学应运而生。以白话为载体的新诗（含诗词等韵文）伴随着五四新文化运动而横空出世。

我国本是诗歌传统深厚、诗人辈出的国度，伴随着诗歌的发展，诗体也不断创新，传统上为人称道的诗词曲就是诗体创新的成果。然而明清以来，诗体创新严重滞后，创作者一味模仿前代特别是模仿唐诗宋词的作

---

① （清）魏源：《海国图志》，中州古籍出版社 1999 年版，第 67 页。

品，这就越来越受制于声韵、格律、粘偶、用典等的束缚，诗体日趋僵化。更严重的是，文学是用语言来表达的，但是，语言是不断发展演变的，如果语言变了，诗体不变，那么就很难创作出富有时代感的作品。唐诗用的是唐代的语言，宋词用的是宋代的语言，元曲用的是元代的语言，如果后人继续模仿这样的诗体，借用它们的语言形式，无疑是死路一条。

五四新文化文化运动的提倡者，就是要冲破这僵化的旧体束缚，革新诗的艺术形式，使其"言文一致"。胡适1917年率先发表了《文学改良刍议》一文，主张"文须废骈，诗须废律""即不能废此两者，亦当视为文学末技而已，非讲求之急务也。"[1] 同年，陈独秀发表《文学革命论》，他提出："诗之有律，文之有骈，皆发源于南北朝，大成于唐代。更进而为排律，为四六，此等雕琢、铺张的、空泛的贵族的古典文学，极其长技，不过如涂脂抹粉之泥塑美人。"[2] 同年，刘半农发表《诗与小说精神上之革新》，他说："尝谓诗律愈严，诗体愈少，则诗的精神所受之束缚愈深，诗学决无发达之望。"他并提出了"破坏旧韵，重造新韵"和"增多诗体"的主张。[3] 1919年10月，胡适又发表《谈新诗》一文，指出："今日之文学，当以白话文学为正宗""新文学语言是白话的，新文学文体是自由的，是不拘格律的"。[4] 康白情则明确提出新旧诗歌的界限："新诗所以别于旧诗而言。旧诗大体遵格律，拘音韵，讲雕琢，尚典雅。新诗反之，自由成章而没有一定的格律，切自然的音节而不必拘音韵，贵质朴而不讲雕琢，以白话入诗而不尚典雅。"[5] 胡适20世纪30年代回忆说："白话文学的作战，十仗之中，已胜了七八仗。现在只剩下一座诗的壁垒，还须用全力去抢夺。待到白话征服这个诗国时，白话文学的胜利就可说是十足的了。所以我当时打定主意，要作先锋去打这座未投降的壁垒；就是要用全力去试做白话诗。"[6]

五四运动以来，一批又一批的新诗人不断探索着新诗的发展路向，胡适、刘半农、闻一多、戴望舒、臧克家、艾青、郭小川、闻捷、余光

---

[1] 胡适：《文学改良刍议》，《新青年》第2卷第5号，1917年1月。
[2] 陈独秀：《文学革命论》，《新青年》第2卷第6号，1917年2月。
[3] 刘半农：《诗与小说精神上之革新》，《新青年》第3卷第5号，1917年7月。
[4] 胡适：《谈新诗》，《星期评论》纪念号，1919年10月10日。
[5] 康白情：《新诗底我见》，《少年中国》第1卷第9期，1920年3月15日。
[6] 胡适：《逼上梁山》，《文化月刊》1934年第1期。

中……可谓群星灿烂。新诗创作中的另一支重要队伍——歌词作者也大放异彩，闻名于世的词人不胜枚举，如赵元任、胡适、刘复、李叔同、田汉、光未然、乔羽、王立平、罗大佑、林夕、方文山、许常德等，堪称优秀的歌词也是车载斗量。谢冕在《百年中国新诗史略·总序：论中国新诗》里说："新诗是中国历史上规模最大、影响最深的一次诗学挑战。这也是一次对于中国传统诗学质疑最为深切，反抗最为彻底的一次诗歌革命。它取得了划时代的成功，当然，可能也留下了一些未能如愿、至今仍待解决的遗憾。"① 这是对新诗词成就的非常客观的评价。新诗词中也有可以媲美历史上的名言佳句，脍炙人口。比如艾青《我爱这土地》中有这样的诗句："为什么我的眼里常含着泪水？因为我对这土地爱得深沉……" 臧克家《有的人》："有的人把名字刻入石头，想'不朽'；有的人情愿作野草，等着地下的火烧。"北岛《回答》中有这样的诗句："卑鄙是卑鄙者的通行证，高尚是高尚者的墓志铭。"这些诗句里有的饱含着深情，有的富有思想，其语言读来琅琅上口，音律美妙，已成为现代的警句名言。

自新诗产生以来，就有自由体和格律体的争论，直至今天，仍然在争论着。但是，押韵作为诗歌的一种艺术手段，无论赞同也罢，反对也罢，都不应否定其艺术价值。押韵既然如此重要，在新诗创造过程中，自然就会迎面碰上新诗如何用韵的问题。新诗的开路者们发现历史上的韵书虽然众多，如《切韵》《广韵》《集韵》《礼部韵略》《平水韵》《中原音韵》《洪武正韵》《音韵阐微》《佩文韵府》等，但这些旧韵书远远脱离了时代用韵的实际，于是新诗创作者和研究者开始用现代语音学的新知识研究现代韵文用韵的实际情况。刘半农在《我之文学改良观》中率先提出了"重造"韵法的意见，并讨论了具体的方法和途径，设计出分三步走的办法：作者各就土音押韵，而注以何处土音；以京音为标准造新韵；以调查所得撰一定谱行世。② 这种重造新韵的方法与途径，既考虑到当时新诗创作之急用，又谋划了新诗长远建设的需要，是极其稳妥的意见，因此得到了陈独秀、钱玄同等人赞赏。钱玄同就明确地说"造新韵一事，尤为当务之急"③。

---

① 谢冕：《百年中国新诗史略·总序：论中国新诗》，北京大学出版社2010年版，第1页。
② 刘半农：《我之文学改良观》，《新青年》第3卷第3号，1917年5月。
③ 钱玄同：《新文学与今韵问题》，载《新青年》第4卷第1期，1918年1月15日。

普通话的分韵及韵谱字汇

胡适在《谈新诗》中也明确地提出了"用现代的韵,不拘古韵"①。有的大学研究会还把"制造标准韵"列入"特别研究项目"。为了响应重造新韵的呼唤,赵元任先生率先编制了第一部国音"标准韵"——《国音新诗韵》(1923),以满足新诗创作的需求。

自赵元任先生《国音新诗韵》问世迄今,陆续出现了一百多种分韵有异、编纂体式不同的新诗韵书,如《韵典》《佩文新韵》《中华新韵》《汉语诗韵》《北平音系十三辙》《北平音系小辙编》《诗歌新韵》《诗韵新编》《现代诗韵》《诗韵常识》《新华诗韵》等。这些韵书虽分韵不一,但都是以现代汉民族共同语的语音为依据。这些韵书的编纂目的不见得都想着为新诗创作服务的,但其中相当一批韵书都标注有"诗"字,如武承仁等编的《诗韵手册》、李兆同编的《新诗韵》、谢德馨编的《中华新诗韵》;有的虽然没有"诗"字标志,但在自我认知里也是可以为新诗押韵提供服务的,如黎锦熙等编的《中华新韵》。

综观近百年来的新诗韵书的编纂过程,除了十三辙韵书拥有较广泛的群众基础,在诗词曲的创作中广泛运用之外,其他的韵书大多各行一套,行用范围有限。黎锦熙在《中华新韵增注·序》里说:"(民国)三十二三年间,在西京,综合各方面对此书的观感,可分数派:一、新诗人大都根本不用韵,对此不感兴趣。二、'民众文艺'只是提倡宣传的口号,知识分子多数并未实际参加,老百姓的口头歌咏是自然'合辙'的,对韵书根本不懂……"② 由此可见,即便权威如《中华新韵》的十八韵系统,也没谁将其认真对待。新诗韵书虽然问世了一百多种,但是诗人们押韵时不见得把这些新诗韵书当回事,许多诗人押韵也许并不去认真阅读这些韵书;那些主张新诗无须用韵的诗人,更不会去查阅这些韵书。然而,新诗韵书作为近百年来的文化现象,值得我们予以关注并给予恰当的历史评价。

把这一百年来的新诗韵书抚摸一遍,仔细观察它们的模样,我们就会发现,以下几个问题纠缠着每一韵书的作者。

第一是语音依据问题。现代汉民族共同语语音系统以"北京语音"为标准,那么那些老国音韵书、新国音韵书中不合乎北京语音的成分自然应

---

① 胡适:《谈新诗》,载《星期评论》纪念号,1919年10月10日。
② 黎锦熙:《增注中华新韵·序》,商务印书馆1950年版,第26—27页。

该去除，如尖团分音、保留入声、一些特别的字音都应一律去除。像《国音新诗韵》《中华新韵》这类的韵书都应该历史地看待其价值，汲取其合理的成分，去除它们保存的不具有现实意义的历史音韵标志。受方音、古音影响的押韵事例，更不能作为新诗韵书的语音依据。

第二是韵书的编纂目的问题。既然新诗韵用的是现代汉民族共同语，新诗创作用的是现代白话，那么保留入声、划分传统平仄已经毫无意义，完全可以去掉。

第三是韵部划分标准问题。普通话的韵母体系是经有关学者审音决定的，其中虽然存在一些需要讨论的问题，但整体来说音系系统是清晰的，然而，百年来的韵书划分普通话韵部时，仍然存在着陆法言编纂《切韵》时面临的"赏知音"与"广文路"如何协调的问题。"赏知音"是语音学的语音类别的分别问题，属于"正音"范畴，是要把韵母划分清楚，把韵母的构造细节描写明白；"广文路"是创作实践问题，是应用问题，其规则来自社会大众的押韵行为。"广文路"的韵书应遵从押韵行为的实际，并应将能够押韵的韵母尽量归并为一个韵部。可以说，百年来的新诗韵书，没有一套系统解决好了"赏知音"与"广文路"的协调问题。

新诗韵书的编纂应该在大规模押韵事例的归纳基础上，对普通话韵母系统做出准确的语音描写和音位归纳，明确韵部归纳的标准，解决好常例与特例的关系，才能有希望编纂出被广大群众接受的韵书。

二 老国音时期的新诗韵书（1913—1928）

新诗韵书大致依据的是现代汉民族共同语音系，由于现代汉民族共同语音系一开始并非以北京语音为标准音，而是经过了一些争议之后才明确的。这期间，经历了"老国音"（1913—1928）、"新国音"（1932—1958）和"普通话"（1958— ）三个阶段。新诗韵书的编纂历程大致与共同语语音的审音变化的三个阶段相应，故也可以分为老国音韵书时段、新国音韵书时段和普通话韵书时段。[①] 下面我们就按这三个时段，以有代表性的韵书

[①] 卢甲文在《现代韵书评论》里（《语文研究》1980年第1期）曾经也分三个阶段评述了现代韵书，他划分的三个时段是：从1919年5月到1934年5月，共十五年，为第一个时期；1934年6月到1959年5月，共二十五年，为第二个时期；从1959年6月到1979年6月，共二十年，为第三个时期。

普通话的分韵及韵谱字汇

为例，简要论述一下各时期韵书的特点，从中可见新诗韵书的百年发展历程。

"老国音"也称"旧国音"。1913年民国政府教育部组成"读音统一会"，该会经过多次会议讨论汉语共同语的字音的审定问题，历经激烈争论，最后审定了一个6500多字的字音系统。这个系统用注音字母注音，共用了39个注音字母。这套注音字母1918年由民国政府教育部颁布，包括声母24个，介母3个，韵母12个。这套字音系统的具体读法体现在1919年初版发行的《国音字典》里。《国音字典》行用后，使用中多有不足。民国政府1919年又成立了"国语统一筹备会"，该会组织校改了注音字母，增加了一个ㄜ（e）字母，实得40个；重新审定了一些字的读法。这次新校改的字音体现在1921年出版的《校改国音字典》里。

"老国音"虽然主要以北京音系为审音依据，但是，由于时代的原因，也兼顾了历史音变和方音，如区别尖团音、保留入声（南京话的形式，即紧喉，但是在注音形式上并没有标志，跟其他阴声韵一样无辅音性韵尾，只是注明某字为入声）；增加了北京话里没有的一些语音成分，如声母有万（v），兀（ŋ），广（ɲ），韵母有ㄛ（io哟）、ㄞ（iai崖）等。对一些字音也规定了特别的读法，如"累类泪"等字的韵母读ㄨㄟ（uei），"蛇者车惹"等字的韵母读ㄝ，"哲舌彻热"等字的韵母读ㄝ（ê[ɛ]）入声；"歌科何饿"等字的韵母读ㄛ（o），"各渴合额"等韵母读ㄛ（o）入声；"学略脚岳"等字的韵母读ㄛ（io）入声，"麦陌帛宅摘"等字的韵母读ㄜ（e）入声，不读ai或者o入声，"梦蒙翁冯鹏"等字的韵母读ㄥ（ong）韵，不读ㄨㄥ（ueng）；"我昂岸"等开口字的声母读疑母兀（ng），等等。

老国音时期的代表性韵书是《国音新诗韵》。该书是赵元任在哈佛大学完成的一部新诗韵，也是我国第一部公开出版的新诗韵书。这部书最早由商务印书馆1923年出版。

赵元任，1892年11月生于天津，原籍常州武进，是清代著名学者赵翼的后代。赵元任1918年毕业于美国哈佛大学，获博士学位。他长期从事教学和研究工作，曾任教康奈尔大学、清华大学、哈佛大学、夏威夷大学、耶鲁大学、加州大学伯克利分校等，并曾短期在南京的中央研究院从事研究工作。1982年2月逝世。赵元任是成就卓著的语言学家，在其他领域，如音乐、诗歌等，也极富名望。

该韵书共分序、用书法辑要、今韵辑要表、第一部"理论"、第二部"字汇"等五个部分。全书共收三千多个常用韵字。

"序"文部分讲述了编纂这部韵书的动机。一是说，虽然有了《国音字典》（1919年版），押韵不必专门编纂韵书，但是编一部收一些俗字（破体字）的《国音熟字字典》（即本书）还是很有必要的。二是说，注音字母虽然描写了韵母的读法，但韵母跟韵母之间是否押韵，还需要讨论。三是说，旧韵书《诗韵合璧》等都是一千年前的语音系统，确实需要编一部今音的韵书。他同时还强调说，有关声调、轻音、儿韵等问题也是需要讨论的。

"用书法辑要"说明该韵书应如何使用。

"今韵辑要表"是一个分韵系统的简表，也是韵书的韵部划分和通叶关系的说明。

第一部"理论"。共分九章。介绍了注音字母、声调、韵的定义、韵的分类、儿韵、通韵、叶韵、通调韵，多字韵、复韵、韵的位置、古韵等的基本内涵。

第二部"字汇"。分三部分：分韵字汇、部首字汇、古网今韵表。分韵字汇是一个以韵母为序，分五声（阴阳上去入）的同音字表（约3000字），注音完全依据《国音字典》。部首字汇是按214部首编排（部首下按笔画）的没有注释只有注音的检字表（收字与《分韵字汇》同），注音后面注明所属韵部。古网今韵表将诗韵（平水韵）按韵列出一些常用字，并注明它们所归属的今音韵部。

该韵书共分24韵部，另有儿化韵7个。同时该书还规定了24个韵部之间通韵和叶韵关系，还特别阐明了叶韵的条件，如表2-1。

表2-1内声调的名称，因"上"字今读去声，所以改用"赏"字，入声称"如"，是用明人徐孝的术语。

表2-1 《国音新诗韵》分韵及通叶关系（表内国际音标为笔者新加）

序号	有调韵				无调韵		通韵	叶韵	叶韵的条件
	阴	阳	赏	去	如	字母	韵字			
1	诗	时	使	是	石	ㄖㄭ	日	日通私	日叶衣	ㄓ、ㄔ、ㄕ、ㄖ改作ㄐㄧ、ㄑㄧ、ㄒㄧ、ㄧ

普通话的分韵及韵谱字汇

续表

序号	有调韵				无调韵		通韵	叶韵	叶韵的条件
	阴	阳	赏	去	如	字母	韵字		
2	雌	词	此	次	—	ㄙɿ	思	思通日	思叶衣	ㄗ、ㄘ、ㄙ 改作 ㄐㄧ、ㄑㄧ、ㄙㄧ
3	溪	棋	起	气	泣	li	衣			
4	书	殊	暑	树	叔	ㄨu	乌		乌叶迁 叔叶曷	ㄓㄨ、ㄔㄨ、ㄕㄨ、ㄖㄨ 改作 ㄐㄩ、ㄑㄩ、ㄒㄩ、ㄩ 限于〔入声〕
5	虚	渔	语	御	玉	ㄩy	迁		迁叶衣 玉叶叔	限于〔入声〕
6	妈	麻	马	骂	法	ㄚa	阿			
7	歌	河	可	个	曷	ㄛɔ	哦		曷叶瑟 曷叶屑	限〔夺脱国阔或惑活获拙说率撮〕十二字
8	奢	蛇	捨	舍	瑟	ㄜə	呃		瑟叶石 呃叶せ	限于〔入声〕 限于〔阴阳赏去〕
9	些	斜	写	谢	屑	ㄝε	せ		せ叶阿	入声和〔ㄩせ〕类字不在内
10	猜	才	彩	蔡	—	ㄞai	唉		崖叶爷	限于〔ㄧㄞ〕拼的字
11	飞	肥	美	妹	—	ㄟei	ㄟ		ㄟ叶衣	限于开口呼的字音
12	蒿	毫	好	号	—	ㄠau	凹			
13	州	愁	肘	宙	—	ㄡəu	欧			
14	干	寒	喊	汉	—	ㄢan	安	安通烟		
15	轩	咸	险	献	—	ㄧㄢian	烟	烟通安		
16	真	辰	枕	镇	—	ㄣən	恩	恩通温	恩叶音	限于ㄓ、ㄔ、ㄕ、ㄖ，叶时改作 ㄐㄧㄣ、ㄑㄧㄣ、ㄒㄧㄣ、ㄧㄣ
17	斤	琴	锦	禁	—	ㄧㄣiən	音	音通氲		
18	尊	存	笋	逊	—	ㄨㄣuən	温	温通恩	温叶氲	限于ㄓ、ㄔ、ㄕ、ㄖ，叶时改作 ㄐㄩㄣ、ㄑㄩㄣ、ㄒㄩㄣ、ㄩㄣ
19	君	群	窘	郡	—	ㄩㄣyən	氲	氲通音		

续表

序号	有调韵				无调韵		通韵	叶韵	叶韵的条件
	阴	阳	赏	去	字母	韵字			
				如					
20	邦	旁	磅	棒	—	ㄤ ang	肮		
21	声	绳	省	胜	—	ㄥ eng	觥	觥叶鹰	限于 ㄓ、 ㄔ、 ㄕ、 ㄖ ，叶时改作 ㄐ ㄧ ㄥ、 ㄑ ㄧ ㄥ、 ㄒ ㄧ ㄥ、 ㄧ ㄥ
22	京	鲸	景	敬	—	ㄧ ㄥ ieng	鹰		
23	东	桐	董	洞	—	ㄨ ㄥ ueng	翁		
24	枝儿	儿	耳	贰	侄儿	ㄦ ɚ	而		

除了以上 24 个按韵母划分的韵部，赵先生还划分了 7 个儿化韵（也称小辙），如表 2-2：

表 2-2　　　　　《国音新诗韵》所分儿化韵

25	花儿	华儿	海儿	画儿	匣儿	ㄚ儿 ar	阿儿
26	锅儿	罗儿	火儿	座儿	鸽儿	ㄛ儿 or	哦儿
27	刀儿	桃儿	岛儿	道儿	—	ㄠ儿 aur	凹儿
28	钩儿	猴儿	狗儿	后儿	—	ㄡ儿 əur	欧儿
29	张儿	肠儿	掌儿	唱儿	—	ㄤ儿 ãr	肮儿
30	灯儿	藤儿	等儿	凳儿	—	ㄥ儿 ə̃r	觥儿
31	弓儿	红儿	孔儿	贡儿	—	ㄨㄥ儿 uə̃r	翁儿

表 2-1 的 24 韵也是儿化韵，不仅包含了儿韵母的字，也包括了 zhi、chi、shi、zi、ci、si 等音节的儿化字（词），如枝儿、侄儿，因此，这个韵应该也计入儿化韵，如此，则《国音新诗韵》有 8 个儿化韵。

根据赵元任关于韵跟声调的关系的处理方式，24 个不带调的韵搭配上声调，即可得 103 韵；再加儿化韵（含声调），可得 127 韵。又根据赵先生关于"通韵就是语音近似的程度够可以通融互相押韵的关系"，那么"日、思""安、烟""恩、温""音、氲""鹰、觥"可以混押，这样实际就剩下 19 个不带调的韵。

赵元任的体系是历史上较具学理的分韵体系，有其严密的语音分析。

然而，过分讲求学理有时会妨害对押韵实际的观察，如"日、思""安、烟""恩、温""音、氲""鹰、鞥"这样几组分韵，从押韵看，无论如何是不能当作不同押韵单位的。究其原因就在于赵元任认为，押韵押的是韵基相同（韵腹要区别细节，如认为"安"与"烟"韵腹有别），没有系统地从音位的角度处理通韵关系。

ong 韵母和 iong 韵母，该书没有单列，而是分别跟ㄨㄥ（ueng）和丨ㄨㄥ（iueng）合并。从音位学看，这是有道理的；从语音描写看，音值还是以保持区别为好。至于一些旧字音的处理、保留入声、区别尖团音等，那是受老国音体系的影响，不能算在该书的头上。

另一部据老国音编写的韵书是李炳卫的《韵典》。该书从 1927 年开始编写，到 1934 年才由京城印书局出版。该书共分 12 韵纲，即十二韵，跟十三辙系统相类。该书所依据的音系是《校改国音字典》之音系。该书首列丨（i，含舌尖韵母）、ㄨ（u）、ㄩ（ü）三个韵母韵，然后开列十二韵纲：ㄚ韵纲（ɑ）、ㄛ韵纲（o）、ㄜ韵纲（e）、ㄝ韵纲（ɛ）、ㄞ韵纲（ai）、ㄟ韵纲（ei）、ㄠ韵纲（au）、ㄡ韵纲（ou）、ㄢ韵纲（an）、ㄣ韵纲（en）、ㄤ韵纲（ang）、ㄥ韵纲（eng/ong），最后附有儿音。三个韵母加 12 韵纲，实际有 15 韵部，如把儿韵算上，实际是 16 部。阴声韵纲含有入声字，实有阴阳上去入五声。每一韵纲先列出该韵纲的音节表，然后再按声调列字。

《韵典》实际是按韵编排的字典，类似《广韵》的体制，其目的并不限于押韵。

《韵典》出版的时期，新国音已经审定通过，李氏为何仍遵从老国音？推测其原因，有可能是该书编纂时行用老国音，其音系框架已定，不便改从新国音；也有可能是李氏并不认同新国音，老国音也许更符合他的想法。

随着新国音的行用，老国音韵书自然就退出了历史舞台。但是，赵元任先生首创新韵书之功是不能磨灭的。

三　新国音时期的新诗韵书（1932—1958）

老国音行用十年后，民间和学界多有不满。1928 年（民国十七年），"国语统一筹备会"改组为"国语统一筹备委员会"。该委员会组织人力重新审定字音读法，改变了"老国音"的票决制，完全以北京音系为审音依据。同时，还成立了"中国大辞典编纂处"，重修《国音字典》，并选定常用字改编成《国音常用字汇》。《国音常用字汇》1932年（民国二十一年）初版发行，这是最早的用"新国音"为标准字音的字典（1949年8月又出版了《增订注解国音常用字汇》）。《国音字典》经修订，到1949年8月才出版。

根据吴敬恒为《国音常用字汇》写给教育部长的信可知，"新国音"与"旧国音"的不同主要在于："前书囊括古今，正事蒐集；后书则专便应用，刻以观成。指定北平地方为国音之标准，取其现代之音系，而非字字必遵其土音；南北习惯，宜有通融，仍加斟酌，俾无窒碍。"①

新国音跟老国音最大的不同就是改变了审音依据，新国音只取北京音为标准。其注音字母体系也发生了不少变化：将原来的万、兀、广三个字母去掉（用括号说明用于方言），注音字母由40个变成了37个。ㄗ/ㄘ/ㄙ（z/c/s）不再拼细音（i、ü及其开头的韵母）；唇音声母拼"ㄛ"（o），不拼ㄨㄛ（uo）；ㄅ（io）只限于叹词"唷"；ㄓ/ㄔ/ㄕ/ㄖ（zh/ch/sh/r）不再拼ㄝ，而是拼ㄜ，"ㄝ"韵母只剩下叹词"诶"。入声分派到阴阳上去四声，不再强调入声的独立性。与老国音一样，新国音还保留了iɑi韵母（崖）。

"新国音"时代的韵书可以黎锦熙等的十八韵系统韵书和张洵如编纂的十三辙韵书为代表。由于这两部韵书具有极大的影响力，我们将专节讨论，此处不赘。

四　普通话时期的新诗韵书（1958—　）

1949年10月新中国成立之后，中国社会发生了巨大变化，文化建设的旨趣也与民国时代大相径庭。新中国提倡文化大众化，强调为工农兵服务，关注人民大众的语文应用。因此，祖国语言的统一、扫除文盲、提高全体劳动者的文化素质等工作十分急迫，有关语言文字的新建设也就提到了日程上。1951年6月6日《人民日报》发表了《正确地使用祖国的语

---

① 吴敬恒：《请公布〈国音常用字汇〉函》，载《国音常用字汇》，商务印书馆1932年版，第3页。

普通话的分韵及韵谱字汇

言,为语言的纯洁和健康而斗争!》的社论,并开始连载吕叔湘与朱德熙合写的《语法修辞讲话》,向全社会发出了正确使用祖国语言文字的号召。

1955年10月中国科学院语言研究所(1977年改属中国社会科学院)召开了现代汉语规范问题座谈会,罗常培、吕叔湘发表了《现代汉语规范问题》的报告,全面论述了汉语规范的有关问题,出版了《现代汉语规范问题学术会议文件汇编》。罗、吕的报告针对民族共同语的形成、共同语和方言、书面语和口语、语言规范和语言的发展等问题都提出了系统的意见,是一个纲要性文件。国务院根据会议成果,确定了汉民族共同语是"以北京语音为标准音,以北方话为基础方言,以典范的现代白话文著作为语法规范的普通话。"

1956年10月国务院设立"汉语拼音方案审订委员会"审定"汉语拼音方案"。1957年10月提出了修正草案,在同年11月1日国务院全体会议第60次会上通过。1956年2月6日国务院发布了《关于推广普通话的指示》,从此,在全国开展了轰轰烈烈的推广普通话的运动。

1958年2月周恩来总理在全国人民代表大会上作了《当前文字改革的任务》的报告,提出了简化汉字、推广普通话、制定和推行《汉语拼音方案》的三大语文任务。同时,第一届全国人民代表大会第五次会议批准了《汉语拼音方案》,为汉字注音提供了方便。为了使汉字读音有明确的依据,1957年"普通话审音委员会"发表了《普通话异读词审音表初稿》正续两编,1962年发表第三编,后辑成《普通话异读词三次审音总表初稿》,为汉字读音订立了较明确的规范。

"普通话"是"新国语"的延续,不是另起炉灶,其语音系统都是以北京语音为标准音。之所以易名,主要考虑的是民族平等问题,"国语"多少含有一些大汉族主义,不符合多民族国家的现实。"普通话"一词使用的时间几乎跟国语同时,早在清末就有人使用,如朱文熊1906年在《江苏新字母》就用了"普通话"一词,并解释说,"普通话"就是"各省通行之话"。① 从学术意义上说,"国语"与"普通话"的内涵基本是一致的。

从新中国成立以来,出版或发表的新诗韵书,是国语时期的几倍,总

---

① 朱文熊:《江苏新字母·自序》,文字改革出版社1957年版,第1页。

数约有八九十种。在普通话还没有明确规范的建政初期，主要有两部韵书：一部是黎锦熙主编的《增注中华新韵》（商务印书馆 1950 年版），一部是王惠三编的《汉语诗韵》（中华书局 1957 年版）。这两部韵书延续了十八韵系统，用注音字母注音，应该归入新国音时期韵书。此处不论。

普通话语音标准明确以后，韵书的编纂可以分两个时段叙述。第一个时段是 1959 年到"文化大革命"结束。第二阶段是"文化大革命"结束以来，大致跟改革开放的时段相应。

第一时段问世的韵书不多，主要有张允和的《诗歌新韵》（上海教育出版社 1959 年版）；据十八韵系统改编的《诗韵新编》（中华书局上海编辑所 1965 年版）；郑林曦根据十三辙系统编写的《怎样合辙押韵》（北京出版社 1965 年版）、车锡伦的《诗韵常识》（内蒙古人民出版社 1975 年版；后改称《韵辙新编》，内蒙古人民出版社 1978 年版）、秦似的《现代诗韵》（广西人民出版社 1975 年第 1 版，1979 年第 2 版）。

这一时段的新诗韵书仍以十八韵和十三辙系统为主。张允和编的《诗歌新韵》和秦似编的《现代诗韵》稍微有些变化。张允和编的《诗歌新韵》是较早用汉语拼音编写的韵书，该书分韵 22 部，又分 87 个韵目，每一部都收一定量的韵字，有的还附有词语。秦似的《现代诗韵》是"文革"中出版的一部现代韵书，先是根据十三辙分为十三大部，又将歌部分为歌/波、衣部分为衣/居、山部分为山/天、东部分为东/声，实际有 17 部。他还将十三辙的辙名改为单音字，如发花改为花，梭波改为歌等。

我们把张允和与秦似的分韵表列为表 2-3，以示异同。

表 2-3　　　　　　　　张允和与秦似分韵比较

普通话韵母	17 韵	22 韵
	现代诗韵	诗歌新韵
	秦似	张允和
	1976	1959
a、ia、ua	花	啊
o、uo	波	喔
e	歌	婀

普通话的分韵及韵谱字汇

续表

普通话韵母	17 韵 现代诗韵 秦似 1976	22 韵 诗歌新韵 张允和 1959
ie üe	些	诶
ou iou	收	欧
u	姑	乌
ü	居	迂
i		衣
ï (ɿ/ʅ)	衣	日
er		儿
ei uei	飞	欸
ai uai	开	哀
ao iao	高	凹
an uan	山	安
üan ian	天	烟
en uen	根	恩
ün		晕
ien		因
ang iang uang	方	肮
ong iong	东	嗡

贰　新诗韵书百年编纂历程

续表

普通话韵母	17 韵	22 韵
	现代诗韵	诗歌新韵
	秦似	张允和
	1976	1959
eng	声	鞥
ueng		
ing		英

张允和与秦似的体系，跟十八韵体系一样也存在着审音与押韵之间的矛盾，没有很好解决审音与押韵之间的关系。比如张允和的安/烟、晕/因、鞥/英分韵，秦似的山/天、东/声分韵都与押韵事实不符；秦似将 i/-i、er 合并这又没有顾及它们之间语音的差异。

在第一时段里，黎锦熙等人也曾经想改革十八韵体系，编辑一部新韵书。据黎泽渝为黎锦熙《诗歌新韵辙的"通押"总说》写的《整理后记》里说：

> 旧韵书韵目纷繁，通韵夹杂，所依语音，古今有变，难于记忆。社会上缺少一部公定共认的以普通话北京音系为标准的韵书，诗歌、戏剧、曲词中出现了"不上口"不押韵的现象，文艺界迫切需要新韵书。于是 1963 年 1 月 6 日丁西林、胡愈之邀集先父黎锦熙及叶圣陶、夏衍、吕叔湘、丁声树、叶籁士、叶恭绰、魏建功、金灿然等先生座谈讨论编写新韵书的问题。同年 5 月 9 日先父在《光明日报》发表了《诗朗诵及诗歌韵辙》，并指导"汉字正音、正字和韵辙常用字编写小组"，经过两年的编写实践，1965 年撰成《诗歌新韵辙调查研究小结》，刊于当年《中国语文》第二期。其内容包括三种：（1）汉字正音音谱序例（完全是说明语言教学工具书"正音谱"的）；（2）汉语拼音方案的"韵母表"与近代韵书比较表（从历史过程上拿韵辙来跟正音挂钩）；（3）诗歌新韵辙纲目表。同年，撰成《诗歌新韵辙的通押总说》初稿，它是《小结》第三种的续奉稿，是从地区方言上拿通押来揭示和解决韵辙和正音的矛盾。虽然诗韵属于文艺类，正音属于语言类，本是两码事，不能混为一谈，但二者不能不挂起钩来。因为

普通话的分韵及韵谱字汇

诗韵是跟着语音体系变化而变化的。新韵辙的分韵部必须按照人民群众的普通话诗歌的用韵实际；而根据拼音方案的规定写作韵文，基本上是现实情况和将来发展的需要，因此本《总说》创造性地提出向拼音方案（"正音"教学）挂钩的十八部韵，同时用通押方式落实于押韵的十一辙（比十三道辙还少两辙）。①

黎锦熙将十八韵韵书看作是正音的韵书，并不十分贴合押韵的需要，因此，他设想的新韵书应该向十三辙学习，并改造十三辙，使其成为一部适合押韵的十一辙的新韵书。可惜的是，黎先生设想的这部新韵书并没有编纂出来。

第二时段起始于20世纪的改革开放之初（1978年），并延续至今。这一时段的新诗韵书编纂呈现百家争鸣的局面，出现了八九十种分韵不同、体例不同、观念不同的韵书，其中十三辙系统的韵书占比很高，也有几种十八韵系统的韵书。

十三辙系统的韵书有：广东人民出版社编的《常用同韵字汇编》（广东人民出版社1978年版），鲁允中编的《韵辙常识》（人民出版社1978年版），武承仁等编的《诗韵手册》（山西人民出版社1979年版），李兆同编的《新诗韵》（云南人民出版社1979年版），梁前刚、郭进双编的《诗韵常识简编》（河南人民出版社1979年版），张保先、王珍编的《词林新韵》（中国国际广播出版社1989年版），颜力钢、李淑娟编的《诗歌韵脚词典》（新世界出版社1994年版），刘飞茂等编的《新诗韵词典》（学苑出版社1994年版），陈北郊编的《韵脚词典》（北岳文艺出版社1996年版），马志伟编的《十三辙新韵书》（商务印书馆2007年版），张善曾编的《北京十三辙及词汇编》（中国文史出版社2008年版）；

十八韵系统的韵书：尹贤编的《诗韵手册》（甘肃人民出版社1992年版），谢德馨编的《中华新诗韵》（汉语大词典出版社2004年版）。

除了十三辙和十八韵系统的韵书之外，其他韵书的分韵情况则五花八门，没有统一的体制，根据分韵的不同，可作如下分类：

分9韵的有：李慎行的《论新诗韵九道辙的科学性与可行性》（《宝鸡

---

① 黎泽渝：《整理后记》，见黎锦熙《诗歌新韵辙的"通押"总说》，《徐州师范学院学报》1984年第4期。

文理学院学报》1999年第4期）；李慎行编的《诗韵新探》（陕西旅游出版社1996年版）。

分10韵的有：高元白编的《新诗韵十道辙儿》（陕西人民出版社1984年版）。

分11韵的有：黎锦熙的《诗歌新韵辙的调查研究小结》（《中国语文》1966年第2期）。

分12韵的有：朱宝全、朱忆鲁编的《中华新韵谱》（华侨出版社1995年版）。

分14韵的有：白雉山编的《汉语新诗韵》（河南人民出版社1989年版），吴立冈编的《新华诗韵》（江苏教育出版社1990年版），黄宝文编的《中华诗词今韵》（敦煌文艺出版社1992年版），江南诗词学会编的《江南诗韵》（中州古籍出版社1997年版），卢甲文编的《新华诗韵》（《中州学刊》2004年第3/4期合刊），秋枫编的《中华实用诗韵》（吉林人民出版社2005年版），赵京战编的《中华新韵》（中华书局2011年版）。

分15韵的有：王曾编的《现代汉语诗韵新编》（沈延毅主编《沈阳文史研究》第三辑，1988年），星汉编的《今韵说略》（《新疆师范大学学报》2002年第2期）、《中华今韵》（《中华诗词》2002年第1期）。

分16韵的有：王力的《汉语语音史》第九章（中国社会科学出版社1985年版），高亦涵的《简化统一诗韵》（世界科技出版公司2002年版），郭成华的《新诗声律初探》（华文出版社2009年版）。

分17韵的有：吕晴飞编的《新诗用韵手册》（中国妇女出版社1987年版），彭颂声的《彭颂声诗词对联》（北京燕山出版社1999年版），林端编的《历代诗韵沿革》（新疆人民出版社2004年版），彭春生编的《新韵谱新词谱新诗谱》（中国文联出版社2012年版）。

分19韵的有：洪柏昭主编的《中华新韵府》（岳麓书社2005年版），杨发兴编的《中华今韵》（中华诗词出版社2006年版）。

分20韵的有：盖国梁的《中华韵典》（上海古籍出版社2004年版）。

分22韵的有：朱光林等编的《现代汉语新韵》（光明日报出版社2000年版）。

分26韵的有：张正体、张婷婷编的《中华韵学》后所附《新韵汇》（台湾商务印书馆1978年版）。

普通话的分韵及韵谱字汇

这些韵书可谓"各有土风"、各有坚持。即使分韵数目相同的韵书，往往韵部的内涵也不相同。下面以高元白的《新诗韵十道辙儿》为分韵少的代表，以张正体、张婷婷的《中华韵学》后所附《新韵汇》（台湾商务印书馆1978年版）为分韵多的代表，比较一下他们分韵的差异，看看他们的得失情况。

高元白（1909—2000），陕西米脂县人，1935年毕业于北京师范大学国文系，长期在高校从事汉语教学与研究工作，著有《汉语音韵学要略》《新诗韵十道辙儿》等。《新诗韵十道辙儿》是"文革"后不久就出版的新诗韵书。他的分韵系统如表2-4：

表2-4　　　　　　　　　高元白的分韵系统

普通话韵母	韵部	备注
a/ia/ua	发	
o/uo	歌	
e		
ê	写	
ie		
üe		
ou/iou	斗	
u		
ü	诗	
i		
ʅ（ɿ）/ʅ（ʅ）		
er		
ei/uei		
ai/uai	来	
ao/iao	高	
an/ian/uan/üan	战	
en/in/un/ün	风	eng、ing、weng可专押
ong/iong		ong/iong可专押
eng/ing/ueng		
ang/iang/uang	唱	ang/iang/uang可专押

贰 新诗韵书百年编纂历程

高元白另划分出了4部儿化韵，这里未列。

在高元白提出十道辙之前，黎锦熙先生曾经有过把十八韵改为十一道辙的想法，已见上引黎泽渝为《诗歌新韵辙的"通押"总说》写的《整理后记》。黎锦熙在《诗歌新韵辙调研四种》也有很仔细的说明：①

在今天既有《汉语拼音方案·韵母表》所反映的"北京音系"作分韵的标准，通过语音科学的分析归纳，正规的韵目定为十八部——单韵母 a（麻）、o（波）、e（歌），补上 ê（皆）、ï（支）、er（儿），还有 i（齐）、u（模）、ü（鱼）；复韵母 ai（开）、ei（微）、ao（豪）、ou（侯）；鼻韵母 an（寒）、ang（唐）、en（痕）、eng（庚）、ong（东）。其中音近通押的韵，即 o（波）通 e（歌），ï（支）、er（儿）、ü（鱼）、ei（微）都通 i（齐），ü（鱼）又可通 u（模），ong（东）通 eng（庚）。于是十八韵减为十一道辙。

黎锦熙还说过：②

1931年由"旧国音"改成纯粹的"以北京语音为标准音"的"新国音"，出版《佩文新韵》（后改名《中华新韵》，到1952年"增"字，"加"注重新出版。）它就是根据"十三辙"加五个韵目而成十八韵的，正与后来1958年《拼音方案》的"韵母表"相符合。现在是以"通押"方法恢复十三辙之旧，在押韵时合并所加的五个韵目仍成十三。而微（灰堆辙）又可通齐，模（姑苏辙）又可通鱼（再通齐），则更从十三辙中减少两辙，而成十一道辙儿。假如有人主张侯（油求）也该通模，则只存十道辙儿了。今天为人民大众制成新诗韵，当然要把韵目总数搞得越少越好。但旨在统一，又须兼顾方言，力求通俗，又易溯反旧韵。广征律应，然后行得通，求简从宽，然后及得普。

---

① 黎锦熙：《诗歌新韵辙调研四种》，引自高元白《新诗韵十道辙儿》，陕西人民出版社1984年版，第7页。
② 黎锦熙：《诗歌新韵辙的"通押"总说》，《徐州师范学院学报》1984年第4期。

普通话的分韵及韵谱字汇

显然，高元白体系深受黎锦熙的影响。

还有一家比高元白分韵更少的系统——李慎行的 9 部系统。李慎行长期研究新诗韵，他在黎、高的基础上，进一步合并，最后得出 9 部韵。

我们把黎、高、李所分韵部列在下面，可以发现这一派合并的轨迹。

表 2-5　　　　　　　　　分韵少的三家韵部比较

普通话韵母	9 韵 诗韵探新 李慎行 1996	10 韵 新诗韵十道辙儿 高元白 1984	11 韵 诗歌新韵辙四种调研 黎锦熙 1966
a/ia/ua	发	发	麻
o/uo	乐	歌	波
e			
ie		写	皆
üe			
ou/iou	斗	斗	侯
u			(乌)
ü	诗	诗	支
i			
ï (ɿ)			
ï (ʅ)			
er			
ei/uei			
ai/uai	来	来	开
ao/iao	高	高	豪
an	战	战	寒
uan			
üan			
ian			

续表

普通话韵母	9 韵 诗韵探新 李慎行 1996	10 韵 新诗韵十道辙儿 高元白 1984	11 韵 诗歌新韵辙四种调研 黎锦熙 1966
en	风	风	痕
uen			
ün			
ien			
ong/iong			
ueng			庚
eng			
ing			
ang/iang/uang	唱	唱	唐

这三家的不同主要是：黎将 ü 与支合并，又规定与 u 通，就是说，u 可以两押；微（ei/uei）又通支；保持痕跟庚的区别。高与黎的不同之处在于，高将 u 与侯合，又合并了痕与庚，遂变 11 韵为 10 韵。李则进一步将波、皆合并，即成 9 韵。

这三家分韵少的体系，共同的依据是押韵实践。但是，除了波（o/uo）与皆（e/ie/üe）押韵的例证较多外，他们列举的其他押韵事证不少都不是共同语的押韵，有的是极少见的押韵。他们都没有对新诗的押韵实践进行大规模调查，而是把不同的诗体和使用方音乃至古韵的诗体混杂在一起讨论。比如李慎行（1996）列举了不少例证证明 eng/ong/en 类韵母可以押韵，[1] 他用贺苏的《读曾卓〈读胡风论诗札记〉》（五言古诗）押"身人生文心魂情明神馨今成民新声真神榛论……"、霍松林《寒夜怀人》押"人冰心椋朋城伦同明"为例，然而这些诗要么是古体诗，要么受作者方言的影响，这种押韵绝对不是常例。又比如他用江泽中的七律《汉阳龟山电视塔》押"牛浮丘秋州"为例证明 u 与 ou 可押，[2] 这是误把古韵当今韵，错把今音当古音。

---

[1] 李慎行：《诗韵新探》，陕西旅游出版社 1996 年版，第 110 页。
[2] 李慎行：《诗韵新探》，陕西旅游出版社 1996 年版，第 83 页。

普通话的分韵及韵谱字汇

"牛浮丘秋州"都是古音的尤韵字，自然可以押韵。总之，错用押韵事例，错误地简化合并韵部都可能会破坏新诗的韵味，这不是好办法。

我国台湾地区也有人编纂新诗韵。有代表性的是张正体、张婷婷的《中华韵学》〔（台北）商务印书馆1978年版〕最后所附的《新韵汇》，共分26韵，见下表2-6：

表2-6　　　　　　　　中国台湾地区《新韵汇》的分韵

	韵部		韵母			备注	
1	东			ㄨㄥ	ㄩㄥ（翁）	收鼻音	
2	唐	ㄤ				收鼻音	通江光
3	江		ㄧㄤ			收抵腭	通唐光
4	光			ㄨㄤ		收闭口	通唐江
5	支		ㄓㄔㄕㄗㄘㄙ			直出无收	
6	和	ㄛ		ㄨㄛ		直出无收	
7	歌（儿）	ㄜ儿				直出无收	
8	皆	ㄝ	ㄧㄝ		ㄩㄝ	收噫音	
9	哈	ㄞ		ㄨㄞ		收噫音	
10	麻	ㄚ	ㄧㄚ		ㄩㄚ	直音	
11	齐		ㄧ			直出无收	
12	微	ㄟ		ㄩㄟ		收噫音	
13	鱼				ㄩ	撮口	
14	模			ㄨ		满口	
15	庚	ㄥ				收鼻音	通青
16	青		ㄧㄥ			收鼻音	通庚
17	豪	ㄠ				收乌音	通萧
18	萧		ㄧㄠ			收乌音	通豪
19	侯	ㄡ				收乌音	通尤
20	尤		ㄧㄡ			收乌音	通侯
21	寒	ㄢ				收抵腭	通桓先
22	桓			ㄨㄢ		收抵腭	通寒先
23	先		ㄧㄢ			收抵腭	通寒桓
24	真	ㄣ				收鼻音	通文侵
25	文			ㄨㄣ		收闭口鼻音	通真侵
26	侵		ㄧㄣ			收鼻音	通真文

贰　新诗韵书百年编纂历程

　　这个体系仍然采用注音字母注音,其分韵深受戏剧语音分析和历史情结的拘禁。如果把他们规定的通韵合并起来,其实只有17韵,跟十八韵体系相比,仅仅是将歌韵跟儿韵合并了。该书的备注栏对各韵韵尾的注释多有不确,比如"文"韵"收闭口鼻音",则是匪夷所思,大错特错。

　　最后还要说说一部最新的新诗韵书——《中华通韵》。《中华通韵》是国颁标准韵书,2019年7月15日由教育部、国家语委发布,并规定2019年11月起试行(没有说明试行期限有多久),标准代号：GF0022—2019,语文出版社2020年出版了纸质文本。

　　《中华通韵》(语文出版社2020年版)由前言、范围、规范性引用文件、术语和定义、总则、韵部划分和韵字收录原则、韵部表、韵字表等部分构成。根据"前言",《中华通韵》由郑欣淼、星汉、赵京战、李文朝、范世银、罗辉、钱志熙、林峰、李葆国等人研制。其分韵系统如表2-7：

表2-7　　　　　　　《中华通韵(草案)》分韵

一啊	a	ia	ua	
二哦	o		uo	
三鹅	e	ie		üe
四衣	-i	i		
五乌	u			
六迂	ü			
七哀	ai		uai	
八诶	ei		ui	
九敖	ao	iao		
十欧	ou	iu		
十一安	an	ian	uan	üan
十二恩	en	in	un	ün
十三昂	ang	iang	uang	
十四英	eng	ing	ueng	
十五雍			ong	iong
附：(十六)儿	er			

　　《中华通韵》虽然依据的是《汉语拼音方案》的韵母系统,但是依然

49

普通话的分韵及韵谱字汇

存在着宽严失准问题，比如：（1）-i/i 合韵显然是为了"广文路"，从押韵实际看，这是没有问题的，这是从宽。但是 e/ie/üe 与 o/uo、eng/ing 与 ong/iong 分韵则是"赏知音"了，不符合押韵的实际情况。（2）这套草案的分韵目的仍然不明确，如果是审音从严，-i/i 不当同韵；如是押韵从宽，则 e/o、ong/eng 等不当分韵。"儿"作为一个附加韵部，其常用韵字不到 10 个，不知道这个韵谁敢押！该分韵体系丢失了 ê 韵母。该体系的韵目字既不通俗也不合乎传统，记忆起来，不能上口入耳。

观察《中华通韵》的分韵体系可见，其跟星汉的 15 韵体系大致相同，说明该体系的基础是星汉体系。后文将其纳入星汉的 15 部体系内，不再另外称说。

观察制定这套体系的成员，从名单看，里面居然没有精通语音学的学者参加，大多数是诗歌创作者或爱好者或研究者，从其分韵看，他们并不明白韵母构造的语音基础和分韵的基本原则，自然就会产生龃龉。

任何一套韵书是否行用，都要经受得住实践的检验，都要经得起诗人创作的检验，这不是几个专家、几个诗人或强力部门能够随心支配的。作为国颁标准，《中华通韵》能不能经受得住实践的检验，还是未知数。希望经过试行阶段，编写组能够听取各界意见，潜心修订，真正达到国家标准的水平。

由于普通话时期的韵书众多，就不一一赘述了，最后借用颜之推《颜氏家训·音辞》里的话来概括，那就是"音韵锋出，各有土风，递相非笑"。

叁 各新诗韵书间存在的分韵歧异

近百年来，汉语新诗韵书的编纂实践，既给我们留下了丰富的韵部划分的成果，同时也产生了诸多的分韵歧异和困扰。新诗韵书的重新编撰，应该在总结前人积累的经验、教训的基础上，吸取其有益的成分，纠正其不足，从而推动汉语新诗韵书分韵问题的最终解决。为此，我们收集、整理和分析了54种新诗韵书的分韵体系，具体分析了各韵书之间的歧异及歧异产生的原因，以期寻找到新诗韵书分韵的基本规律。

一 新诗韵书分韵体系比较

这里所说的54种韵书包含着不同的分韵体系，一种体系可能有多种韵书。下面的表3-1《各家新韵书分部一览》和表3-2《各家韵书分韵对照》是54种新诗韵书的分部和对照表，从中可以看出新韵书的基本情况和各韵书之间的种种异同。除了我们讨论的54种韵书之外，还有一些韵书见于有关书目，暂未寓目，如百乐山人的《新诗韵》（1926）、吴荣爵的《现代汉语诗韵》（1978）、吴培根等的《现代汉语诗韵》（2001）、刘克能的《现代汉语韵典》（2004）、刘中天的《现代汉语诗韵》、马文清的《现代汉语诗韵》等，暂付阙如。

表3-1内韵数相同的韵书，其韵部体系不一定相同。比如22部体系的张允和体系和朱光林体系就不同：朱光林分耶（ie）、约（üe）为2部，张允和则合为"诶"1部；朱光林分安（an/uan）、冤（üan）、烟（ian）为3部，张允和则分安（an/uan）、烟（üan/ ian）为2部。

普通话的分韵及韵谱字汇

表 3-1　　　　　各家新韵书分部一览（54 种[1]）
（左栏右下角的数字表示该类韵书的种数）

分部	论著
9 韵₁	1. 李慎行：《诗韵新探》（陕西旅游出版社 1996 年版）、《诗韵的发展与改革》（《宝鸡文理学院学报》1996 年第 1 期）、《论新诗韵九道辙的科学性与可行性》（《宝鸡文理学院学报》1999 年第 4 期）等。
10 韵₁	2. 高元白：《新诗韵十道辙儿》（陕西人民出版社 1984 年版）
11 韵₁	3. 黎锦熙：《诗歌新韵辙的调查研究小结》（《中国语文》1966 年第 2 期）
12 韵₁	4. 朱宝全、朱忆鲁：《中华新韵谱》（华侨出版社 1995 年版）
13 韵[2]₁₈	5. 李炳卫：《韵典》（北平民社 1934 年版）（仍保留入声字的标志，附有儿化韵字） 6. 张笑侠：《国剧韵典》（戏曲研究社丛书 1935 年版）（为字典方式，没有注音字母注音，而是用反切形式，每字加注所属十三辙之辙） 7. 张洵如：《北京音系十三辙》（中国大辞典编纂处 1937 年版） 8. 罗常培：《北京俗曲百种摘韵》（国民出版社 1943 年版/来薰阁 1950 年版） 9. 郑林曦：《怎样合辙押韵》（北京出版社 1965 年版） 10. 车锡伦：《诗韵常识》（内蒙古人民出版社 1975 年版），后改称《韵辙新编》（内蒙古人民出版社 1978 年版） 11. 秦似：《现代诗韵》（广西人民出版社 1975 年第 1 版、1979 年第 2 版） 12. 广东人民出版社：《常用同韵字汇编》（广东人民出版社 1978 年版） 13. 鲁允中：《韵辙常识》（人民出版社 1978 年版） 14. 武承仁等：《诗韵手册》（山西人民出版社 1979 年版） 15. 李兆同：《新诗韵》（云南人民出版社 1979 年版） 16. 梁前刚、郭进双：《诗韵常识简编》（河南人民出版社 1979 年版） 17. 张保先、王珍：《词林新韵》（中国国际广播出版社 1989 年版） 18. 颜力钢、李淑娟：《诗歌韵脚词典》（新世界出版社 1994 年版） 19. 刘飞茂等：《新诗韵词典》（学苑出版社 1994 年版） 20. 陈北郊：《韵脚词典》（北岳文艺出版社 1996 年版） 21. 马志伟：《十三辙新韵书》（商务印书馆 2007 年版） 22. 张善曾：《北京十三辙及词汇编》（中国文史出版社 2008 年版）
14 韵₇	23. 白雉山：《汉语新诗韵》（河南人民出版社 1989 年版） 24. 吴立冈：《新华诗韵》（江苏教育出版社 1990 年版） 25. 黄宝文：《中华诗词今韵》（敦煌文艺出版社 1992 年版） 26. 江南诗词学会：《江南新韵》（中州古籍出版社 1997 年版） 27. 卢甲文：《新华诗韵》（《中州学刊》2004 年第 3/4 期合刊） 28. 秋枫：《中华实用诗韵》（吉林人民出版社 2005 年版） 29. 赵京战：《中华新韵》（中华书局 2011 年版）

叁　各新诗韵书间存在的分韵歧异

续表

分部	论著
15韵$_2$	30. 王曾：《现代汉语诗韵新编》（沈延毅主编《沈阳文史研究》第三辑，1988年） 31. 星汉[3]：《今韵说略》，（《新疆师范大学学报》2002年第2期）、《中华今韵》（《中华诗词》2002年第1期）
16韵$_4$	32. 王力：《汉语语音史》第九章（中国社会科学出版社1985年版） 33. 叶日升：《诗韵革新致我见》（《上饶师专学报》1996年第1期） 34. 高亦涵：《简化统一诗韵》（世界科技出版公司2002年版） 35. 郭成华：《新诗声律初探》（华文出版社2009年版）
17韵$_5$	36. 秦似：《现代诗韵》（严韵）（广西人民出版社1975年第1版、1979年第2版） 37. 吕晴飞：《新诗用韵手册》（中国妇女出版社1987年版） 38. 彭颂声：《彭颂声诗词对联》（北京燕山出版社1999年版） 39. 林端：《历代诗韵沿革》（新疆人民出版社2004年版） 40. 彭春生：《新韵谱新词谱新诗谱》（中国文联出版社2012年版）
18韵$_7$[4]	41. 黎锦熙、白涤洲：《佩文新韵》（《国音分韵常用字表》）（北平人文书店1934年版） 42. 魏建功等编：《中华新韵》（成都茹古书局1941年版，国颁标准） 43. 黎锦熙等：《增注中华新韵》（商务印书馆1948年版） 44. 王慧三：《汉语诗韵》（中华书局1957年版） 45. 中华书局上海编辑所：《诗韵新编》（据黎、白体系，中华书局1964年版） 46. 尹贤：《诗韵手册》（甘肃人民出版社1992年版） 47. 谢德馨：《中华新诗韵》（汉语大词典出版社2004年版）
19韵$_2$	48. 洪柏昭主编：《中华新韵府》（岳麓书社2005年版） 49. 杨发兴：《中华今韵》（中华诗词出版社2006年版）
20韵$_1$	50. 盖国梁：《中华韵典》（上海古籍出版社2004年版）
22韵$_2$	51. 张允和：《诗歌新韵》（上海教育出版社1959年版） 52. 朱光林等：《现代汉语新韵》（光明日报出版社2000年版）
24韵$_1$	53. 赵元任[5]：《国音新诗韵》（商务印书馆1923年版）
26韵$_1$	54. 张正体、张婷婷：《中华韵学》（台湾商务印书馆1978年版）后所附《新韵汇》

普通话的分韵及韵谱字汇

表1说明：
(1) 本表所列54种韵书中，其中不包括《中华通韵》，如计算其中则为55种。其与星汉体系相同，故不列。影响最大的是十三辙和十八韵系统的韵书，其他的韵书影响力有限，使用频率不高。
(2) 十三辙是明清以来北方通行的押韵系统，一直有目无书。
(3)《中华通韵》与星汉15部一致，故不单列。《中华通韵》"儿"韵母的字单独列为一个附韵，不与其他韵部相押。
(4) 十八韵系统最早是由黎锦熙、白涤洲在《佩文新韵》里（又名《国音分韵常用字表》）提出来的。1941年黎锦熙、魏建功、卢前等增修而成的《中华新韵》（民国政府颁布）及后来的《增补中华新韵》等依据的都是黎、白体系，因此十八韵系统的著作权应该首归黎、白二位，魏建功先生虽编《中华新韵》有功，但不能算首功。十八韵最初的名称极通俗，用了狮、鲨、驼、蛇、蝶、豺、龟、猫、猴、蝉、人、狼、僧、龙、儿、鸡、乌、鱼等动物名，后来才改为传统的韵目字。
(5) 赵元任《国音新诗韵》带有草创期的特点，其音系依据虽然是北京音系，但编纂体例上还有很深的《平水韵》系统的痕迹，甚至还附上了《平水韵》韵目。

表3-2　　　　　　　　各家韵书分韵对照（一）

普通话韵母	九韵 诗韵新探 李慎行[1] 1996	十韵 新诗韵十道辙儿 高元白[2] 1984	十一韵 诗歌新韵辙的调查研究小结 黎锦熙[3] 1966	十二韵 中华新韵谱 朱宝全[4] 1995
a/ia/ua	发	发	麻	啊
o/uo		歌	波	喔
e	乐			
ie		写（含ê）	皆（含ê）	
üe				
ou/iou	斗	斗	侯	欧
u			（乌）	乌
ü	诗	诗	支	衣
i				
ʅ(ɿ)				
ʅ(ʅ)				
er				
ei/uei				欸
ai/uai	来	来	开	哀
ao/iao	高	高	豪	熬

叁　各新诗韵书间存在的分韵歧异

续表

普通话韵母	九韵 诗韵新探 李慎行[1] 1996	十韵 新诗韵十道辙儿 高元白[2] 1984	十一韵 诗歌新韵辙的调查研究小结 黎锦熙[3] 1966	十二韵 中华新韵谱 朱宝全[4] 1995
an	战	战	寒	安
uan				
üan				
ian				
en	风	风	痕	恩
uen				
ün				
ien				
ong/iong				
ueng			庚	鞥
eng				
ing				
ang/iang/uang	唱	唱	唐	肮

表 3-2（一）说明：

（1）李慎行在《论新诗韵九道辙的科学性与可行性》一文中认为，新诗韵是指与旧诗韵相对而言且与现代汉语口语语音相谐和的新韵书。新诗韵九道辙是在前人诗韵改革基础上进一步通押合辙的产物，它包括"发、来、高、战、唱"五个专押的单一韵辙和"斗、诗、风、乐"四个通押的合成韵辙。今人诗词创作的实践证明，九道辙是可行的，从而在作诗选韵上突破了入声的限制，拓宽了韵域。

（2）高元白师承黎锦熙，李慎行师承高元白，这三家的编纂理念是相通的。9韵、10韵、11韵的区别仅是高合并了黎的痕和庚，李又合并了高的写和歌。

（3）黎锦熙先生《诗歌新韵辙的调查研究小结》是晚年所作，改变了他一直坚持的18韵体系。

（4）朱宝全《中华新韵谱》注明乌韵（u）附迂（ü）韵，喔（o/uo）附鹅韵（e）、皆韵（ie/üe），鞥韵（eng/ing/ueng）附哝韵（ong/iong），他认为附韵是可以单押也可以合押的，所以把他 12 韵中合押的韵分开，实际可得 17 韵。

普通话的分韵及韵谱字汇

表 3-2 续　　　　　　各韵书分韵对照表（二）[1]

普通话韵母	十三韵 北京音系 十三辙 张洵如 1937	十三韵 十三辙 新韵书 马志伟 2007	十三韵 词林新韵[2] 张保先 王 珍 1989	十三韵 现代诗韵[3] 秦似 1979	十三韵 新诗韵[4] 李兆同 1978	十三韵 北京俗曲[5] 百种摘韵 罗常培 1943
a/ia/ua	发花	麻沙	发花	花	啊	发花
o/uo e	梭坡	梭波	波歌	歌	喔	梭波
ie üe	乜斜	乜斜	皆学	些	耶	乜斜
ou/iou	油求	由求	侯求	收	欧	油求
u	姑苏	姑苏	姑苏	姑	乌	姑苏
ü i ɿ (ʅ) ʅ (ʅ) er	一七	衣期	支齐	衣	衣	一七
ei/uei	灰堆	灰堆	飞堆	飞	欸	灰堆
ai/uai	怀来	怀来	开怀	开	哀	怀来
ao/iao	遥条	遥迢	豪条	高	熬	遥条
an uan üan ian	言前	言前	言前	山	安	言前
en uen ün ien	人辰	人辰	人辰	根	恩	人辰

续表

普通话韵母	十三韵 北京音系十三辙 张洵如 1937	十三韵 十三辙新韵书 马志伟 2007	十三韵 词林新韵[2] 张保先 王珍 1989	十三韵 现代诗韵[3] 秦似 1979	十三韵 新诗韵[4] 李兆同 1978	十三韵 北京俗曲[5] 百种摘韵 罗常培 1943
ang/iang/uang	江阳	江阳	唐江	方	昂	江阳
ong/iong ueng eng ing	中东	中东	庚东	东	亨	中东

表3-2（二）说明：

（1）由于十三辙的韵书甚多，并且大同小异，表内所列仅作代表。张笑侠的《国剧韵典》、郑林曦的《怎样合辙押韵》，车锡伦的《诗韵常识》（《韵辙新编》），广东人民出版社出版的《常用同韵字汇编》，鲁允中的《韵辙常识》，武承仁等的《诗歌手册》，梁前刚、郭进双的《诗韵常识简编》，颜力钢、李淑娟的《诗歌韵脚词典》，刘飞茂等的《新诗韵词典》，陈北郊的《韵脚词典》，张善曾的《北京十三辙及词汇编》等未列入。

（2）张保先《词林新韵》改变了一些辙名的叫法，如乜斜改皆学，中东改庚东，江阳改唐江等。

（3）李兆同《新诗韵》将十三辙名称全改为单音字，并规定了大量通押，如欧和u韵通押、乌和ou韵通押、衣和ei韵通押、欤和ai韵通押、哀和ei韵通押、恩和eng韵通押、亨和en韵通押。

（4）秦似《现代诗韵》也将十三辙的辙名改为单音字，如发花改为花，梭波改为歌等。他又将歌部分为歌/波、衣部分为衣/居、山部分为山/天、东部分为东/声，实际包含严韵17部。详见《各韵书分韵对照表》（四）。

（5）罗常培这部书是根据一百种俗曲的押韵归纳出来的，非分韵凑字而成的韵谱。该书只有韵字，没有同音字的音节表。在这本书的开头罗先生梳理了十三辙的渊源和俗曲的押韵法。

普通话的分韵及韵谱字汇

表 3-2 续　　　　　　　　各韵书分韵对照表（三）

普通话韵母	十四韵 中华实用诗韵 秋枫 2005	十四韵 汉语新诗韵 白雉山 1989	十四韵 新华诗韵 吴立冈 1990	十四韵 中华诗词今韵[1] 黄宝文 1992	十四韵 新华诗韵[2] 卢甲文 2004	十四韵 中华新韵 赵京战 2011	十五韵 现代汉语诗韵新编[3] 王曾 1988	十五韵 今韵说略[4] 星汉 2002
a/ia/ua	啊	佳	家麻	阿	麻花	麻	啊	啊
o/uo	鹅	和	波歌	喔	拖车	波	喔	喔
e								鹅
ie	耶	谐	月斜	屙	节约	皆	耶	
üe								
ou/iou	欧	求	尤侯	欧	头油	尤	欧	欧
u	乌	夫	姑模	乌	姑苏	姑	乌	乌
ü	衣	须	齐鱼	衣₂	衣鱼	齐	迂	迂
i							衣	
ï (ɿ)	支	诗	支思	衣₁	师资	支	支	衣
ï (ʅ)								
er						（归齐）		
ei/uei	威	唯	灰微	威	飞归	微	微	欸
ai/uai	哀	排	怀来	哀	台怀	开	哀	哀
ao/iao	熬	劳	萧豪	熬	包教	豪	熬	熬
an uan üan ian	安	安	寒先	安	山川	寒	安	安
en uen ün in	恩	音	真文	恩	人群	真	恩	恩
ang/iang/uang	昂	章	江阳	肮	阳光	阳	昂	昂

叁　各新诗韵书间存在的分韵歧异

续表

普通话韵母	十四韵 中华实用诗韵 秋枫 2005	十四韵 汉语新诗韵 白雉山 1989	十四韵 新华诗韵 吴立冈 1990	十四韵 中华诗词今韵[1] 黄宝文 1992	十四韵 新华诗韵[2] 卢甲文 2004	十四韵 中华新韵 赵京战 2011	十五韵 现代汉语诗韵新编[3] 王曾 1988	十五韵 今韵说略[4] 星汉 2002
ong/iong ueng eng ing	庚	功	东庚	翁 英	晴空	庚	东	雍 英

表3-2（三）说明

（1）黄宝文将衣₂与威押。

（2）卢甲文把普通话的韵母分为十四大韵，然后又根据普通话的新平仄把十四大韵分为二十八中韵，再根据普通话的四声，把十四大韵细分为五十六小韵。

（3）王曾提出了所谓的"声母字"，即没有韵母的字，如"知、蚩、诗、日、资、雌、思"等7个音，都是只有声母，没有韵母，相当于古韵中的［四支］韵，他没有为这些字起名，我们称之为"支"韵。

（4）星汉的15部与《中华通韵》15部同。

表3-2续　　　　　　　**各韵书分韵对照表（四）**

普通话韵母	十六韵 新诗声律初探 郭成华 2009	十六韵 汉语语音史[1] 王力 1985	十六韵 简化统一诗韵 高亦涵 2002	十七韵 新诗用韵手册[2] 吕晴飞 1987	十七韵 新韵谱 彭春生 2012	十七韵 历代诗韵沿革[3] 林端 2004	十七韵 现代诗韵 秦似 1975	十七韵 彭颂声诗词对联[4] 彭颂声 1999
a/ia/ua	阿	麻沙	华	花	花	啊	花	花
o/uo	歌	梭波	卓	魔	波	喔	波	坡
e		车遮	德	鹅	歌		歌	歌儿
ie üe	约	乜斜	确	街(含ê)	些	耶	些	雪
ou iou	欧	由求	厚	鸥	收	欧	收	(坡) 秋
u	屋	姑苏	福	书	姑	乌	姑	苏

59

普通话的分韵及韵谱字汇

续表

普通话韵母	十六韵 新诗声律初探 郭戍华 2009	十六韵 汉语语音史[1] 王力 1985	十六韵 简化统一诗韵 高亦涵 2002	十七韵 新诗用韵手册[2] 吕晴飞 1987	十七韵 新韵谱 彭春生 2012	十七韵 历代诗韵沿革[3] 林端 2004	十七韵 现代诗韵 秦似 1975	十七韵 彭颂声诗词对联[4] 彭颂声 1999
ü	衣	居鱼	煦	鱼	居	迂	居	齐
i		衣期				衣		
ï (ɿ)	资			义	衣	衣（不含er）	日	衣
ï (ʅ)	支	支思						
er		儿			儿		儿	(歌儿)
ei/uei	威	灰堆	维	梅	飞	威	飞	飞
ai/uai	嗳	怀来	采	台	开	哀	开	百
ao/iao	嗷	遥遥	好	猫	高	熬	高	笑
an					山		山	堪
uan	安	言前	汉	潭		安		
üan					天		天	千
ian								
ang/iang/uang	昂	江阳	光	裳	方	昂	方	放
en								东
uen	恩	人辰	仁	文	根	恩	根	春
ün								
in								(迎)
ong/iong			中	冬	东	雍	东	东
ueng	翁	中东				翁		
eng			风	灯	声		声	
ing								迎

表3-2（四）说明

（1）王力《汉语语音史》（1985：428）里有一段说明，大意是从音位观点看，居鱼和衣期、车遮和梭波可以合并，前者是圆唇、不圆唇的区别，后者是互补关系。他同时又说，从音韵的观点看，居鱼来自《中原音韵》的鱼模，一向被认为是和姑苏同类的；车遮、乜斜分别来自《中原音韵》的歌戈和车遮，车遮是开口呼，乜斜是齐齿、撮口呼，亦可以互补。

（2）吕晴飞《新诗用韵手册》注明：如果用韵宽的话，一衣、二鱼、三儿可以通押，四书、

叁 各新诗韵书间存在的分韵歧异

五鸥可以通押,七魔、八鹅可以通押,九街、十台甚至十一梅在一起也可以通押,十五灯、十六冬甚至同十四文之间也都可以通押。

(3) 林端《历代诗韵沿革》注明翁、雍二韵同用。恩、翁二韵,衣、迂二韵,衣、日二韵常有合韵现象。

(4) 彭颂声《诗词对联》对他的韵部有个说明:而"平"(ping)原属"中东辙","贫"(pin)原属"人辰辙",两者音很近,只有前鼻音、后鼻音的区别,在新诗韵中就使两者脱离原来的"中东辙"和"人辰辙",归到新立的"迎韵部"中去。"多"(duō)原属"坡梭辙","兜"(tōu)原属"油求辙",两者音很近,音素全同,只有开口呼与撮口呼的一点小区别,便把"兜"从"油求辙"中划出来,归并到和"多"相同的一个韵部中去。

表 3-2 续　　　　　　　　各韵书分韵对照表(五)

普通话韵母	十八韵 汉语[1] 诗韵 王惠三 1957	十八韵 诗韵[2] 手册 尹贤 1991	十八韵 诗韵 新编 中华书局 1965	十八韵 中华[3] 新韵 魏建功 1941	十八韵 中华新 诗韵 谢德馨 2004	十八韵 佩文[4] 新韵 黎锦熙 1934
a/ia/ua	麻	麻	麻	麻	麻	麻
o/uo	波	波	波	波	波	波
e	歌	歌	歌	歌	歌	歌
ie üe	皆	皆	皆	皆	皆	皆
ou/iou	侯	尤	侯	侯	侯	侯
u	模	模	姑	姑	模	模
ü	鱼	鱼	鱼	鱼	鱼	鱼
i	齐	齐	齐	齐	齐	齐
ï (ɿ) ï (ʅ)	支	支	支	支	支	支
er	儿	儿	儿	儿	儿	儿
ei/uei	微	微	微	微	微	微
ai/uai	开	开	开	开	开	开
ao/iao	豪	豪	豪	豪	豪	豪

普通话的分韵及韵谱字汇

续表

普通话韵母	十八韵 汉语[1] 诗韵 王惠三 1957	十八韵 诗韵[2] 手册 尹贤 1991	十八韵 诗韵 新编 中华书局 1965	十八韵 中华[3] 新韵 魏建功 1941	十八韵 中华新 诗韵 谢德馨 2004	十八韵 佩文[4] 新韵 黎锦熙 1934
an uan üan ian	寒	寒	寒	寒	寒	寒
en uen ün ien	痕	真	痕	痕	痕	痕
ang/iang/ uang	唐	唐	唐	唐	唐	唐
ong/iong	东	东	东	东	东	东
ueng eng ing	庚	庚	庚	庚	庚	庚

表 3-2（五）说明

（1）王慧三《汉语诗韵》：波通歌、歌通波、模通鱼、鱼通模、东轻唇声母字的韵母是 eng。

（2）尹贤《诗韵手册》：波通歌、歌通波、模通鱼、鱼通模、齐通支/儿、支通齐/儿、儿通支/齐、东通庚、庚通东。

（3）《中华新韵》说明：①麻韵，旧通歌乙及皆甲；②波，通歌甲；③歌，甲通波，乙通甲；甲乙旧别，旧乙又通麻；④皆，甲通歌乙。

（4）《佩文新韵》注：狮通鸡、驼通蛇、不通蝶、蛇通驼、通蝶、鸡通狮、通龟、龟通鸡、人通僧、不通龙；僧通龙、不通人，乌通鱼、鱼通乌。

叁 各新诗韵书间存在的分韵歧异

表 3-2 续　　　　　　各韵书分韵对照表（六）

普通话韵母	十九韵 中华新韵府[1] 洪柏昭 2005	十九韵 中华今韵[2] 杨发兴 2006	二十韵 中华韵典[3] 盖国梁 2004	二十二韵 现代汉语新韵[4] 朱光林 2000	二十二韵 诗歌新韵[5] 张允和 1959	二十四韵 国音新诗韵[6] 赵元任 1923	二十六韵 新韵汇[7] 张正体等 1978
a/ia/ua	麻	啊	佳	啊	啊	阿	麻
o/uo	波	窝	波	喔	喔	哦	和
e	歌	鹅	歌	饿	婀	呃	歌
ie / üe	些（含ê）	耶（含ê）	皆	耶 约	诶	些	皆（含ê）
ou / iou	尤	欧	尤	欧	欧	欧	侯 尤
u	乌	乌	无	乌	乌	乌	模
ü	鱼	迂	鱼	迂	迂	迂	鱼
i	齐	衣	齐	衣	衣	衣	齐
ɿ (ɿ)	支	思	支	-衣	日	思	支
ʅ (ʅ)		知				日	
er	（归歌）	儿	儿	（归饿）	儿	而	（归歌）
ei/ei	微	威	微	欸	欸	飞	微
ai/uai	开	哀	开	哀	哀	嗳	哈
ao / iao	豪	熬	萧	熬	凹	凹	豪 萧
an	寒	安	仙	安	安	安	寒
uan							桓
üan				冤	烟	烟	先
ian				烟			
en	真	真	真	恩	恩	恩	真
uen		恩				温	文
ün	侵		侵	晕		氲	侵
ien				因	因	音	

63

普通话的分韵及韵谱字汇

续表

普通话韵母	十九韵 中华新韵府[1] 洪柏昭 2005	十九韵 中华今韵[2] 杨发兴 2006	二十韵 中华韵典[3] 盖国梁 2004	二十二韵 现代汉语新韵[4] 朱光林 2000	二十二韵 诗歌新韵[5] 张允和 1959	二十四韵 国音新诗韵[6] 赵元任 1923	二十六韵 新韵汇[7] 张正体等 1978
ang	阳	昂	江	昂	肮	肮	唐
iang							江
uang							光
ong/iong	东	雍	东	轰	嗡	翁	东
eng	庚	翁	庚	亨	鞥	鞥	庚
ueng							
ing（iong）	青		青	英	英	鹰	青

表3-2（六）说明

（1）洪柏昭《中华新韵府》将儿 er 归 e（歌）。

（2）杨发兴《中华今韵》只是将十八韵系统的支韵两分，并规定 e 可与 o/uo 通，ɿ 与 ʅ 通，eng 与 ong 通，i 可与 ü 通，实际是 15 韵。

（3）盖国梁《中华韵典》将 en/un、in/ün、eng、ing 分别分两韵。没有 ê 韵母的字。

（4）朱光林《现代汉语新韵》将 ie、üe 别为两韵，an/uan、üan、ian 为三韵，en/un/ün、in 为两韵，eng/ueng、ing 为两韵。

（5）张允和《诗歌新韵》将 an/uan、üan/ian 为两韵，en/un、ün、in 为三韵。并规定安、烟通，因、晕通，鞥、英通，实际可为 19 韵。

（6）赵元任《国音新诗韵》规定①日、思通；安、烟通、恩、温通、音、氲通，合并通韵可得 20 韵。②日、衣叶，思、衣叶，乌、迂叶，迂、衣叶，些（ɯɛ）、阿叶，猜（ㄞ iai）、爷叶，飞（ㄟei）、衣叶，恩、音叶，温、氲叶，鞥、鹰叶。③另有入声韵 8 个：石、泣、叔、玉、法、曷、瑟、屑。④儿化韵 7 个：阿儿、哦儿、凹儿、欧儿、肮儿、鞥儿、翁儿。

（7）张正体等《新韵汇》规定庚青通、豪萧通、侯尤通、寒桓先通、真文侵通、唐江光通，实有 17 韵。

二 各新诗韵书间的歧异现象

上文所列 54 种新诗韵书的音系依据基本相同（老国音韵书稍有差异），除了十三辙韵书和十八韵韵书的分韵各自具有一致性外，其他韵书之间，即使所分韵数相同，相互之间也存在分歧。综合起来看，各韵书之间的歧异主要有十个方面的不同。

（一）作者队伍的构成不同

新诗韵书的编者队伍的构成比较复杂，知识背景不同，学术涵养各异，有语言学家，如赵元任、罗常培、黎锦熙、高元白、林端、李兆同等；有文学研究者，如秦似、彭春生；有文化工作者，如马志伟、王慧三、谢德馨、高亦涵；有新古体诗的作者或评论者，如星汉、赵京战；还有一些业余爱好者，如朱宝全、王曾等。因为编纂者的知识背景不同，就容易产生对语音的分析和把握的不同。比如，赵元任是语言学大师，他对语音的分析就十分细致，所分韵部也多（24 部）；彭颂声是文化工作者，不太了解语音学和音位学的知识，也没有研究过北京话音系，所以，他就会误认为 o 和 ou 语音相近，从而把它们当作一个韵部处理。

（二）韵部数多寡不同

表 3-3 是将表 3-1 的分韵部数跟韵书数量的归纳。从表中不难看出各韵书分韵部数存在极大差异，如表 3-3。

表 3-3　　　　　　　　　现代诗韵韵书分韵部数与种类

部数	9	10	11	12	13	14	15	16	17	18	19	20	22	24	26
种类	1	1	1	1	18	7	2	4	4(5)	7	2	1	2	1	1

表 3-3 说明：十七部的韵书实际有 5 部书，包含秦似的《现代诗韵》，该书已经在十三部里出现过了，这里没有重复计算，因此只列了 4 种。

（三）对押韵的实质理解不同

各新诗韵书归纳韵部的原则存在严重的分歧。尽管各家都遵循北京话音系（新国音/普通话），但是，对音系内的韵母如何归纳成部，却各有各的认识。编纂者们之所以产生认识的不同，根本在于对押韵的实质认识不同。

汉语诗歌押韵的传统是入韵的韵脚字的韵基要相同，同时允许极为相近的韵基可以押韵，前者是常例，后者是变例。新诗韵书在如何遵循这一原则方面存在较大的认识落差,划分韵部时自然就有出入。比如张允和《诗歌新韵》认为鞥(eng/ueng)是一韵,英(ing)是一韵,并允许它们通押。实际上,在新诗用韵中,这两韵从来都是一起押韵的,根本就不是两个韵。张允和之所以把它们分为两韵,就是因为她认为 ing 的韵基和 eng 的韵基不同。这是误解。ing 实际是 ieng,因为韵腹 e 不是十分响亮,所以省写了罢了。

（四）韵目字不同

54 种韵书之间的韵目用字,存在很多不同,完全相同的不多,传统的十三辙韵目字,也有人换成别的字。高元白的十道辙是根据黎锦熙的十八韵合并的,但他并不使用黎氏的韵目字,而是将麻改发、波改歌、皆改写、侯改斗……《词林新韵》用十三辙分韵,却把乜斜改为皆学、把由求改为侯求、把灰堆改为飞堆……如此一来,韵目字就很难统一了。

（五）编纂体例不同

54 种韵书的编纂体例有很大不同:(1) 有的采用四声分列韵字式,如《国音新诗韵》《新诗十道辙儿》;(2) 有的韵字有释义,如《中华实用诗韵》《中华新韵府》;有的没有释义,如《中华新诗韵》;(3) 有的韵字后附有相关语词,如《中华新韵》《实用新韵》《诗韵常识》;有的没有相关词语,如《中华新韵》(赵京战);(4) 有的既有释义又有词语,如《中华实用诗韵》;(5) 有的有韵例,如《中华新韵府》;有的没有韵例,如《中华实用诗韵》《中华新韵》(赵京战);(6) 有的有音节划分,有韵字组织,如《中华新韵谱》;有的只是一个分韵说明,没有韵字组织,如星汉的 15 韵、李慎行的 9 韵。

（六）注音方式不同

54 种韵书的注音方式有老国音、新国音与普通话语音的不同。早期的韵书,如《佩文新韵》《中华新韵》《汉语诗韵》等用注音字母注音,其他大多数韵书依据的是汉语拼音字母注音。

（七）古入声字的处理不同

普通话没有入声,古入声字混同于阴声字,可是有的韵书为了照顾传统，就把入声字单独列为韵部，如洪柏昭的《中华新韵府》单列5个入声韵，即答洽（ɑ/iɑ）、驳阁（o/uo/e）、屑月（ie/üe）、锡职（i/ǐ）、屋域（u/ü）。《江南新韵》也列有入声五部：屋、质、屑、曷、洽。而十三辙韵书、《中华新韵谱》等则完全取消入声，入声与其他元音性韵母混同。

叶日升《诗韵革新之我见》（《上饶师专学报》1996年第1期）也分十六韵，有麻花、波哥、披离、知时、呼徒、鱼须、乜斜、开怀、回归、苗条、优游、天年、春晨、江阳、蜂鸣、松桐、东冬，但是他坚决主张作诗（含新诗）时入声字都要区别出来。

（八）ê韵母处理方式不同

由于"汉语拼音方案"的《韵母表》内没有列入ê韵母，所以韵书编纂者对之处理方式就有不同。有的列入，如十八韵系统的韵书；有的没有列入，如《汉语语音史》《中华实用新韵》《中华新韵》（赵京战）等。

（九）er韵母处理方式不同

由于"汉语拼音方案"的《韵母表》内没有列入er韵母，所以韵书编纂者对其处理方式就有不同，有的列入，如十三辙、十八韵系统韵书；有的没有列入，如《中华新韵谱》。

（十）处理通押的方式不同

现有新诗韵书中，不管划分多少韵部，实际押韵活动中都存在数量不等的通押现象。在54种韵书中，许多韵书都规定了一些韵部之间的通押关系，如十八韵系统，规定波通歌、庚通东等。有的韵书没有规定通押关系，如大部分的十三辙韵书、《江南新韵》《中华新韵谱》等。

三　各新诗韵书间分歧的原因

前述54种韵书之间的十个方面的歧异中，有的是形式上的问题，有的则涉及分韵的基本原则问题。分韵原则的不同才是根本性的不同。分韵涉及韵书编纂的两个重大问题：一是对普通话语音系统的分析认识问题，一是对现实押韵实践的认识问题。对这两个问题的认识不同，在韵书编纂上

普通话的分韵及韵谱字汇

就会反映出分韵的多寡和通押关系的处理不同。下面就予以具体分析。

（一）对普通话韵母系统的认知不同

普通话的韵母系统是以北京话的韵母为依据的，具体体现在"汉语拼音方案"的《韵母表》里。这个韵母表共列有35个韵母，纵4列表示四呼（开齐合撮），横13行，除第一行外，其他12行表示主要元音（韵腹）跟韵尾相同。

表3-4　　　　　　　　"汉语拼音方案"的《韵母表》

1		i ㄧ衣	u ㄨ乌	ü ㄩ迂
2	a ㄚ啊	ia ㄧㄚ呀	ua ㄨㄚ蛙	
3	o ㄛ喔		uo ㄨㄛ窝	
4	e ㄜ鹅	ie ㄧㄝ耶		üe ㄩㄝ约
5	ai ㄞ哀		uai ㄨㄞ歪	
6	ei ㄟ欸		uei ㄨㄟ威	
7	ao ㄠ熬	iao ㄧㄠ腰		
8	ou ㄡ欧	iou ㄧㄡ忧		
9	an ㄢ安	ian ㄧㄢ烟	uan ㄨㄢ弯	üan ㄩㄢ冤
10	en ㄣ恩	in ㄧㄣ因	uen ㄨㄣ温	üen ㄩㄣ晕
11	ang ㄤ昂	iang ㄧㄤ央	uang ㄨㄤ汪	
12	eng ㄥ亨的韵母	ing ㄧㄥ英	ueng ㄨㄥ翁	
13	ong ㄨㄥ轰的韵母	iong ㄩㄥ雍		

这个《韵母表》是从审定老国音以来，逐渐形成的，是音位化的结果。1958年2月第一届全国人民代表大会第5次会议批准后，就作为法定方案予以实施，60年来从没修订。从学术上讲，《韵母表》实际存在不少问题，从审定老国音开始，在学术上就存在争议。正因为《韵母表》本身存在问题，自然就会导致韵书编纂者在归纳韵母成韵部时可能存在分歧。

《韵母表》主要存在五个方面的问题：

1. i 韵母承载失当

《韵母表》的 i 韵母实际包括 [i] [ɿ] [ʅ] 三个元音音位，它们出现

叁 各新诗韵书间存在的分韵歧异

的条件（声母拼合）固然互补，但在音色上差别很大。从历史上看，[i]和[ɿ][ʅ]在古音来源上虽有关联，但以《中原音韵》为代表的曲韵里[ɿ][ʅ]属"支思"韵，很少跟齐微韵（i/ei）押韵。现代通行的十三辙虽有通押现象，但是，[ɿ][ʅ]单押更为普遍。在语音分析上，[ɿ][ʅ]是开口韵，[i]是齐齿韵，音色差别不小，语感上也很不相同，所以很多学者主张[ɿ][ʅ]应该单独成为一个韵母。就因为 i 韵母的承载失当，韵书编写者处理起来就产生了歧异，有的韵书分为三韵，如《国音新韵书》；有的分为二韵，如《中华韵典》（i／[ɿ][ʅ]）；有的合为一韵，如《中华新韵谱》。

2. 缺失 er 韵母

《韵母表》里没有出现 er 韵母。因此，在韵书编纂时，就出现了不同的处理方式，如《中华新韵府》《现代汉语诗韵》将其跟 e 合为一韵，十三辙韵书将其跟 i 和[ɿ][ʅ]合为一韵，《中华实用诗韵》将其跟[ʅ]合为一韵。有的韵书干脆不收 er 韵母的字，如《中华新韵谱》。

3. e 行的 e/ie/üe 三个韵母的韵腹音值不同

《韵母表》对 e 行的表述如表 3-5 所示。

表 3-5　　　　　　　　　　《韵母表》e 行韵母

eㄛ 鹅 [ɤ]	ieㄧㄝ 耶 [iɛ]		üeㄩㄝ 约 [yɛ]

表内显示，e、ie、üe 虽然同在一行，但是它们的注音字母不同，e 是ㄛ，国际音标当为[ɤ]，ie、üe 里的 e 却是ㄝ，ㄝ是 ê 的注音符号，国际音标当标作[ɛ]，ie 当读[iɛ]，üe 当读[yɛ]。因此，e 与 ie、üe 虽同行，但不同主要元音。十三辙的乜斜韵不包括 e 韵母，e 韵母归梭波辙，十三辙与注音字母一致，与《韵母表》不一致。因此之故，e、ie、üe 的归部就成了问题，有的学者仅仅是看到拼音方案都写作 e，排在同一行，就误以为 e、ie、üe 的元音相同，比如《中华新韵谱》《中华诗词今韵》、星汉的 15 部等都将 e/ie/üe 合为一韵，这是因为他们认为这三个韵母的韵腹相同，都是[ɤ]，而没有注意其注音字母是有区别的。另外一些韵书，如《中华新韵》（1941）就将 ê、ie、üe 归为同部。

4. ê（ㄝ）韵母没有出现

《韵母表》里没有出现 ê（ㄝ）韵母，只是在表下有一说明：单用ㄝ时用 ê 表示。由于 ê 在《韵母表》没有出现，而且仅有"欸诶"等叹词，这几个字又读 ei，因此，就有人将 ê 与 ei 合并，如星汉十五部、朱光林二十二部、盖国梁二十部等体系就合并为一个韵部；有的则将其与 ie、üe 同部，如十八韵系统的《中华新韵》归为皆韵。

5. ong 行位置有误

第 13 行的 ong/iong 是合口、撮口的韵母，完全跟 12 行 eng、ing、ueng 类韵母互补，而《韵母表》却将 ong 放在开口，iong 放在齐齿，泯灭了 eng 行跟 ong 行的互补关系，导致韵书编纂者有时会处理失当，如十八韵系统的韵书分为二韵；十三辙系统的韵书则将其合为一韵。

（二）对诗歌押韵行为的认识不同

押韵是一种自然的语言艺术，与自然语感相呼应，不应该是一种强制性的束缚。编纂韵书的目的无非是要指导押韵，而非限制艺术创作。在编纂韵书之前，编纂者应该调研大量诗歌用韵的实例，否则就会闭门造车，生造一套不合实际的体系出来。实际押韵行为中，押韵有诗人个人习惯、语感、方音问题，也有如何看待常例与特例的区别问题，也有从严、从宽的认识问题，等等。但是，不管押韵实践中出现多少押韵现象，都应该归纳出最具普遍性的押韵规则，不能把特例视为常例，更不能用特例否定常例。在前列 54 部新诗韵书中，各韵书都存在着程度不等的与实际押韵的普遍规则不符的问题。《国音新韵书》分 24 部，规定翁韵的 ong/iong/eng 三个韵母合韵，而安韵的 an 与烟韵的 ian 却分韵，搞得宽严失当。其他如《诗歌新韵》分 22 韵，其中 13 安韵（an/uan）/14 烟韵（ian/üan）、15 恩（恩）/16 因（in）/17 晕（üen）的分韵也属于宽严不当；《中华新韵府》分 19 韵，真（en/uen）/侵（in/ün）、庚（eng/ueng）/青（ing）分韵也属于宽严不当。

以 ong/iong、eng/ing/ueng 的押韵实例来说，它们理应合并为一个韵部。比如任卫新的《四季相思》：①

---

① 任卫新：《四季相思》，转自吕进、毛翰主编《新中国 50 年诗选》（第 3 卷），重庆出版社 1999 年版，第 605 页。

夏季里相思看荷花，荷花一品红，荷花一枝在雾中，青春易凋零。夏季相思歌一曲，／醒不了，相思梦。

类似这样的押韵实例比比皆是，无论如何，都不能视而不见，更不能自行一套。

（三）对押韵材料的分析、认知不同

编纂韵书时，应充分注意诗歌押韵的通押关系，对所要分析归纳的押韵材料要有正确的把握。押韵材料的情况非常复杂，性质并不单纯，如果处理不当，就会误入歧途，得出错误的结论。这里涉及的问题有：

1. 方言韵

押韵材料中，会有方言成分混入，不是普通话的押韵形式。若使用了这样的材料，后果非常严重。比如，李慎行、高元白都主张 u/ou/iou 合韵，其例证如：

武汉长江大桥一瞥[①]

黄鹤

信步桥头乐自如，欣夸天堑变通途。
车分南北奔京广，船向京西棹蜀吴。
游客登楼争上下，健儿击浪弄沉浮。
任它滚滚波涛涌，笑踏长虹跨急流。

该诗中"如、途、吴、浮"与"流"押韵，如果认为这是押的普通话韵，将不符合北京话的押韵通例。西南官话里"如、途、吴、浮"等字有 ou 韵母读法，正与"流"押韵，因此作者应该是说西南官话的人。如果说这诗是押古韵，那也不合平水韵系统，"途吴"属模韵，"浮流"属尤韵，律诗绝不会押韵。因此，李、高根据这样的材料归纳出的韵部是不能成立的。

2. 古韵

黎锦熙、李慎行、高元白主张 ei/uei 与 i/ $[\gamma]$ $[\gamma]$ 合并，这是错将

[①] 黄鹤：《武汉长江大桥一瞥》，转自李慎行《诗韵新探》，陕西旅游出版社 1996 年版，第 82—83 页。

普通话的分韵及韵谱字汇

古韵当今韵。如：

答友人①

毛泽东

九嶷山上白云飞，帝子乘风下翠微。
斑竹一枝千滴泪，红霞万朵百重衣。
洞庭波涌连天雪，长岛人歌动地诗。
我欲因之梦寥廓，芙蓉国里尽朝晖。

"飞、微、衣、晖"四字，平水韵属五微，在律诗是正常的押韵。"诗"属四支，当属借韵。该诗不能作为 ei/uei 与 i/［ɿ］［ʅ］合韵的依据。

（四）编者的方言语音背景不同

彭颂声《诗词对联》认为，"平"（ping）原属"中东辙"，"贫"（pin）原属"人辰辙"，两者音很近，只有前鼻音、后鼻音的区别，在新诗韵中就可使两者脱离原来的"中东辙"和"人辰辙"，归到新立的"迎韵部"中去。"多"（duō）原属"坡梭辙"，"兜"（tōu）原属"油求辙"，两者音很近，音素全同，只有开口呼与撮口呼的一点小区别，便把"兜"从"油求辙"中划出来，归并到和"多"相同的一个韵部中去。这完全是彭先生根据自己方言而作出的分析，但在普通话里绝对不能行用。

李兆同《新诗韵》按十三辙分韵，但注明欧和 u 韵通押、乌和 ou 韵通押、衣和 ei 韵通押、欤和 ɑi 韵通押、哀和 ei 韵通押、恩和 eng 韵通押、亨和 en 韵通押，这也是受了其方言的影响。

（五）编纂目的不同

有的新诗韵书编纂的目的并非仅仅为新诗服务，也考虑到了为旧体诗服务，所以就编有入声韵。如《国音新诗韵》编有 8 个入声韵：石、

---

① 毛泽东：《答友人》，转自李慎行《诗韵新探》，陕西旅游出版社 1996 年版，第 125 页。

泣、叔、玉、法、曷、瑟、屑。《江南诗韵》编有屋、质、屑、曷、洽五个入声韵。这些入声韵的设立，对于新诗创作来说，毫无用处，并显多余。

旧体诗的用韵涉及古今韵如何选用和协调的问题，不能将新诗韵书纠缠到旧体诗的用韵问题里，不能新旧混搭、古今杂糅，也不能自乱体系。

肆 十八韵及十三辙系统的韵书

十八韵体系的韵书以新国音为依据，先是由黎锦熙、白涤洲等编成《国音分韵常用字表》，后由魏建功主持编纂成《中华新韵》（1941年由民国政府颁布为国家标准韵书），1950年黎锦熙又主持编成《增补中华新韵》，再后就有多种根据十八韵体系编成的体例或有不同的韵书。由于十八韵系统的《中华新韵》被民国政府颁布为标准韵书，因此，其历史影响较大。

如果说，黎、白十八韵体系是官修的韵书，带有规定性质，那么十三辙体系的韵书则是归纳韵文押韵而成的韵书。民间虽然久传十三辙之目，但并无韵书产生，直到张洵如编成《北平音系十三辙》才算有了一部真正的十三辙的韵书。十三辙系统拥有深厚的群众基础，近代以来，北方即流行十三辙这一韵部系统，早期的新诗押韵也大多采用十三辙的押韵传统。

因此，我们有必要专门对十八韵体系的韵书和十三辙的韵书重点加以讨论。

一 十八韵体系的韵书及其评价

十八韵系统的韵书，最早的编纂者主要有黎锦熙、白涤洲，后来有魏建功等加入。

黎锦熙（1890—1978），现代著名语言文字学家、教育家，长期从事国语研究与推行工作，著作丰硕，享有崇高的学术盛誉。白涤洲（1899—1934），著名的国语研究专家，1930年毕业于北京大学国文系，著有《关中方言调查报告》《北音入声演变考》等论著。魏建功（1900—1980），1925年毕业于北京大学中国文学系，曾任民国时期教育部国语统一筹备委员会委员、北京大学教授等职，在国语研究及汉语研究等领域有突出成就。

十八韵系统最早是黎锦熙、白涤洲1934年在《国音分韵常用字表》（又名《佩文新韵》）里提出来的。1941年黎锦熙、魏建功、卢前等先生增修而成的《中华新韵》以及后来出版的《增补中华新韵》等，依据的韵部体系都是黎、白体系。因此十八韵系统的首功应该归黎、白两位先生。魏建功虽编《中华新韵》有功，但不能算首功。十八韵最初的名称在《国音分韵常用字表》里极通俗，即学习了《五方元音》的韵目，用了狮、鲨、驼、蛇、蝶、豸、龟、猫、猴、蝉、人、狼、僧、龙、儿、鸡、鸟、鱼等动物名，到了《中华新韵》才改为传统的韵目字。

黎锦熙为《国音分韵常用字表》写了一篇很长的序文（名为《佩文新韵序》）。该序文阐述了不少重要问题，包括：（1）说明编纂缘起：清代皇家的书斋叫"佩文斋"，清代编纂的诗韵标准韵书叫《佩文韵府》（康熙四十四年改编为《佩文诗韵》）；又因为他熟悉的一家书店叫"佩文斋"，而《国音分韵常用字表》由佩文斋出版，故名《佩文新韵》。（2）说明编纂依据：《佩文诗韵》依据的是民国二十一年（1932）颁布的《国音常用字汇》的标准国音和收字，因此也是一部现代的新编官韵。共收字一万二千二百二十余字，其中异体字一千一百八十余字，不计异体，实有九千九百二十余字。（3）说明适用对象：适用新诗、旧诗人用新韵者以及读书说话用作标准音。（4）说明与其他韵书之关系：《佩文诗韵》对比的是《国音新诗韵》（1923）和《北京音系十三辙》（1933）。黎先生认为，与《国音新诗韵》相比，两者主要的区别在于新旧国音的不同；与《北京音系十三辙》相比，黎氏认为那是"同实而异名""实虽同而用异"，也有"阳春下里""相得而益彰"之旨趣。（5）说明未列儿化韵的原因。（6）说明将来的修改方向。《国音分韵常用字表》序后有《帀韵之说明》一文，是摘自《国音略说》（钱玄同文，载《国语周刊》第150期）的，主要讨论了两个舌尖元音（ㄭ、ㄭ）的问题。最后附有《国音普通轻声字示例》《说辙儿》（魏建功）、《与黎锦熙论"儿化韵"》（钱玄同）三文。

根据《中华新韵》的《韵略表》，今将十八韵分韵体系列为表4-1。

普通话的分韵及韵谱字汇

表 4-1　　　　　　　　　　《中华新韵》十八韵分韵体系

韵母	韵	类	开口	齐齿	合口	撮口
a/ia/ua	麻	甲	巴	鸦	蛙	
		丙	八	鸭	挖	
o/（io）/uo	波	甲	波	（喑）	倭	
		丙	钵		托	
e	歌	甲	哥			
		乙	车			
		丙	鸽			
ê/ie/üe	皆	甲		爹		靴
		乙	诶	阶		
		丙		鳖		缺
ou/iou	侯		舟	鸠		
u	模	甲			乌	
		丙			屋	
ü	鱼	甲				驹
		丙				屈
i	齐	甲		鸡		
		丙		激		
ï（ꭤ）/ï（ꭣ）	支	甲	狮			
		乙	丝			
		丙	湿			
er	儿		儿			
ei/uei	微		胚		龟	
ai/（iai）uai	开		胎	（崖）	歪	
ao/iao	豪		胞	彪		
an/uan/üan/ian	寒	甲	滩	天	湍	渊
		乙	贪	添		
en/uen/ün	痕	甲	根	巾	崑	军
		乙	森	金		窨
ang/iang/uang	唐		獐	江	庄	

肆　十八韵及十三辙系统的韵书

续表

韵母	韵	类	开口	齐齿	合口	撮口
ong/iong	东				公	兄
ueng/eng/ing	庚	甲	僧	星		
		乙	风		翁	

表 4-1 内有的韵有分两类或三类的，其中甲、乙表示来源不同，丙是古入声字。比如"痕"韵的"根"来自古臻摄，"森"来自古深摄；庚韵的"僧"来自梗曾摄，"风"来自通摄。这说明，这个系统还比较注意跟古音相关联。同一韵内又分开齐合撮四呼。每一呼内又分阴阳上去四声，每一声调选一代表字（因字多，表内未列），其中韵母 io "唷"、iɑi "崖"则是老国音的遗留。

黎锦熙先生对十八韵系统的韵书有过阐述，阐述了其形成过程，并认为这应是一个无异议的好系统。他在《诗歌新韵辙的调查研究小结》里说：

这十八个韵部，可以说是从现代的北京音系中客观地分析归纳出来的韵部，作为现代汉语共同的新诗歌韵辙是可以无异议的。……
……

第二种《中华新韵》——这就是以《十三辙》作基础，而依北京音系的标准调整的。请看上表①，《十三辙》合并的五韵，都照北京音系析出独立，所以十三恢复为十八。对于《十三辙》中的"言前""人辰"两个小辙儿，则调查"北京音系"儿化韵的实况，理清系统，附列于"六儿"韵目中。这套韵目的发展变迁，是起于 1923 年，否定了 1913 年"读音统一会"会员多数表决、没有地方基础的"老国音"，重新调整研究，到 1932 年才最后决定以北京音系为全国标准音，同时按照北京音系的韵部编印一种《佩文新韵表》（1934 年北京佩文斋出版），才开始分十八韵（韵目用字仿民间通行的《五方元音》例，取动物名，如"一鲨、二驼、三蛇、四蝶、五狮"等，当时名为

---

① 黎先生提及的"请看上表"指的是该文内的"汉语拼音方案的'韵母系统'与近代'韵目比较表'"。

普通话的分韵及韵谱字汇

十八龙）；1935年也曾印行第一批《简体字表》，把三百二十四个简化汉字分韵排列，才又调整了十八韵的"韵序"。请看上表①：北京音的ê（ㄛ），只是o（ㄛ）的不圆唇化，故三歌（e）跟着二波（o），《十三辙》已通为一韵。i（ㄭ）、er（儿）和i（丨）同源，故五支（-i）六儿（er）就摆在七齐（i）之前，《十三辙》也通为一韵，而七齐则领着八微（ei）和九开（ai），因为它们都是以i为韵尾的。北京音的ü，也只是i的圆唇化，所以《十三辙》把它统属于一七辙。但u也是圆唇化的韵母，古代韵书u和ü混合在"鱼"、"虞"（《广韵》还有"模"）韵中，为了系联古今，故十一鱼（ü）不跟七齐而摆在十模（u）之后。十模又领着十二侯（ou）和十三豪（ao），因为它们都是以u为韵尾的（今《汉语拼音方案》ao是以o代替u）。最后十八东（-ong）也订正了当时注音字母之误（当时ㄧㄨㄥ、ㄩㄥ两韵母，ㄧㄨㄥ是以ong为eng的合口呼，ㄩㄥ又误以ong的齐齿呼，iong为eng的撮口呼），都跟北京实际语音不符；1926年《国语罗马字拼音法式》已给订正，今《汉语拼音方案》从之。——但《汉语拼音方案》的母表中，in、ing列为en、eng的齐齿呼，ün列为en的合口呼，也欠严整，还有iu、ui和un在表中都无着落；《汉语规范化论丛》153页"科学体系表三"统给补订，《中华新韵》只因其与韵部的分合无关，故仍其旧。总之十八韵韵序的排列标准是参考采取了清初毛奇龄《古今通韵》之旨趣。1937年抗日战争起，到1941年才把十八韵改用《广韵》老字眼标为"一麻"到"十八东"，每韵照北京音系分阴平、阳平、上声、去声（每声中挑出旧入声字标为"丙"类，汇附韵后；又把旧诗韵和今方音中较突出的异同分标"甲""乙"两类，以资比较而便于"通押"），于是字表形式的《佩文新韵》改编成为的韵书体裁的《中华新韵》，共收常用字八千三百多个。1947年，中国大辞典编纂处又增收三千五百多字，共计一万一千八百多字，并加字义的简注，名为《增注中华新韵》（解放后加"新序"，1950年商务印书馆出版）。这部韵书的主旨还是为了"正音"，严格以北京音系为汉字读音的标准，同时也使现代汉语的诗歌韵辙规范化，

---

① 黎先生提及的"请看上表"指的是该文内的"汉语拼音方案的'韵母系统'与近代'韵目比较表'"。

肆 十八韵及十三辙系统的韵书

但也放宽了尺度,企图能合于"斟酌古今,权衡文质"所谓"古今通韵"的旨趣。此后仍以旧四声为纲。分统十八部而增加韵目的,有《汉语诗韵》(1954 年中华书局出版),最近根据十八部,以平仄统四声而析出入声字汇列韵后的,有《诗韵新编》(1965 年中华书局出版)。①

黎先生十分清楚地说明了十八韵分韵的依据及其韵书编纂的演变过程。

十八韵体系注重音系分析,忽略了对押韵实践的归纳。在实际押韵中,十三辙系统拥有深厚的群众基础,因此十八韵体系也不得不像《国音新诗韵》一样采用"通韵"的变通办法来跟押韵实践相衔接。

表 4-2 是《中华新韵》所标注的"通"韵情况。书中原有的"旧通"体系是照顾历史的,这里没列。

表 4-2　　　　　　　　十八韵之通韵

韵母	韵	类	开口	齐齿	合口	撮口	中华新韹
a/ia/ua	麻	甲	巴	鸦	蛙		
		丙	八	鸭	挖		
o/(io)/uo	波	甲	波	唷	倭		通歌甲
		丙	钵		托		
e	歌	甲	哥				甲通波
		乙	车				乙通皆甲
		丙	鸽				
ê/ie/üe	皆	甲		爹		靴	甲通歌乙
		乙		诶	阶		
		丙		鳖		缺	
ou/iou	侯			舟	鸠		
u	模	甲			乌		
		丙			屋		
ü	鱼	甲				驹	
		丙				屈	

---

① 黎锦熙:《诗歌新韵辙的调查研究小结》,《中国语文》1966 年第 2 期。

普通话的分韵及韵谱字汇

续表

韵母	韵	类	开口	齐齿	合口	撮口	中华新韵
i	齐	甲		鸡			通支及儿
		丙		激			
ï(ɿ)/ï(ʅ)	支	甲	狮				通儿及齐
		乙	丝				
		丙	湿				
er	儿			儿			通支及齐
ei/uei	微			胚		龟	
ai/(iai) uai	开			胎	崖	歪	
ao/iao	豪			胞	彪		
an/uan/üan/ian	寒	甲	滩	天	湍	渊	
		乙	贪	添			
en/ien/uen/ün	痕	甲	根	巾	崑	军	
		乙	森	金		窘	
ang/iang/uang	唐			獐	江	庄	
ong/iong	东					公	兄	通庚乙及庚甲开口唇声
ueng/eng/ing	庚	甲		僧	星		乙及甲开口唇声通东
		乙		风		翁	

根据《中华新韵》所列"通"的关系,"齐支儿"三韵全部可以通押,那么这个系统可以押韵的韵部就可以成16韵了。

黎锦熙在《增注中华新韵·序》中说:"《中华新韵》这部书,是代表民国时代'审音正韵'的一部官书。它所祖述的是六百多年以前为通俗戏曲而作的《中原音韵》;它所宪章的就是十多年前准照公布的标准国音而作的《国音分韵常用字汇》,一名《佩文新韵》。"[①] 这就是说,十八韵是有历史渊源的,审音是有依据的。他还说:"《中华新韵》把拥有多数人口和广大地区的'北京音系'的大众活语言做个客观的确实的对象,运用科学的分析方法,就着大众活文艺所用的'十三道辙儿'的底子,配合起来,成十八韵,每韵又科学化地排列了与《国音常用字汇》数目相当的常

---

① 黎锦熙:《增注中华新韵·序》,商务印书馆1950年版,第1页。

用字，完成了现代化的一部民族形式的新韵典，虽逐字定音，只是标准者华北，但按韵通押，也曾照顾到江南。在民族的、科学的、人民大众的观点上，这部《中华新韵》的内容是并无违反的，我们应当予以'接收'，并且可以使它升华到正在建设的拼音新文字中，保证它在大众诗歌的韵脚上，每一韵的字母母音大体是相同的，而全国也可能是趋于大体一致的。"① 从这段话里，可以感觉到黎先生很满意这套分韵体系。

总体来说，这个十八韵系统在分韵上大体可行，但是无论在审音上还是归纳韵部上都还存在不足。比如，既然"支齐儿"是十三辙的"一七"辙，有着押韵的实际依据，就应该合为一韵，但实际却分为三韵，这是进退失据；又比如"支齐儿"既然可通，却规定"庚乙"及"庚甲"开口唇声字才与"东"通，而忽略实际押韵中两韵皆通的事实，这远不及十三辙处理得当。这些都是因为十八韵系统是"斟酌古今，权衡文质"的结果，它太过关注历史渊源，不太关注新诗的用韵实践。

十八韵系统虽然挂了个国颁韵书的名号，然而其实质作用并不大。黎锦熙1948年为《增注中华新韵》所撰的"序"里说："自民卅五（1946）战后复员到现在，又历三年，《中华新韵》的流通与反应，情况都不热烈。"他还指出，因为新诗人大都根本不用韵，对这书没有兴趣；民众文艺随口头歌咏，对此根本不懂；学习国音、检寻字音的人，只要用《国音常用字汇》即可；这个韵书只对一些主张旧体用新韵的旧诗人创作旧体诗有刺激……② 这也真足够讽刺的，本来是为新诗编写的韵书，新诗作者却没有兴趣，反而写旧诗的人受了"刺激"。

总之，十八韵体系不是一个完全成功的体系，其历史作用也十分有限。温颖在《论十三辙》里说："十八韵保留一些旧韵书的痕迹，即：波、歌分韵和庚、东分韵，特别是讲通押时，几乎完全脱离了现实语音，不惜违反客观实际一味照抄古书，保守倾向十分明显。"③ 我们认为这是很中肯的评价。

黎先生后来改变了对十八韵的看法。他说："今天为人民大众制成新诗韵，当然要把韵目总数搞得越少越好。但旨在统一，又须兼顾方言，力求通俗，又易溯反旧韵。广征律应，然后行得通，求简从宽，然后及

---

① 黎锦熙：《增注中华新韵·新序》，商务印书馆1950年版，第2页。
② 黎锦熙：《增注中华新韵·序》，商务印书馆1950年版，第26—27页。
③ 温颖：《论十三辙》，《语文研究》1982年第2期。

得普。"① 他提出了一个 11 韵部体系，前已论及。在其 11 韵体系里，规定 u 跟 ü 通，ü 跟 i 通，u 不跟 i 通。

二 十三辙源流及韵辙归纳例证

十三辙是明清时期在北方官话区内形成的一套押韵体系，民间的戏曲、唱词多数按十三辙押韵，在现代新诗中仍有很大影响，新国音时期和普通话时期的不少韵书是依据十三辙编写而成的。

(一) 十三辙源流

如果说，黎、白十八韵体系是官修的韵书，带有规定性质，那么十三辙体系的韵书则是归纳韵文押韵而成的。黎锦熙对十三辙有过这样的论述，他说：

> 第一种是《十三辙》——这是近代北方通俗诗歌、戏剧、曲艺、唱词所用的"十三道辙儿"，还带着两道"小辙儿"。依照韵书体制集合通用字整编成书的有《北京音系十三辙》（1936 年中国大辞典编纂处出版）和《北京音系小辙编》（1949 年开明书店出版），最近集合四五千字列成"同韵常用字表"，并介绍选辙辨韵必不可少的常识的有《怎样合辙押韵》（郑林曦编，1965 年北京出版社出版）；请看上表②，它和现代北京音系不同的地方只在"梭波辙"合并了 o、e 两个韵母，"一七辙"合并了 i、-i，er 和 ü 四个韵母，"中东辙"合并了 eng、ong 两个韵母，总共省掉五韵。据不全面的空间方面调查，这套韵辙基本上是同北方话民歌唱词的客观事实相符合的。③

黎先生在这里强调的是十八韵与十三辙的关联和不同，同时也肯定了十三辙的韵部划分同创作的押韵实际更加接近。

近代以来，虽然北方韵文流行十三辙的韵部系统，但是这个十三辙是

---

① 黎锦熙：《诗歌新韵辙的"通押"总说》，《徐州师范学院学报》1984 年第 4 期。
② 指该文内所列"《汉语拼音方案》的'韵母系统'与近代'韵目'比较表"。
③ 黎锦熙：《诗歌新韵辙的调查研究小结》，《中国语文》1966 年第 2 期。

如何形成的，却没有明确的文献记录。何佩森（2004）在《梨园声韵学》里说："究竟十三辙是何人所创？至今还尚无定论。有人说是明末的鼓词作家贾凫西，根据《中原音韵》的十九个韵部简化而来，又经过了蒲松龄的改正（此二公皆为山东人，对民间的口头文学都颇有研究）。也有人说'十三辙'出自清朝初年（1654—1673），唐山（按，现为隆尧）人樊腾凤所著的《五方元音》的十二韵目。还有人说'十三辙'与《等韵》的十二韵摄有关。以上诸种说法当中，十三辙远继《中原音韵》十九韵部，近承《五方元音》的十二韵目一说，是比较准确的。但是，这三者之间并非直接的继承……"① 魏建功（1933）在《说辙儿》一文中提及，江苏徐州铜山有《考字奇本》一书，载有十三辙，山东有《增补十五音》，与十三辙相类；清嘉道间山东藤县人张畉的《古韵发明》论及十三辙时说："天下共有音十三音，能全备者少。故相传有十三种叶法，以'江交鸠居坚金经饥吉皆角嘉结'十三字一声之转辩方音……"② 这说明十三辙的渊源很长。

学术界对"辙"的解释大同小异，把"辙"理解为"车辙""轨道"，如张再峰（2014）说："'辙'本指车轮在地面上碾轧出的痕迹，呈两道车沟状。京剧行内习惯将'韵'称为'辙'，所以，押韵又叫'合辙'。"③

王力（1985）虽将明清时代的韵部分为十五个，分别是中东、江阳、支思、衣期、居鱼、姑苏、怀来、灰堆、人辰、言前、遥迢、梭波、麻沙、乜斜、由求，但他同时又认为这十五个韵部与十三辙一致。④ 他（1986）在《汉语音韵》里所拟的韵母是：中东（əŋ、iŋ、uŋ、yŋ），江阳（aŋ、iaŋ、uaŋ），衣期（一七）(ɿ、ʅ、i、y)，姑苏（u），怀来（ai、uai），灰堆（əi、ui），人辰（ən、in、un、yn），言前（an、ian、uan、yan），梭波（ɣ、uo），发花（a、ia、ua），乜邪（iɛ、yɛ），遥迢（au、iau），由求（əu、iu）。此外，er（ɚ）因字少（常用字仅有"儿""耳""二"等）不独成一部。⑤

---

① 何佩森：《梨园声韵学》，天津古籍出版社2004年版，第100—101页。
② 魏建功：《说辙儿》，《世界日报·国语周刊》1933年第103、104期。
③ 张再峰：《怎样唱京剧》，湖南文艺出版社2014年版，第190页。
④ 王力：《汉语语音史》，中国社会科学出版社1985年版，第405页。
⑤ 王力：《汉语音韵》，载《王力文集》第五卷，山东教育出版社1986年版，第26页。

普通话的分韵及韵谱字汇

文康《儿女英雄传》（据北京十月文艺出版社 2004 年版）中有这样一段文字：

……老爷看那道士时，只见他穿一件蓝布道袍，戴一顶棕道笠儿。那时正是日色西照，他把那笠儿戴得齐眉，遮了太阳，脸上却又照戏上小丑一般，抹着个三花脸儿，还带着一圈儿狗蝇胡子。左胳膊上揽着个渔鼓，手里掐着副简板，却把右手拍着鼓。只听他扎嘣嘣，扎嘣嘣，扎嘣扎嘣扎嘣打着，在哪里等着攒钱。忽见安老爷进来坐下，他又把头上那个道笠儿往下遮了一遮，便按住鼓板发科道：

"锦样年华水样过，轮蹄风雨暗消磨；仓皇一枕黄粱梦，都付人间春梦婆。（梭坡）——小子风尘奔走，不道姓名；只因作了半世蒙懂痴人，醒来一场繁华大梦，思之无味，说也可怜。随口编了几句道情，无非唤醒痴聋，破除烦恼。这也叫作'只得如此，无可奈何'。不免将来请教诸公，聊当一笑。"

他说完了这段科白，又按着板眼拍那个鼓。安老爷向来于戏文、弹词一道本不留心，到了和尚，道士两门，更不对路，何况这道士又自己弄成那等一副嘴脸！老爷看了，早有些不耐烦，只管坐在那里，却掉转头来望着别处。忽然听他这四句开场诗竟不落故套，就这段科白也竟不俗，不由得又着了点儿文字魔，便要留心听听他底下唱些什么。只听他唱道：

"鼓逢逢，第一声。莫争喧，仔细听，人生世上浑如梦，春花秋月销磨尽，苍狗白云变态中。游丝万丈飘无定。诌几句盲词瞎话，当作他暮鼓晨钟。"（中东）

安老爷听了，点点头，心里暗说："他这一段自然要算个总起的引子了。"因又听他往下唱道：

"判官家，说帝王。征诛惨，揖让忙。暴秦炎汉糊涂账，六朝金粉空尘迹，五代干戈小戏场，李唐赵宋风吹浪。抵多少寺僧白雁，都成了纸上文章。"（江阳）

"最难逃，名利关。拥铜山，铁券传。丰碑早见磨刀惨，驮来薏苡冤难雪，击碎珊瑚酒未寒，千秋最苦英雄汉。早知道三分鼎足，尽痴心六出祁山！"（言前）

安老爷听了想道:"这两段自然要算历代帝王将相了。底下要这等一折折的排下去,就没多的话说了。"便听他按住鼓板,提高了一调,又唱道:

"怎如他,耕织图!"

安老爷才听得这句,不觉赞道:"这一转转得大妙!"便静静儿的听他唱下去道:

"怎如他,耕织图!一张机,一把锄,两般便是擎天柱。春祈秋报香三炷,饮蜡歗齰酒半壶,儿童闹击迎年鼓。一家儿呵呵大笑,都说道'完了官租'。(姑苏)

"尽逍遥,渔伴樵。靠青山,傍水坳。手竿肩担明残照。网来肥鳜擂姜煮,砍得青松带叶烧。衔杯敢把王侯笑。醉来时狂歌一曲,猛抬头月小天高。(遥条)

"牧童儿,自在身。走横桥,卧树阴,短蓑斜笠相厮趁。夕阳鞭影垂杨外,春雨笛声红杏林。世间最好骑牛稳。日西矬归家晚饭,稻粥香扑鼻喷喷。"(人辰)

正听着,程相公出了恭回来说:"老伯候了半日,我们去罢。"老爷此时倒有点儿听进去,不肯走了,点点头。听那道士敲了阵鼓板,唱道:

"羡高风,隐逸流。住深山,怕出头,山中乐事般般有。闲招猿鹤成三友,坐拥诗书傲五侯。云多不碍梅花瘦。浑不问眼前兴废,再休提,皮里春秋!(油求)

"破愁城,酒一杯。觅当垆,酤旧醅,酒徒夺尽人间萃:卦中奇耦闲休问,叶底枯荣任几回。倾囊拼作千场醉。不怕你天惊石破,怎当他酣睡如雷。(灰堆)

"老头陀,好快哉。鬓如霜,貌似孩,削光头发须眉在。菩提了悟原非树,明镜空悬哪是台?蛤蜊到口心无碍。俺只管蒋锄烦恼,没来由见甚如来!(怀来)

"学神仙,作道家。踏芒鞋,绾髻丫,葫芦一个斜肩挂。丹头不卖房中药,指上休谈顷刻花。随缘便是长生法。听说他结茅云外,却叫人何处寻他?(发花)

"鼓声敲,敲渐低。曲将终,鼓瑟希,西风紧吹啼猿起。《阳关三叠》伤心调,杜老《七哀》写怨诗。此中无限英雄泪。收拾起浮生闲

普通话的分韵及韵谱字汇

话,交还他鼓板新词。"(一七)

安老爷一直听完,又听他唱那尾声道:

这番闲话君听者,不是闲饶舌。飞鸟各投林,残照吞明灭。俺则待唱着这道情儿归山去也!(乜斜)

唱完了,只见他把渔鼓、简板横在桌子上,站起来望着众人,转着圈儿拱了拱手,说道:"献丑、献丑!列位客官,不拘多少,随心乐助,总成总成。"众人各个随意给了他几文而散。华忠也打串儿上掳下几十钱来,给那个打钱儿的。

老爷正在那里想他这套道情不但声调词句不俗,并且算了算,连科白带煞尾通共十三段,竟是按古韵十二摄,照词曲家增出灰韵一韵,合着十三折谱成的,早觉这断断不是这个花嘴花脸的道士所能解。待要问问他,自己是天生的不愿意同僧道打交道,却又着实赏鉴他这几句道情,便想多给几文,犒劳犒劳他……

《儿女英雄传》这段文字里,科白、唱段、尾声正好押了十三个不同的韵辙,按照戏曲唱法算,可以归纳出如下十三个韵段,每个韵段都是一韵,正合十三辙之数。

过磨婆(梭坡)
逢声听梦中定钟(中东)
王忙账场浪章(江阳)
关山传惨寒汉山(言前)
图锄柱炷壶鼓租(姑苏)
遥樵坳照烧笑高(遥条)
身阴趁林稳喷(人辰)
流头有友侯瘦秋(油求)
杯醅萃回醉雷(灰堆)
哉孩在台碑来(怀来)
家丫挂花法他(发花)
低稀起诗泪词(一七)
者舌灭也(乜斜)

肆 十八韵及十三辙系统的韵书

《儿女英雄传》问世在道光、光绪之间，这说明十三辙至少在清代就已十分流行了。根据这段文字，十三辙在早期也许有十三折的意思，就是每折用一个韵，恰好是十三韵，后就叫成十三辙了。

罗常培先生曾经作过一张十三辙韵书的演化表，从《中原音韵》一直画到京戏十三辙，从中可以看出近代以来韵书系统的演变①。罗先生的表虽然列出了很多韵书，但是这些韵书之间存在不少时代和空间的差异，很难说都跟十三辙有关。不过，这些韵书中，很多都是为戏剧用韵服务的，这一点需要特别注意，也可以说十三辙系统，来自北方戏剧押韵，社会上的正统诗歌押韵不一定跟它有关。转录罗常培的十三辙韵书演化图如下：

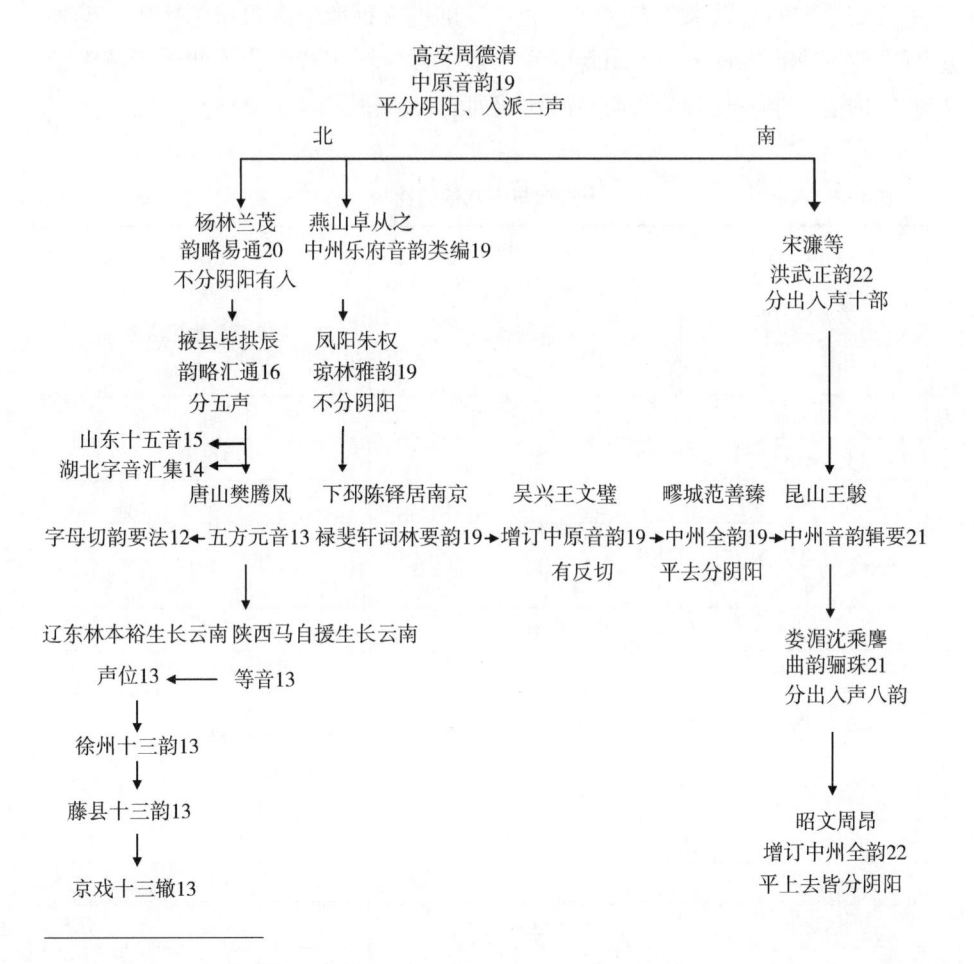

```
                        高安周德清
                        中原音韵19
                      平分阴阳、入派三声
              ┌──────────┴──────────┐
              北                      南
        ┌─────┴─────┐                 │
     杨林兰茂      燕山卓从之        宋濂等
     韵略易通20   中州乐府音韵类编19  洪武正韵22
     不分阴阳有入                    分出入声十部
        │            │
     掖县毕拱辰    凤阳朱权
     韵略汇通16    琼林雅韵19
     分五声        不分阴阳
  山东十五音15 ┐
  湖北字音汇集14┤
              唐山樊腾凤    下邳陈铎居南京   吴兴王文璧   嘤城范善臻   昆山王骏
  字母切韵要法12←五方元音13  禄斐轩词林要韵19→增订中原音韵19→中州全韵19→中州音韵辑要21
              ↓                            有反切        平去分阴阳
  辽东林本裕生长云南 陕西马自援生长云南                              娄湄沈乘麐
      声位13 ← 等音13                                            曲韵骊珠21
        ↓                                                      分出入声八韵
     徐州十三韵13                                                   ↓
        ↓                                                      昭文周昂
     藤县十三韵13                                                增订中州全韵22
        ↓                                                      平上去皆分阴阳
     京戏十三辙13
```

---

① 罗常培：《中州韵与十三辙》，《益世报·读书周刊》1935年9月19日。

普通话的分韵及韵谱字汇

民间虽然久传十三辙之目,但并无韵书产生,直到张洵如编成《北平音系十三辙》才算有了一部真正的十三辙的韵书。

张洵如(1905—1998),曾就读于北京大学第二平民夜校师范班等中等学校,后任职清室善后委员会、故宫博物院文献馆、故宫档案馆、中国人民大学历史档案系档案学研究室。张先生热爱语言研究,对北京话的研究造诣极深,先后出版了《北平音系十三辙》(中国大辞典编纂处1937年版)、《北平音系小辙编》(开明书店1949年版)、《北京话轻声词汇》(中华书局1957年版)等名著。

《北平音系十三辙》由张洵如编著、魏建功参校。张洵如编这部韵书,主要是根据明清以来北方(北京为主)的韵文押韵归纳出来的,每一韵列有声韵调拼合的音节字,用新国音注音字母标注字音。为了便于了解十三辙的构造,今将其与十八韵异同比较列为表4-3:

表4-3　　　　　　　　　十三辙与十八韵的比较

普通话韵母	十三辙 北平音系十三辙 张洵如 1937	十八韵 中华新韵 黎锦熙、魏建功等 1941
a/ia/ua	发花	麻
o/uo	梭坡	波
e		歌
ie	乜斜	皆
üe		
ou/iou	油求	侯
u	姑苏	模
ü		鱼
i	一七	齐
ï (ɿ)		支
ï (ʅ)		
er		儿
ei/uei	灰堆	微
ai/uai	怀来	开

肆 十八韵及十三辙系统的韵书

续表

普通话韵母	十三辙 北平音系十三辙 张洵如 1937	十八韵 中华新韵 黎锦熙、魏建功等 1941
ao/iao	遥条	豪
an	言前	寒
uan		
üan		
ian		
en	人辰	痕
uen		
ün		
ien		
ang/iang/uang	江阳	唐
ong/iong	中东	东
eng/ing/ueng		庚

注：《中华新韵》"例说"在对比十八韵与十三辙时，误将十八韵的鱼韵与姑苏辙对应，鱼韵在十三辙里属于一七辙，今予以调整。

与十八韵系统相比，十三辙在韵部归纳方面比较符合押韵实际，重在"广文路"，十八韵分出的"波""歌"/"东""庚"则不符合押韵实际，远不及十三辙的处理方式。至于十三辙的"一七辙"是否合适，还存有争议。罗常培先生早就说过："如果为押韵宽松，这种合并法（按：指十三辙的一七辙）当然可以的；至于说听起来很顺，很自然，那却不见得！否则从北宋邵雍的《皇极经世声音唱和图》起就不会把'资雌私'等另眼看待。我听见京韵大鼓里'时''期''去'等一七辙的押韵，往往觉得不顺耳；同时对于一位有名的评戏艺人把'时''吃''知'等字都念成'一'韵，也觉得不很自然！所以我们要创作新曲艺，除非必不得已，能避免混用，最好避免。"① 罗先生这一观点值得我们重视。

张洵如还编有《北平音系小辙编》（1949），这是一部全面研究北京音

---

① 罗常培：《北京俗曲百种摘韵·自序》，天津古籍出版社1986年版，第8—9页。

系儿化韵的韵书，共分出了8个儿化小辙韵，排列了3000多条儿化词。赵元任在《国音新诗韵》中虽排列了儿化韵，但在韵字表里并没有开列。《佩文新韵》虽然也提及了儿化韵，但并没有列出儿化韵，也没有收儿化韵字，只是收了钱玄同的一封《论儿化》的信。《中华新韵》列出的儿化韵也极少。因此，《北平音系小辙编》是第一部儿化韵韵书。

(二) 十三辙韵谱归纳例证

罗常培先生在20世纪40年代写成的《北京俗曲百种摘韵》（1942年重庆国民图书出版社出版，1950年来熏阁书店新版，天津古籍出版社1986年再版），作为"古今民间文艺丛书专刊之一"，受到文艺界、语言学界的高度评价。罗先生当时在学术界极富名望，他肯于向民间文艺学习并作深入研究，功被于世。罗先生在该书里详细地论述了"十三辙"的历史沿革，从百种北京地区（包括周围的其他地区）流传已久的俗曲里归纳成十三辙，正好跟历史上相传的北方俗曲十三辙相吻合。这种"丝贯绳牵"的归纳方法是纯客观的，结论是可靠的。

我们也用罗文的方法归纳了清代北京74首儿歌的辙口，结果跟罗先生的归纳基本一致。这可以验证十三辙的确有群众基础。当然也存在一些差异，如儿歌里的韵字里没有罗先生列举的东洪与人辰混押的现象，也没有怀来跟灰堆混押的现象。罗先生没有归纳出儿化韵，只是讨论到这个问题，而儿歌里儿化韵较为丰富，可以单押儿化韵，也可跟其他辙口相押，可归纳为"小人辰辙、小言前辙"等。另外，"得"读[tei]，"熟"读[ʂəu]，"的"读[tei]，"哟"读[yo/yə]，"落"读[lɑu]，"着"读[tʂau]也是应注意的音读现象。我们这里用的北京儿歌是上海古典文学出版社1956年出版的《明清民歌选》里的74首。据编选者说，这些儿歌流行于乾隆至光绪年间，也就是18—19世纪。它们反映了这一时期内北京儿歌用韵的真实情况。这份材料跟罗先生归纳的俗曲在性质上不完全一样。因为罗先生使用的那份材料是有曲谱的，很可能经过文人的加工，而且地域范围比较大，不限于今天的北京地区，还有相邻地区的曲子，也可能有配曲上的要求。儿歌则不然，它当是纯任天然的，加工修饰的成分相对较少，地域也比较单纯，更能反映当时北京语音的真实状态。

我们归纳韵谱的方法是跟罗先生学的，手续和辨认韵脚方面的问题罗

肆 十八韵及十三辙系统的韵书

先生都讲清楚了,这里不再重复。下面直接开列韵谱,并列韵字于后。

1. 发花辙

[谱]

马家他发疸八叭打骂话大怕麻瓜茶么卅家褂搭嘎妈花罢帕巴轧嫁鸦

[例]

沙土地儿跑白马,一跑跑到丈人家。大舅儿往里让,小舅儿往里拉。隔着竹帘儿瞧见他,银盘大脸黑头发,月白缎子绵袄银疙疸。

高高山上一棵麻,两个蝍蟟儿往上爬;我问:"蝍蟟儿爬怎的?""嗓子干了要喝茶。"

玩来罢!踢球打嘎嘎,玩了个蝈蝈递手帕,一递递了个羊椅巴。

2. 梭波辙

[谱]

多箩哥婆过做我垛个卧客饽歌

[例]

荆条棍儿,用处儿多。编了个柳斗儿,编笸箩;笸箩倒比柳斗儿大,管着柳斗儿叫哥哥。

滴滴滴,上草垛,他妈养活他独一个,金盆里洗,银盆里卧。一聘聘了山东客,十个公十个婆,十个小叔子管着我。

3. 乜斜辙

[谱]

茄爷咧爹

[例]

紫不紫,大海茄;八月里供的是兔儿爷。

小秃儿咧咧咧,南边打水是你爹……

4. 姑苏辙

[谱]

醋妇五噜树朵儿腐谷鼠

[例]

喜儿喜儿吃豆腐,小鸡儿过来赚把谷,狗儿汪汪汪看家,猫儿过来会扑鼠。

说了一个五,道了一个五,什么开花一嘟噜?葡萄开花一嘟噜。

普通话的分韵及韵谱字汇

5. 一七辙

［谱］

气戏七一低去里鸡弟寺西衣婿吃四刺十匙

［例］

小六儿真淘气，戴上胡子唱出戏。

有个大姐正十七，过了四年二十一；寻个丈夫才十岁，他比丈夫大十一。一天井台去打水，一头高来一头低；不看公婆待我好，把你推到井里去。

四牌楼东，四牌楼西，四牌楼底下卖估衣。我问估衣卖多少？扎花儿裙子二两七。

6. 怀来辙

［谱］

奶孩歪来台矮窄呆槐

［例］

张奶奶，李奶奶，俺家有个小婴孩；站得稳，坐不歪，好吃饽饽不吃奶。

墙头儿矮，磴儿窄，挡着达子过不来。

提灯棍，打灯台，爷爷儿娶了个后奶奶；脚又大，嘴又歪，气的爷爷儿净发呆。奶奶儿奶奶儿你先走，爷爷好了你再来。

7. 灰堆辙

［谱］

岁水贝桂飞的

［例］

虫、虫、虫虫飞，飞到南山吃露水。

小宝贝，冰糖加梅桂。

一盆水，二盆水，开好花，开大的。

8. 油求辙

［谱］

牛后走游头绸修州有豆肉瘦熟油酒狗手球六九

［例］

吃豆豆，长肉肉，不吃豆豆精瘦瘦。

大哥大哥你别回头，身后有只大芒牛。牛什么牛？柯椤球。

新家女儿会梳头，一梳梳了个麦子熟。麦子磨成面，芝麻磨成油。不喝你们茶，不喝你们酒，瞧瞧新娘我就走。

9. 遥条辙

［谱］

高梢落要好倒叫道姣刀糕宝枣跑饱叫帽号袄豪毛瞧桥漂着

［例］

小巴狗，跳南濠，又没尾巴又没毛；有人来到他不叫，芦苇塘里满处跑。

我的儿，我的娇，三年不见，长得这么高。骑着我的马，拿着我的刀，扛着我的案板，卖切糕。

10. 言前辙

［谱］

软眼三边看蛋难干脸癣

［例］

浇花浇花浇花难，你不浇花花就干。

说着说着就来了，骑着驴，打着伞，光着脊梁挽着纂。

11. 人辰辙

12. 江阳辙

［谱］

黄娘强汤堂糠江郎凰房当上舱羊墙棒唱亮放凉霜炕皇

［例］

小白菜儿地里黄，七岁八岁儿离了娘，好好儿跟着爹爹过，又怕爹爹取后娘。取了后娘三年整，养了个兄弟比我强；他吃菜，我泡汤，哭哭啼啼想亲娘。

王家女，李家郎，长大了配凤凰，吹吹打打入洞房。

新打的茶壶亮堂堂，新买的小猪不吃糠；新娶的媳妇不吃饭，眼泪汪汪想他娘。

秦始皇，砌城墙。

13. 中东辙

［谱］

红中烘青明风中珑层龙嗡听

［例］

亲娘想我一阵风；我想亲娘在梦中。

普通话的分韵及韵谱字汇

自来白，自来红，月光码ᵣ供当中。毛豆枝ᵣ乱烘烘，鸡冠子花ᵣ红里个红，圆月ᵣ的西瓜皮ᵣ青。月亮爷吃的哈哈笑，今夜的光ᵣ分外明。

花椒树，嗡嗡嗡，唱个歌ᵣ奶奶听。

上述归纳跟罗先生的结果是完全一致的，可见"十三辙"的影响是很大的，它代表了明清以来民间艺术创作的官话押韵模式。

通过上述分析发现，在74首儿歌里，没有典型的人辰辙，这可能是一种偶然的失用。其他的十二个辙都出现了，韵谱我们也举列了，情形跟罗先生归纳的一样。可是也有一些差异：这些韵字里没有罗先生列举的东洪与人辰混押的现象。这两对韵在罗先生归纳的材料里可是经常混用的。这种差异说明在艺术语言里押韵尚有人为的色彩，而儿歌则纯出天然，故韵基相异的字在一起押韵的现象就少得多。除了以上两点差异以外，还有两个问题跟罗先生归纳的情形也不一样。

在我们使用的这份材料里有一些字的读法在今天看来比较特别，故单独拿出来说一下。

（1）得

［例］

叫他井台去打水，勤的小手怪疼得。

罗先生的书里将"得"归入梭波辙，《李氏音鉴》（清李汝珍著，1880年成书，它的音系跟北京话一致，故在此拿它来比较一下，以下简称《音鉴》）里读 to，读［tei］。在儿歌里正好跟"水"押韵，说明"得"有［tei］一读。

（2）熟

［例］亲家女儿会梳头，一梳梳了个麦子熟。

罗先生书里没有收"熟"字，《音鉴》读［ṣu］，儿歌里"熟"与"头"押韵，说明"熟"应归油求辙。

（3）的

［例］

一盆水，一盆水，开好花，开大的。

罗先生将"的"归一七辙，读 ti，《音鉴》同，儿歌里"的"与"水"押韵，说明"的"还读［tei］。

(4) 哟

［例］

大哥哥，二哥哥，这个年头怎么过？棒子面儿二百多。扁头开花儿一呀哟。

罗先生书里没有"哟"字，儿歌里"哟"与"哥""过""多"押韵，说明"哟"读［io］或［yə］，应归梭波辙。

另外，儿歌里"落""着"二字与"遥条"韵字押韵，读 ɑo 韵母，跟罗先生的归纳和《音鉴》的读音相符。"三"归"发花""言前"两辙也跟罗先生的结论一致。

除了上述十三辙之外，所谓的"小辙儿"后面再讨论，这里不展开了。

温颖在《论十三辙》里对十三辙有过分析和评价。[①] 她首先提出了三点质疑：①十三辙与十八韵只能有一个系统是正确的，不能两套系统都正确；②押韵对于讲同一种语言的人来说，一首诗歌是否押韵，感受应当是一致的，不可能对于一组具体的韵脚来说，一人一个样，十三辙跟十八韵虽然大同小异，但是有些韵差异太大；③就现代北京话语音系统而论，i 和 ü 可以勉强相押，但是 i 和 ï（ɿ/ʅ）、er 并不押韵，i 和 er 简直是风马牛不相及，十三辙的一七辙不合乎北京话。质疑之后，她认为，十八韵有旧韵的痕迹，而十三辙尊重实际，不拘泥古韵，可以说充满着唯物主义精神，但是，其中的一七辙却又明显地违反客观实际，十三辙的"一七辙"［i、ï（ɿ/ʅ）、er］是不能押韵的。

温文所论各点大都是有道理的，比如，i 和 ü 之间的押韵只能算勉强相押。但是，也不能否定 i 跟 er 押韵以及 i、ï（ɿ/ʅ）之间的押韵的事实。它们在实际押韵中确实有一定的数量，如罗常培《北京俗曲百种摘韵》列举的例子有[②]：

绣荷包：子提枝去

金钟记：里妻知吃的

---

① 温颖：《论十三辙》，《语文研究》1982 年第 2 期。
② 罗常培：《北京俗曲百种摘韵》，天津古籍出版社 1986 年版，第 41、42 页。

普通话的分韵及韵谱字汇

轻言它们不能押韵有失武断。

温文对十三辙的总体评价也很有道理①:

十三辙是一个历史现象和区域性方音现象,是北方方言民间戏曲韵辙的总称。在不同时期,各地有各地的十三辙,十四韵,十五音之类的不同韵辙系统。各地的韵辙的韵值并不完全相同。ï($\gamma/\imath$)和 er 两韵,特别是 er 韵有可能没有包括在十三辙之内。作为一种历史现象,十三辙是进步的,革命的。到了现代,它又是不实用的,因为它不完全符合现实客观语音实际。

罗常培先生对十三辙也有准确的评价,但是,他肯定十八韵则是较大的退步。他说:

至于十三辙本身的毛病,例如,一七辙把咬齿的"资雌私""之吃尸"和撮口的"居驱吁"都同"基欺希"之类的齐齿字混成一韵,那自然没有北京音合乎实际的语言。

皮黄的押韵最初当然保持些它的发祥地的地方音,但是现在已然被人公认为"平剧"(按:"平"指当时的北平,即今北京)就无妨改从平音——就是现代的国音。照通例说,只有国音可以有"舞台标准音"的地位。所以现在要提议改良剧韵,我以为不如就直截了当地采用所谓《佩文新韵》的十八韵。②

---

① 温颖:《论十三辙》,《语文研究》1982 年第 2 期。
② 罗常培:《中州韵与十三辙》,《益世报·读书周刊》1935 年 9 月 19 日。

伍　诗歌通押与韵部归纳的关系

押韵的目的是使诗歌语言读起来朗朗上口，听起来和谐悦耳，构成缭绕回环美。韵基完全相同的韵字之间的押韵是最为和谐的。但是，在诗歌创作中，有时不得不押韵基不同的韵字，这种押韵行为叫通押，互相押韵的不同韵部互称通韵（合韵）。通押就是用不同韵部的韵字押韵。诗歌通押主要有三个方面的原因：一是受制于表情达意的需要，同一个韵部的韵字不敷使用，找不到合适的韵字，这时就不得不选用韵基相近的韵字押韵；二是有些韵部之间本来就具有互补关系，因为规定性的韵书分韵不当，造成人为的通押；三是有的诗人在押韵时，喜欢用方音或模仿古音，导致一些本来不能押韵的韵字押韵。历代诗歌都有通押现象，如：

千秋岁[①]
秦观

水边沙外，城郭春寒退。花影乱，莺声碎。飘零疏酒盏，离别宽衣带。人不见，碧云暮合空相对。

忆昔西池会，鹓鹭同飞盖。携手处，今谁在？日边清梦断，镜里朱颜改。春去也，飞红万点愁如海。

根据词的押韵规则，秦观在这首词里混押了两个韵部的韵字，其中"退碎对会"属于词韵第三部 ei 类韵母字，"外带盖在改海"属于词韵第五部 ɑi 类韵母字。秦观在北宋官至太学博士、国史馆编修，是婉约派的一代词宗，他通押两个韵部不属于常例，可能有方音影响，也可能受古韵

[①] 秦观：《千秋岁》，转自胡跃荣《精选宋词三百首》，岳麓书社 2015 年版，第 170 页。

影响。

一　关于诗歌通押的已有认识

前人在研究《诗经》用韵时就提出过"通韵""合韵"的说法。王力在其《诗经韵读》中认为，主要元音（韵腹）相同，韵尾不同的韵之间的押韵是"通韵"；主要元音相近的韵之间通押是"合韵"。更早的时期，清代的段玉裁就把合韵现象当作认识《诗经》押韵规则的一种重要手段。无论是"通韵"还是"合韵"，都是不同韵部之间发生了互押关系。以下是王力所列举的两个押韵实例①：

鱼铎通韵（[ɑ/ak]押）
《郑风·遵大路》：祛 [kʰlɑ] 故 [kɑ] 路 [lak] 恶 [ak]
《齐风·东方未明》：圃 [puɑ] 瞿 [giuɑ] 夜 [jyak] 莫 [mak]
阳谈合韵（[ɑŋ/am]押）
《大雅·桑柔》：相 [siaŋ] 臧 [tzaŋ] 肠 [diaŋ] 狂 [giuaŋ] 瞻 [tjiam]

这样的押韵无论如何称不上和谐，也跟押韵的目的背道而驰，应该不是常例。周长楫（1995）对《诗经》的通韵、合韵现象有过论述，他说："据笔者对《诗经韵读》中《诗经》1738个章次的用韵类型分布的初步统计：通韵有84个章次，占总用韵章次的0.5%；合韵有124个章次，占总用韵章次的0.7%。通韵合韵合起来不过208个章次，占总用韵章次的1.2%。由此可见，通韵合韵现象，在《诗经》用韵中只占很小的比例。"②因此，通押现象是特例，不应该是汉语诗歌用韵的常例。

通押作为一种特例现象，应该有其特定的原因。周长楫（1995）说："那些所谓通韵篇章的韵脚字中，可能其中有些字因文白读音、古今音或方音的影响另有又音，因而跳出原来所在韵部的圈子，加入了这个又音所属的另一韵部，从而跟通韵篇章的其它韵脚字组成同韵字而合辙押韵；同

---

① 王力：《诗经韵读》，《王力文集》第六卷，山东教育出版社1990年版，第34、37页。
② 周长楫：《〈诗经〉通韵合韵说疑释》，《厦门大学学报》（哲社版）1995年第3期。

伍　诗歌通押与韵部归纳的关系

样，那些所谓合韵篇章的韵脚字中，可能是其中有些字也另有又音，因而成为这个又音所辖另一韵部的一员，从而跟合韵篇章中的其它韵脚字成了同韵字而合辙押韵了。"① 除了周长楫所列举的这些原因，也许还有我们没有认识到的通押原因，比如诗歌配乐歌唱时的特定条件下，由于音乐的伴奏，可以弥补和掩盖某些不和谐的韵之间通押的不足。周长楫（1997）认为，闽南话里 [i]、[ui]；[iʔ]、[uiʔ]；[ĩ]、[uĩ]；[iʔ] 可以作为同一个韵部（飞机韵）处理，它们可以押韵，他解释说："[ĩʔ] 韵母中的喉塞韵尾只起着使前头的元音发音戛然而止不能延长的作用，如果不是因为 ʔ 使这个韵母的声调在调值上表现的不同，[i] 和 [iʔ] 二者中元音 [i] 在本质上不会有什么差别。[iʔ] 跟 [ip]、[it]、[ik] 却不一样，虽然韵腹主要元音相同并同样表现出短促的发音，但 [-p]、[-t]、[-k] 韵尾会促使前头的元音沿着其后的辅音发音部位移动从而改变单纯元音的音色。这样，[iʔ] 跟 [i] 的接近程度显然比 [iʔ] 跟 [ip]、[it]、[ik] 的接近程度大。本地人在押韵时，显然愿使 [iʔ] 和 [i] 相伴通押。[ĩ] 是发 [i] 时，发音的气流不仅从口腔里出来，而且同时也从鼻腔里出来，引起口腔和鼻腔同时共鸣，成为口鼻兼音。一般说来，鼻化韵多从鼻音韵尾变来的，如'边'[pĩ]、'天'[tĩ]、'钱'[tsĩ↑]、'钳'[kĩ↑] 等等。在声母声调相同的条件下，同元音的鼻化韵跟口元音韵有区别意义的作用。如'扁'[pĩ↓] ≠ 比 [pi↓]，'展'[tʻĩ↓] ≠ 耻 [tʻi↓]，'扇'[sĩ↓] ≠ 四 [si↓]，'柑'[kʻã] ≠ 骹 [kʻa] 等等。但厦门方言里也有口元音韵的字可自由变读为鼻化元音韵。如'鼻'本读 [pʻi]，也可读 [pʻĩ]；'否'本读 [pʻai↓]，也可读 [pʻãi↓]；'宰'应读 [tai↓]，也常读 [tãi↓]；'駛'应读 [si]，也常读 [sĩ]；'寡'当读 [kua↓]，也有读 [kuã↓]，等等。从押韵的实际看，闽南地区的人认为同元音的口元音韵跟鼻化韵可以相押。"②

押韵的韵脚字一旦跟乐曲相结合，那么一些字的读音在特定的音乐配合下唱起来可能就与原字音不同了，听起来也没有那么刺耳了。

还需要说明的是，通押是相对单押来说的，也就是说，通押系统的参照物是单押体系。单押体系自然就是韵基相同的韵部体系。当韵基不同的

---

① 周长楫：《〈诗经〉通韵合韵说疑释》，《厦门大学学报》1995 年第 3 期。
② 周长楫：《厦门方言研究》，福建人民出版社 1997 年版，第 95 页。

普通话的分韵及韵谱字汇

韵部之间发生押韵关系，那才叫通押。如果根据韵基相同的原则划分出的韵部中只有个别字通押，那可能是一字多音或误读字音等原因造成，不是什么原则性问题；如果根据韵基相同的原则划分出的韵部中有两个或两个以上的韵部之间全部韵字通押，那么这是一个严重的问题，它威胁到"韵基相同"这一基本的分韵原则了。这就需要解释它们通押的原因和通押的条件了。

还特别需要说明的是，自然状态的通押（不是依据韵书规定）是诗人自然语感的反映，能够通押的韵字一定具有某种语音近似的特征，而不是茫无边际，任意通押；韵书规定的通押，有时不见得有自然语音依据，可能只是人为的强行规定。

二 诗歌通押与严韵系统

根据历代诗歌用韵的实际，我们可以归纳出完全和谐押韵的三种类型：一是押同一韵母的韵字，二是押韵基相同、介音不同的韵字，三是押韵母具有互补关系、语音近似的韵字。在实际押韵中，前两种完全和谐的韵有时并不能贯彻到底，有时因为检寻韵字困难，不得不采用第三种类型的押韵方式。第三种类型的押韵方式是指：有的韵母之间主要元音虽然有别，但韵母与声母拼合后，韵母具有互补关系，语感上也十分相似，诗人押韵毫无违和感，如普通话里 o/uo 与 e、ꞮꞮ 与 ꞮꞮ、eng 类与 ong 类都有互补关系，押韵行为十分普遍，这样的押韵也属于和谐韵。从音位归纳来看，这些韵母的韵基实际上也是相同的。上述三种押韵方式构成了严韵系统。除此之外的押韵现象都可以归之于通押关系。通押是对严韵系统的有效补充和突破，是艺术创作的需要，目的是有效地表达诗歌的意境，促进形式和内容的有机结合。

押韵作为一种艺术手段，其要求达到的效果就是韵脚字的和谐。韵脚字和谐的语音基础就是韵基相同或极为接近（有互补关系）。因此，严韵要符合语音体系的要求，要符合音位归纳的原则。通韵要符合押韵的实际，尊重诗人用韵的习惯，要有押韵实践的依据。因此，无论划分严韵还是归纳通韵，都应该有一致的标准，严者从严，通者从通，不能完全依靠诗人创作的自我感觉。

伍 诗歌通押与韵部归纳的关系

关于新诗能够通押的语音机制是什么,学者们极少论及,学界提及通押时,大多是举一些通押的例子,至于通押的原理的讨论,则付之阙如。黎锦熙先生(1984)的《诗歌新韵辙的"通押"总说》一文则是不多的极具理论色彩的文章。他认为:"既然大家主张以普通话的北京标准音为分韵根据,那么社会上若有不能符合《汉语拼音方案》韵母系统的押韵情况,而又不能否定它的合辙事实,这就得归属于'通押'的范围。"① 他从语音学的角度,分析了有关通押的依据及其实践问题。他提出了成系统的若干原则。他归纳了以下单押和通押的规则:

(一)凡韵母,主要元音是 a 的(按:黎先生全文将拼音字母 ɑ 皆写作 a,特别提醒读者注意。),一般不与其他韵母通押。他列举了一个元音的区间:æ/a/ɐ/A/ɑ,即舌位图上的半低元音一线之下的元音韵母,不通押。他认为,他划分的十八部系统里的麻、开、豪、寒、唐都无通押问题。

(二)单韵母,同在一个发音"舌位"的,尽管有圆唇化与不圆唇化的区别,但也可以通押。比如:e 通 o,ü 通 i。他还描述说,舌位图的中间画一条线,可分前后两部分,这前后相配的两部分可以通押。

(三)通押分三种:(1)音近通押;(2)方音通押;(3)旧韵通押。运用时,有口头变读与不变读的不同。针对音近通押,他列举的是 u 与 ü。还说,单韵母之中,还有 ï([ɣ/ʅ])/儿 er([ɚ])两韵通 i(齐)的问题。简单说,-i(支)就是 i(齐)的"舌尖化",er([ɚ])就是 e(歌)的"卷舌",都算是音近通押。i(齐)韵是舌位前的终点,在语音学上一般不包括舌尖,只要再升一级就"舌尖化"了(舌尖元音在《国际音标》中当初并没有独立的音标)。

(四)元音尾复韵母,普通话只把作韵尾的元音(即单韵母)分成两极,即舌位前的-i 和舌位后(口唇化)的-u,都处在舌位上升的最高点。四个复韵母,把-i 和-u 作了韵尾,在它前边的 a、o、e 都是"韵腹"(即复韵母的主要元音);押韵时,除 a 外韵腹不大管事,重点全在韵尾。五个鼻声尾复韵母也是如此:押韵重点不在其前的"主要元音"(a 除外),而在其韵尾-i、-u(u)和-n、-ng。韵尾舌位严分前后两极,在同极的一条纵线上多可通押,如 ei(微)一般通 i(齐),ou(侯)个别也通 u(模)。

---

① 黎锦熙:《诗歌新韵辙的"通押"总说》,《徐州师范学院学报》1984 年第 4 期。

普通话的分韵及韵谱字汇

这算是音近通押。而 ai 与 ao 之间、ei 与 ou 之间，从古至今都没有通押例。这是第二道鸿沟起的作用。ei（微）通 i（齐），在《中原音韵》已将"齐微"合为一部，《十三辙》虽仍分"一七""灰堆"两辙，但诗歌戏词中一直通押。

（五）汉语分韵，从古至今，从南到北，凡鼻音尾的韵母绝对不与其他韵母通押。

（六）北京音系，鼻声尾复韵母 n、ng 也分成两极，分韵很清，其影响可使语气助词音别字异，但诗歌韵辙上，除 an、ang 和 ong 外，渐多通押。

（七）汉语的诗歌韵辙中，特别有两种组织，在它的范围内可以把一切韵部完全打破：一是旧入声韵；二是北京音系的儿化卷舌韵。所谓"完全打破"，是说在这两种组织的范围内，一切韵部都可通押，如同龙蛇聚会的大泽。如果单用旧入声韵字押韵，所有的入声字都可以放在一起押韵，在北京话的读法后面紧喉即可。儿化韵由于儿化之后，照"十三辙"只分为小言前辙和小人辰辙，大部分韵母的押韵界限不存在了。小言前辙和小人辰辙虽然有界限，但实际押韵中，也有打破了混在一起押韵的。①

黎先生还为通押划出了三道鸿沟，如图 5-1 所示。

黎先生所讨论的通押条件和规则看起来十分复杂，实际上，根据现代诗歌的通押实例，可以归纳成以下四种通押类型：

（1）因为某些严韵的韵字极少，难以单独押韵，在需要使用这个韵的韵字时，不得已可允许其跟较为相近的韵押韵，如 er 韵母，它不跟任何韵母构成互补关系，在音色上也独具特性，用这个韵母的字押韵，有时很难选字。因此，就有的诗人让其跟 ï（ɿ、ʅ）或 e/o 押韵。

（2）因某些严韵的韵母（韵基）拼合单一，与其他韵母又处于互补状态，虽语感差别较大，也可以押韵，如 ï（ɿ/ʅ）和 i 实际押韵并非和谐，但是，语感上还是有些相似，有的诗人就让其押韵。

（3）有的韵母，不具有互补关系，但具有某种语音的相似性，有的诗人可用来押韵，如 i 与 ü，u 与 ü，甚至 ï（[ɿ/ʅ]）、i、u、ü 也可以通押。

---

① 黎锦熙：《诗歌新韵辙的"通押"总说》，《徐州师范学院学报》1984 年第 4 期。

伍 诗歌通押与韵部归纳的关系

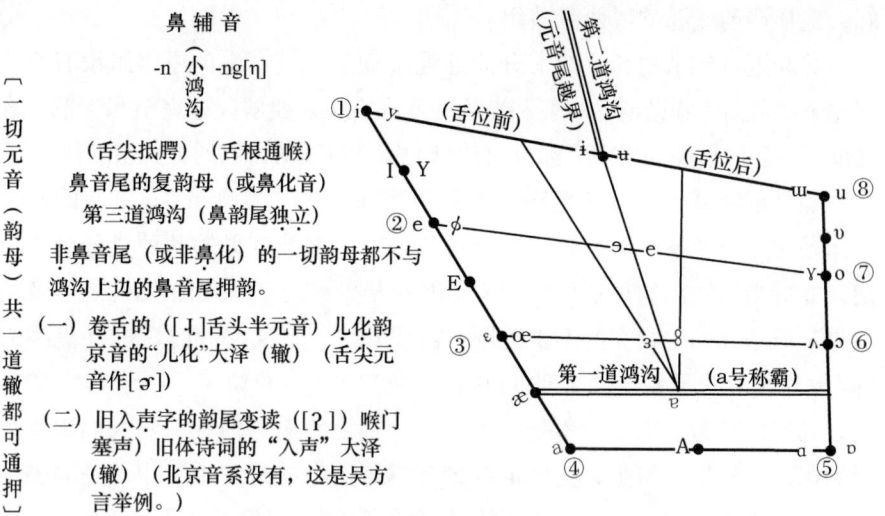

图 5-1 汉语诗歌韵辙的三道鸿沟两大泽图

（4）在某些特殊情况下的通押，就是黎锦熙先生提出的古韵、方音等，比如 ei 与 i、u 与 ou 可以通押。

上述通押的四种类型中，第四种通押不属于普通话范畴，其他的可以通押的韵字之间，分属于不同的严韵韵部，韵基存在较大的差别，其押韵远非和谐，不能当作常例来看，应该以通韵视之，可称为一般和谐韵。

一般和谐韵体系是归纳了严韵间可以通押的韵部后形成的，是诗歌创作过程中，诗人们对严韵系统的变通。一般说来，能够通押的严韵韵部是少数的，不可能出现大面积的严韵韵部通押，否则，押韵体系就会崩溃，失却了押韵的艺术效果。

归纳通韵体系，要有大量通押的实例做依据，还必须排除通押的第四种类型的材料。如果混入了第四种通押类型的材料，将会导致通押体系的极大混乱，就不可能归纳出正确的通韵系统。

通韵是押韵实践的总结，是严韵系统在创作中的重新组合和有效变通，不是对严韵系统的反动。严韵是基本的押韵体系，通韵是严韵变通后的押韵体系，不能将两者对立起来，它们可以互相补充，共同为诗歌创作服务。诗歌的通押属于"广文路"的范畴，诗人可以根据自己的能力和爱好，选择严韵或通韵或两者共用。

综观近百年来的新诗韵书分韵的混乱现象，其产生的原因跟没有解决好完全和谐韵、和谐韵、一般和谐韵的界限有关。要解决好完全和谐韵、和谐韵、一般和谐韵的界限，涉及对韵母的审音以及对诗歌通押关系的认识。

韵母审音属于正音的范畴，即陆法言所说的"赏知音"。审音的基本工作是对一个音系的韵母要详加分析和描写，把韵母里的各种成分分析清楚，并恰当归纳出韵母音位。《汉语拼音方案》的"韵母表"就是审音的结果，但是，其中存在的不少问题，需要解决，下文将专门讨论（见本书《陆　普通话韵母系统及分韵的基本原则》）。一般说来，语音学上的审音，其目的是为了正音，不是为了押韵，是为使用这种音系的人们提供说话的标准音依据。但是，正确审音却是编纂韵书的最基础工作，是韵书编纂成败的关键。比如，十八韵系统韵书的"皆""歌""波"三韵的划分，就是强调了各韵音值的差异，没有考虑韵母音位的互补。根据下文（见本书《柒　普通话韵部层级及分韵标准》）的分析，普通话的韵母可以分成15类，这15类韵母的韵基要么相同，要么互补，语音上也具有高度的语感认同，归纳为15个押韵单位（严韵韵部）应无问题。所有与审音审定的15个韵部不同的严韵系统，都可能存与处理诗歌通押关系不当有关。

历史上，除了黎锦熙（1984）之外，很少有人讨论过具有通押关系的韵部之间的学理依据，也很少有人明确过通押的韵部之间应该如何划界。因此，不搞清楚通押的本质，就不能处理好通押与划分韵部的关系。

三　诗歌通押实例

下面我们将通过实例，揭示一些新诗韵书某些韵部的设置与押韵并不对应的情况，并以此为基础，提出归纳普通话通韵韵部的依据。

首先，我们需要把不是通押关系的韵部剔除。现存新诗韵书把许多不是通押关系的押韵现象处理为通押，但是根据韵母音位原则，它们实际是同一韵部，自然不能当作通押关系看待。严韵强调押韵的和谐，因此韵基相同，或者具有音位互补关系、语音相似的韵母应归为一韵。然而，有的韵书并没有遵循这一原则，划分出来的韵部不合乎韵母体系的要求，跟新

诗的押韵实际也不相符。这些错乱的韵部划分,主要有以下四种情形:

(一)错分安(an/uan)/烟(ian/üan)为两韵。《国音新诗韵》《诗歌新韵》《现代汉语诗韵》等韵书将 an 行的韵母进行分割,如《诗歌新韵》分作安(an/uan)、烟(ian/üan)两韵。这样分韵不符合严韵的审音原则,因为 an 行韵母的主元音虽然有 [a] 和 [ɛ] 的区别,但并无音位价值,《韵母表》处理做韵腹相同是非常合理的。底下的押韵的事实也表现为 an/uan/ian/üan 四个韵母通押:

九月九晴晴天①
北京儿歌

九月九,晴晴天,奶娘同我去到万寿山。提黄酒,夹红毡,走到山顶坐野盘。观皇会、什锦幡,南锣小鼓儿打得全。奶娘渴了喝好酒,饿了吃蟹作大餐。

心　愿②
任和萍

当年我打起腰鼓诉说心愿,纯朴的人们翘首期盼,心灵在播种富强的梦幻,翻身的土地争奇斗妍。虽然严冬太久,冷却了激动的笑颜,挺立的依然是泰山,永恒的依然是春天。

几辈人前仆后继探索明天,坎坷的道路汗浸血染,巨龙将要起飞的时刻,沉重的翅膀诉说着艰难。重整万里河山,这是我中华的心愿,燃烧的永远是热血,不朽的永远是信念。

根据韵母音位归纳的原则,《韵母表》里的 a 行、o 行、ai 行、ei 行、en 行、an 行、ang 行、eng 行(ong)的韵母都不得拆分为不同的韵部。

(二)错分 o(e)、ie、uo(ue)、üe 为不同的韵。o(e)、ie、uo(ue)、üe 是一组韵母音位,它们可以构成一个同韵基的押韵单位。这个押

---

① 见王文宝编选《北京民间儿歌选》,浙江人民出版社 1982 年版。以下所引北京儿歌均见该书。

② 《阳光路上》编委会:《阳光路上——中国当代歌典》,上海音乐出版社 2012 年版,第 263 页。

普通话的分韵及韵谱字汇

韵单位在学术上还存在不同认识,比如有人虽然同意 e [ɤ/ə]、o /uo 可以押韵,但是仍坚持 ê [e]、ie [ie]、üe [ye] 同韵,不同意 ie [ie]、üe [ye] 与 o /uo 押韵。甚至有人说:"ɑi 与 ê 的发音相近,ɑi 的发音是 [ai],是 a [a] 与 i 的结合,即从 a [a](舌面、前、低、不圆唇)过渡到 i [i](舌面、前、高、不圆唇)。这种过渡有两种结果,即近于 e [e] 或 = [ê]。因此,ɑi 与 ê 应当划为同一韵部,即怀来部应和乜斜部合并为一部,可以叫做'来斜'辙。"[1] 这样一来,就混淆了 ê 的音值界限。ê 与 ɑi 的韵腹差别极大,而且存在有无韵尾 -i 的差别,如果它们通押,很难称得上和谐。

o (e)、ie、uo (ue)、üe 一起押韵的事实比比皆是,举几例如下:

新婚杂诗[2]
胡适

十三年没见面的相思,于今完结。把一桩桩伤心旧事,从头细说。你莫说你对不住我,我也不说我对不住你,——且牢牢记取这十二月三十夜的中天明月。

车碰车
北京儿歌

车碰车,车出辙,弓子弯,大线折,脚蹬板儿刮汽车,脚铃锤儿掉脑壳,执政府接活佛,挂狗牌儿坐一车,不买票的丘八哥,没电退票,卖票的也没辙。

我爱你,塞北的雪[3]
王德

我爱你,塞北的雪,飘飘洒洒漫天遍野。你的舞姿是那样的轻盈,你的心地是那样的纯洁。你是春雨的亲姐妹哟,你是春天派出的使节。

---

[1] 卜永清:《关于今韵分部的几个问题》,载《河西学院学报》2005年第4期。
[2] 胡适:《新婚杂诗》,见《尝试集》,外文出版社2013年版,第28页。
[3] 毛娟编:《民歌老歌大家唱》,吉林出版集团有限责任公司2015年版,第23页。

伍　诗歌通押与韵部归纳的关系

我爱你，塞北的雪，飘飘洒洒漫天遍野。你用白玉般的身躯，装扮银光闪闪的世界。你把生命融进土地哟，滋润着返青的麦苗迎春的花叶……

祖国啊，我的父母之邦①
凯传

我曾相信过，月宫有嫦娥，小时候奶奶曾经给我讲过。我曾羡慕过，补天的女娲，妈妈曾用它教我懂得执著。我曾经向往着，寻根在长江的源头，我曾经梦想我亲吻你伟大的山河。是你用悠久的历史塑造了我，是你用宽阔的胸怀哺育了我，你给了我智慧，你赋予我性格，我属于你，中国，我热爱你，中国。

那就是我②
晓光

我思恋故乡的明月，还有青山映在水中的倒影。哦！妈妈，如果你听到远方飘来的山歌，那就是我。

起南来了一群鹅
北京儿歌

起南来了一群鹅，劈哩啪啦就下河。

大量新诗用韵的事实证明，e/ie/üe 跟 o/uo 押韵非常普遍，而跟 ai 类韵母押韵的例子极少。如此一来，e/ie/üe 跟 o/uo 就应合为一个严韵。还可以再举一些例子：

苍茫大海中的一个小岛③
郭小川

哦，同志，如果你真的在它的岸边停泊，那可就太好了，战士们

---

① 张伟编著：《中国声乐演唱曲集》，百花文艺出版社2015年版，第168—170页。
② 雨萌编著：《老歌精选》，现代出版社2014年版，第250—251页。
③ 李丽中编：《郭小川代表作》，黄河文艺出版社1986年版，第143页。

普通话的分韵及韵谱字汇

会突然出现在你的两侧。这个岛呵，于是乎立即变得生气勃勃，好象有十万个伙伴，忽然跟你一同前来作客。这个岛呵，于是乎立即显得金光闪烁，好象有一百个太阳，忽然来此跟你会合。这个岛呵，于是乎再也不那么冷落，那一草一木呀，都格外地亲亲热热！这个岛呵，于是乎全局皆活，那一山一石呀，都闪耀出生命的亮火！

烙印①

臧克家

我从不把悲痛向人诉说，我知道那是一个罪过，浑沌的活着什么也不觉，既然是谜，就不该把底点破。

中秋节

北京儿歌

月亮斜，中秋节，又吃月饼，又供兔儿爷，穿新袜，换新鞋，也跟奶，也跟爷，上趟前门逛趟街。

在实际押韵中，偶尔也会有 e/ie/üe 跟 ɑi 类韵母的例子，但非常少见，如：

苦难②

雷抒雁

象拖着爬犁，我拖着世界。肩上磨出深深的肉槽，纤绳一根根断开。

（三）错分 ong、iong、eng/ing/ueng 为不同韵部。赵元任《国音新诗韵》将 ong、iong、eng/ing/ueng 分为鞥、鹰、翁三韵，星汉分为雍（ong、iong）和英（eng/ing/ueng）两部。这样的分韵体系与明清以来的押韵行为极为不符。无论是新诗还是民歌、儿歌等，这两个韵部都是合押的。这里列举数例如下：

---

① 刘增人、冯光廉：《臧克家作品欣赏》，广西教育出版社1988年版，第37页。
② 雷抒雁：《春神》，宁夏人民出版社1982年版，第31页。

伍　诗歌通押与韵部归纳的关系

四季相思①
任卫新

夏季里相思看荷花，荷花一品红，荷花一枝在雾中，青春易凋零。夏季里相思歌一曲，醒不了相思梦。

放风筝
北京儿歌

姐妹二人到城东，二人城东去逛青，捎带放风筝。大姐放的花蝴蝶儿，二姐放的活蜈蚣，飘飘起在空，好似一条龙。

厦门风姿②
郭小川

大湖外、海水中，那是什么所在呀，沿大路、过长堤，那是什么所在呀，忽有一簇五光十色的倒影，莫非是海底的龙宫？走向一座千红万绿的花城，莫非是山林的仙境？

（四）错分 en/in/un/ün 为不同韵部，比如张允和《诗歌新韵》就分为恩、晕、因三韵。但是，大量的押韵实例证明这几个韵母实际是一个韵部。实例如下：

刻在北大荒的土地③
郭小川

继承下去吧，我们后代的子孙！这是一笔永恒的财产——千秋万古长新，耕耘下去吧，未来世界的主人！这是一片神奇的土地——人间天上难寻。

---

① 曾宪瑞编：《中国当代百家歌词选》，广西人民出版社 1988 年版，第 139 页。
② 李丽中编：《郭小川代表作》，黄河文艺出版社 1986 年版，第 128 页。
③ 李丽中编：《郭小川代表作》，黄河文艺出版社 1986 年版，第 157 页。

普通话的分韵及韵谱字汇

高山上流云[①]
凯传

　　高天上流云有晴也有阴,地面上人群有合也有分。南来北往论什么远和近,一条道儿你和我,都是同路人。高天上流云落地化甘霖,催开花儿千万朵,人间处处春。千家万户敬老又扶幼,讲的是一片爱,家家享天伦。莫道风尘苦,独木难成林,一人栽下一棵苗,沙漠也能披绿荫。莫道人情冷,将心来比心,一人添上一根柴,顽石也能炼成金。

　　从新诗创作实践来看,真正属于通押关系的只有我们上面提及的四种通押类型。这四种类型的押韵都有数量不等的通押实例。第一、第二、第三种通押实例,大致不出十三辙中的一七辙的范围,我们由此可以发现十三辙的影响是巨大的。十三辙是历史形成的,我们既要尊重这套系统,又不能被它牵着走。下面分类列举实例如下。

　　第一类通押实例。

　　ɚ 与 e(o)类韵母通押：

一个黑人姑娘在唱歌[②]
艾青

　　她心里有什么欢乐?她唱的可是情歌?她抱着一个婴儿,唱的是催眠的歌。

鱼儿三部曲[③]
食指

　　自由的阳光,真实地告诉我,这可是希望的春天来临?岸边可放下难吃的鱼饵?

　　er(ɚ)跟 e 类韵母押韵,说明 e 与 er(ɚ)有一定的语音相似性——

---

① 李保彤主编:《中国名歌 1000 首》,山西教育出版社 2001 年版,第 476—477 页。
② 艾青著:《艾青诗选》,北京工艺美术出版社 2017 年版,第 60—61 页。
③ 李润霞主编:《中国新诗百年大典》(第 11 卷),长江文艺出版社 2013 年版,第 28 页。

都是央元音，虽然 er 与 e 押韵的例子不多，但是有鉴于 er 韵母卷舌的特殊性，其跟 e 类韵的通押可处理为通韵。

十三辙韵书将 er 韵母归入一七辙，这个辙口虽然很宽，但是我们没有发现 er 与 ï 通押的实例，这也许是因为 er 与 ï 音色相距甚远，实在不好押韵。

第二类押韵实例。这一类主要是 i / ï（ɿ、ʅ）通押，实例如下：

这片多情的土地①
任志萍

我深深地爱着你，这片多情的土地，我时时都吮吸着大地母亲的乳汁，我天天都接受着你的疼爱情意，我轻轻走过这山路小溪；我捧起家乡的黝黑泥土，仿佛捧起理想和希冀。

你莫忘记②
胡适

你莫忘记：是谁砍掉了你的手指，是谁把你老子打成了这个样子！是谁烧了这一村，……嗳哟！……火就要烧到这里了——你跑罢！莫要同我一齐死！……回来！……你莫忘记：你老子临死时只指望快快亡国：亡给"哥萨克"，给"普鲁士"，——都可以，总该不至——如此！……

i / ï（ɿ、ʅ）通押的实例比较多。这是因为这两个韵母之间存在互补关系，通押有一定的语音基础。但是，这两个韵母之间各自的语音特性突出，押韵的和谐度不是很高，按照《中原音韵》成例，可不将它们处理为通韵；如根据广泛的押韵实例也可将它们处理为通韵。

实际上 ï 韵母也有不少单押的实例，如：

我唱一谁对一
北京儿歌

"我唱四，谁对四，什么开花儿一身刺？""你唱四，我对四，玫瑰开花儿一身刺。"

---

① 晨枫：《中国当代歌词史》，漓江出版社 2002 年版，第 338 页。
② 胡适：《倡导与尝试》，北方文艺出版社 2018 年版，第 249 页。

普通话的分韵及韵谱字汇

十四行集[①]

冯至

我们常常度过一个亲密的夜
在一间生疏的房里，它白昼时
是什么模样，我们都无从认识，
更不必说它的过去未来。原野
一望无边地在我们窗外展开，
我们只依稀地记得在黄昏时
来的道路，便算是对它的认识，
明天走后，我们也不再回来。

从押韵和谐的角度看，i／ï（[ʅ、ɿ]）通押算不上和谐。我们不主张将它们处理为通韵。如果一定要遵循习惯，处理为通韵也不是不可以。

第三种通押类型的押韵在语音系统上不具有任何互补关系，从音位上说，通押的韵母之间都各自具有显著的区别，其通押的语音条件并不充分。

（1）i 与 ü 的通押例：

两个蛐蛐儿吹大牛气

北京儿歌

闲来无事出城去，遇见两个蛐蛐儿吹牛气。一个说："明天我吃一棵大柳树。"

一个说："明天我吃一个大叫驴。"两个正在吹牛气，起南来了一个大斗鸡，两个一见生了气，瞪瞪眼睛捋捋须，奔向斗鸡去。想把斗鸡吃了吧，它们都跑斗鸡肚里去！

有一个老太太真叫皮

北京儿歌

有一个老太太真叫皮，不叫儿媳妇儿开会去，一开会，她就气，不是打狗就骂鸡。

[①] 张新颖编选：《中国新诗（1916—2000）》，复旦大学出版社 2001 年版，第 97—98 页。

伍 诗歌通押与韵部归纳的关系

厦门风姿①
郭小川

紫云中翻飞着银燕，重雾里跳动着轻骑，这里的每排浪花，都在追踪着敌人的足迹，观察所日夜不息地工作，海岸炮时时向前方凝视，这里的每粒黄土，都有着无穷无尽的精力。

老天爷别刮风
北京儿歌

老天爷，别刮风，买了包子往上扔，老天爷，别下雨，买了包子我给你。

父母见了笑嘻嘻
北京儿歌

功课完毕太阳西，收拾书包回家去。见了父母行个礼，父母见了笑嘻嘻。

厦门风姿②
郭小川

呵，令人着迷的人海——我的老战友的新居，把我收下吧，我的全部身心都将不再远离，呵，我所熟悉的山区——我们的英雄的故里，拥抱我吧，我永生永世都将忠诚地捍卫着你。

这片多情的土地③
任志萍

我深深地爱着你，这片多情的土地，我踏过的路径上阵阵花香鸟语，我耕耘过的田野上一层层金黄翠绿，我怎能离开这河汊山脊、我拥抱村口的百岁杨槐，仿佛拥抱妈妈的身躯。

---

① 李丽中编：《郭小川代表作》，黄河文艺出版社1986年版，第130页。
② 李丽中编：《郭小川代表作》，黄河文艺出版社1986年版，第130—131页。
③ 晨枫：《中国当代歌词史》，漓江出版社2002年版，第338页。

普通话的分韵及韵谱字汇

i 与 ü 押韵的现象比较普遍。王力先生（1985）认为，从音位的观点看，i 和 ü 发音部位相同，只有圆唇和不圆唇的区别，但是，合并并不妥当，因为 ü 一向被认为是和姑苏同类的。① 但是，圆唇与不圆唇是汉语重要的区别特征，如根据上述押韵的实例，ü 跟 i 类韵母习惯上通押，因此，ü 跟 i 可以处理为通韵关系。

（2）ï 与 ü 通押例：

苍茫大海中的一个小岛②

郭小川

哦，同志，莫要说你从海边远远望去，即使逼近它的身边，只怕也难以分辨虚实。这个岛呵，四外简直是一片空虚，在风平浪静的黄昏，你看不清桅影帆姿。这个岛呵，周围简直是一片沉寂，在天朗气清的早晨，你听不见人声鸟语。

厦门风姿③

郭小川

海水天天扬起新潮，山头月月长出嫩绿，这里的每根小草，都深藏着百折不回的意志，弹坑中伸出了高树，坑道里涌出了泉溪，这里的每朵野花，都显现着英勇无畏的雄姿。

ï 与 ü 通押的例子远不及 i 与 ü 通押的多。这样的通押不是普遍现象，可以处理作特例，不将它们处理为通韵。

（3）u 与 ü 的通押例：

月光下的凤尾竹④

倪维德

月光下面的凤尾竹，轻柔美丽像绿色的雾哟，竹楼里的好姑娘，

---

① 王力：《汉语语音史》，中国社会科学出版社 1985 年版，第 428 页。
② 李丽中编：《郭小川代作》，黄河文艺出版社 1986 年版，第 141—142 页。
③ 李丽中编：《郭小川代作》，黄河文艺出版社 1986 年版，第 130—131 页。
④ 杨春丽、张世莲编著：《声乐教程2》，西南师范大学出版社 2014 年版，第 55 页。

伍 诗歌通押与韵部归纳的关系

光彩夺目像夜明珠？听！多少深情的葫芦声，对你倾诉着心中的爱慕。金孔雀般的好姑娘，为什么不打开你的窗户？

人生来性儿急
北京儿歌

这个人生来性儿急，清晨早起去赶集，错穿了绿布裤，倒骑著一头驴。

乡村大道①
郭小川

乡村大道呵，我生之初便在它上面匍匐，当我脱离了娘怀，也还不得不在上面学步，假如我不曾在上面匍匐学步，也许至今还是个侏儒。

哦，乡村大道，所有的山珍土产都得从此上路，所有的英雄儿女，都得在这上面出出入入；凡是前来的都有远大的前程，不来的只得老死狭谷。

青松歌②
郭小川

青松哟，是小兴安岭的旺族，小兴安岭哟，是青松的故土。咱们小兴安岭的人啊，与青松亲如手足。一样的志趣，一样的风度，一样的胸怀，一样的抱负。青松啊，是咱们林业工人的形图！

ü与u的历史关系密切，这两个韵母的押韵事例及其语音的近似性，可允许ü与u通押韵，并仅限u、ü之间，不能扩大到i、u之间。

u、ü单押的实例也很常见，如：

知音常相聚③
郑南

难得知音，难得相聚，难数人生十二律，走过小桥流水，走过黄钟大

---

① 李丽中编：《郭小川代表作》，黄河文艺出版社1986年版，第135页。
② 李丽中编：《郭小川代表作》，黄河文艺出版社1986年版，第174、178页。
③ 郑南：《走向诗神》，花城出版社1999年版，第194页。

吕，走出红楼梦，走进长城梦，你的故事有我扮演，我的故事有你继续。

难得开场，难得结局，难得台前又相遇。该来的早已到来，该去的不忍离去。谁在谁心上，谁在谁梦里，拆不开人间的男男女女，你的昨天任我剪裁，我的明天任你继续。

噢，同哭一场悲剧，噢，同笑一场喜剧，小舞台本是大世界，上上下下共演一出人间正剧。

知音常相聚，知音常相聚……

炮打英国府
北京儿歌

吃面不搁酱，炮打交民巷；吃面不搁卤，炮打英国府；吃面不搁醋，炮打西什库。

第四种通押类型实例：

（1）方音入韵。

（a）u、ou 通押例如下：

行军壶[①]

红军长征到乌江边，乌江天险挡住路，惊涛万丈卷白雪，天兵天将难飞渡，痛饮壶中祖国水，人民苦心记心头。炮火之中架浮桥，天险变通途。

我愿油成海[②]

石油已自给，我心并不足。我愿油成海，淹没五角楼。

戊辰中秋玩月黄鹤楼[③]
涂炳春

悠悠扬子水，巍巍黄鹤楼。皓月挂飞檐，长虹跨激流。龟蛇特唇

---

① 引自郑林曦《怎样合辙押韵》，北京出版社1980年版，第22页。
② 引自高元白《新诗韵十道辙儿》，陕西人民出版社1984年版，第21页。
③ 引自李慎行《诗韵探索》，陕西旅游出版社1996年版，第85页。

伍 诗歌通押与韵部归纳的关系

齿，轮笛应鼓桴。三楚雄风在，晴川好个秋。

(b) -n、-ng 通押例如下：

赞群英①

男女老少齐出征，青年劲头赛赵云，壮年力气赛武松，少年儿童像罗成，老年干活似黄忠，干部计算胜孔明，妇女赛过穆桂英，社员个个胜古人。

现代京剧唱词里 en、eng、ong 有通押的情况，如阿庆嫂的唱词：

沙家浜唱词②

程书记派人来送信，伤员今夜到镇中。封锁线上来接应，须防巡逻的鬼子兵。

其他的例子还有很多：

周总理，我们怀念您③

道上，人们哀哭不成声，但愿是恶梦。室内，人们哀哭不成声，但愿是虚惊。我稍一凝神，就听到总理的声音。稍一凝视，就看到总理的笑容。我们总是不敢想，总是泪水透衣襟。

我的心律④

邹荻帆

怎么能宁静啊，心韵！
有来自天上的黄河、长江流过

---

① 引自高元白《新诗韵十道辙儿》，陕西人民出版社1984年版，第26页。
② 引自高元白《新诗韵十道辙儿》，陕西人民出版社1984年版，第26页。
③ 引自高元白《新诗韵十道辙儿》，陕西人民出版社1984年版，第29页。
④ 柯岩、胡笳主编：《"与史同在"当代中国新诗选》（下），作家出版社2005年版，第196页。

普通话的分韵及韵谱字汇

有长城起伏的女墙和碉楼的投影。
千古历史的风流怎能数尽？
神农氏尝遍百草而稼穑
大禹凿开洪灾中的龙门
甚至传说孟姜女哭断长城……
爱情岂能在心律上是冻结的寒冰？
还有那黄昏中沙漠的驼铃
南方白鸟的羽扇纶巾
芦叶吹奏的故乡音情
……

夜莺飞去了①

闻捷

夜莺飞去了，
带走迷人的歌声；
年轻人走了，
眼睛传出留恋的心情。
夜莺飞向天边，
天边有秀丽的白桦林；
年轻人翻过天山，
那里是金色的石油城。
夜莺飞向天空，
回头张望另一只夜莺；
年轻人爬上油塔，
从彩霞中瞭望心上的人。
夜莺怀念吐鲁番，
这里的葡萄甜、泉水清；
年轻人热爱故乡，
故乡的姑娘美丽又多情。

---

① 章亚昕主编：《百年新诗（社会卷）》，百花文艺出版社2012年版，第104—105页。

伍 诗歌通押与韵部归纳的关系

夜莺还会飞来的,
那时候春天第二次降临;
年轻人也要回来的,
当他成为一个真正矿工。

高元白说:"我们说 en、eng、ong 应该组成一道'合成韵辙儿',是就普通话标准音而言的。有的同志误会了这个意思,他说:这么搞,岂不妨碍普通话的推广吗?否!上文已经说过了,不能把'押韵'与'正音'混为一谈。教学正音,必须审音从严;作诗押韵,则可辨韵从宽。但这不是说否定北京音系内部的语音差别。不是说'人'和'仍'都念成 ren 或 reng;'身'和'生'都念成 shen 或 sheng。广大诗人群众的长期押韵实践,在区别前后鼻音的两条窄路上走出一条 en、eng、ong 通押的宽路,已得到群众实际上的公认,现在被我们认识了,肯定了,把它叫做《风》韵辙儿。"[1] 汉语诗歌押韵传统中,韵尾在押韵中的作用仅次于韵腹,不同韵尾之间很少押韵,尤其是-n、-ng 之间少见押韵实例。

(2) 古韵入韵
(a) i/ei 通押实例。如下:

赞开盲自读毛主席著作[2]
登第

只恨万恶旧社会,害得穷人不识字。"开盲自读"真及时,解决愚昧大问题。

周总理,我们怀念您[3]

最可恨王、张、江、姚,这帮败类!他们疯狂迫害周总理,罄竹难书,罪行累累。他们无耻诬告周总理,遭到毛主席严厉痛斥;他们恶毒攻击周总理,天地不容,人民反对!/乌鸦的翅膀,岂能遮住太阳的光辉?!"四人帮"的造谣,污蔑,只能是苍蝇悲泣,恶狗狂吠!

---

[1] 高元白:《新诗韵十道辙儿》,陕西人民出版社 1984 年版,第 30 页。
[2] 引自高元白《新诗韵十道辙儿》,陕西人民出版社 1984 年版,第 22 页。
[3] 引自高元白《新诗韵十道辙儿》,陕西人民出版社 1984 年版,第 23 页。

八月初抵南京入中央大学①
霍松林

六代繁华梦,八年沦陷悲。劫收忙大吏,供给苦遗黎。南复雍开讲,多士又盈墀,致富图强路,抠衣问导师。

(b) ɑi/ei 通押实例。如下:

七律·和郭沫若同志②
毛泽东

一从大地起风雷,便有精生白骨堆。僧是愚氓犹可训,妖为鬼蜮必成灾。金猴奋起千钧棒,玉宇澄清万里埃。今日欢呼孙大圣,只缘妖雾又重来。

上述押韵实例已经超出了普通话韵母体系允许的通押范围。这一通押类型里的押韵韵字,语音上对立明显,很难找出语音上的近似性,音位上没有互补关系,在语感上也算不上悦耳,是特殊情况下的通押,不能作为常例看待,更不应提倡。

四 诗歌通押关系的本质

通押不是诗歌押韵的必然要求,也不是押韵的常例,因为通押不符合韵脚和谐的艺术要求,只是一种变通的艺术手法,通押的艺术效果自然没有严韵来得好。罗常培先生说:

> 如果为押韵宽松,这种合并法(按:指十三辙里的一七辙)当然可以的;至于说听起来很顺,很自然,那却不见得!否则从北宋邵雍的皇极经世声音唱和图起就不会把"资雌私"等另眼看待。我听见京韵大鼓里"时""期""去"等一七辙的押韵,往往觉得不顺耳;同

---

① 引自李慎行《诗韵探索》,陕西旅游出版社 1996 年版,第 126 页。
② 毛泽东:《毛泽东诗词》,天津人民出版社 1993 年版,第 114 页。

时对于一位有名的评戏艺人把"时""吃""知"等字都念成"一"韵，也觉得不很自然！所以我们要创作新曲艺，除非必不得已，能避免混用，最好避免。①

温颖《论十三辙》里针对通押关系也说过：

所谓通押就是不能任意混押，只能以一韵为主，偶而夹杂着用另外的韵，采取"滥竽充数"的手法。如果任意混用，听起来就很不顺耳。十三辙认为完全相押，而不是通押，十八韵但言分韵，没有指出可以通押。都不够完全。

……

通押只是收到"不刺耳""不别扭"的消极效果，不能收到和谐悦耳的积极效果。在戏剧中不刺耳、不别扭的韵目也可以用，和谐悦耳的积极效果可以由乐器来弥补。从这种意义上说，戏曲韵目比诗歌韵目略宽一些。②

实际上，诗歌押韵实例中，单押严韵的情况是非常普遍的。那些没有通押现象的严韵韵部，自不待言，即使那些普遍存在一些通押关系的各严韵韵部，单押也不乏其例。单押韵部需要诗人具有较高的驾驭字音和遣词炼字的能力。

总之，通押不过是一种变通的艺术手段，虽不能避免，但也不宜泛滥，更不宜提倡。

---

① 罗常培：《北京俗曲百种摘韵·自序》，天津古籍出版社1986年版，第8—9页。
② 温颖：《论十三辙》，《语文研究》1982年第2期。

陆　普通话韵母系统的审音及分韵原则

我们在前面几个部分里，讨论了我国诗歌押韵的传统；新诗韵书的产生背景、编纂历程、种类、分韵差异及其原因；讨论了十八韵系统和十三辙系统的韵书存在的一些问题；还特别提出了对新诗通押的认识态度。其实无论在哪个时代，也不管是哪个学者，在编纂韵书时，需要解决的最根本的问题就是如何划分韵部的问题。划分韵部就必须分析语言里的韵母系统，分析韵母系统就需要审音。审定韵母系统的类别、构成、韵母间的对立互补关系，是分韵的基础性工作。因此，要编纂普通话新诗韵书首先要进行的就是对普通话的韵母进行审定，然后是明确分韵的原则。

一　普通话韵母系统的审音

（一）普通话韵母系统的审音历程

我国自古就是民族（部族）众多、语言复杂的国家（包括历代不同的国家形式），要是没有全国通行的共同语，就很难维系国家的正常运行和文化的统一。我国至少在春秋时期就有了共同语的雏形——雅言。其后，汉代有通语，六朝至唐宋有正音，明清有官话，这些都是共同语在不同历史时期的称谓。[①] 就共同语的语音系统而言，历代共同语的审音都特别强调书面语的语音标准，如唐宋时期官颁的《切韵》系韵书、明代的《洪武正韵》、清代的《音韵阐微》等都是书面语的语音标准。这些韵书审定的"标准音"系统能否一一落实到口头上，要打上大大的问号。历史上各个时代的口语系统的语音更是缺乏明晰的、音系结构一致的音系标准。自秦

---

① 张玉来：《汉民族共同语形成问题》，《汉语音韵学第六次国际学术讨论会论文集》，香港文化教育出版社2000年版。

汉以来，全国虽然大致维持着口头交流的口语音系系统，但弹性比较大，规范程度差。① 然而，通过对历代诗歌等韵文用韵的研究，我们可以发现历代口语性较强的诗歌，比如先秦的《诗经》和歌谣、汉乐府、六朝民歌乃至后来的宋词、元曲、明清时调等，其用韵规则大体一致，这又说明历代共同语口语虽然缺乏严格的音系规范，但其通行性、认可度都较高，其本身一定存在核心而稳定的音系框架。

现代汉民族共同语，自民国初年"国语意识"（"共同语意识"）确立以后，北京话音系就是国语（含后来的普通话）最重要的参照标准，虽然一开始并非所有人都能接受其作为共同语的标准音，但是经过了一番争议和磨折之后，这一音系作为共同语标准音已经落地生根，并深入人心。从"老国音"（1913—1928）到"新国音"（1932—1958）、"普通话"（1958— ）的转变，实际就是审音依据的改变。这中间发生的审音观念和审音行为的变化，前已论述（见《贰 普通话韵书的百年编纂历程》），这里不再重复叙述。我们今天所见的《汉语拼音方案》里的《韵母表》就是历经曲折之后的最终审音成果。

《汉语拼音方案》的《韵母表》在老国音时期就已基本成形，经过新国音和普通话时期的审音定夺，才于1958年2月由第一届全国人民代表大会第5次会议批准公布。《韵母表》作为《汉语拼音方案》的一部分，正式成为法定韵母系统。60多年来未曾有过修订。从学术上讲，《韵母表》实际还存在着不少问题，学术界一直有不同意见。正是因为《韵母表》本身存在问题，自然就会在一些应用领域，特别是在编纂普通话的韵书时产生了不少分韵上的分歧，造成了不小的社会纷扰。

这个《韵母表》主要存在五个方面的问题：（一）i 韵母承载失当、（二）er 韵母缺失、（三）ê（せ）韵母缺失、（四）e 行的 e/ie/üe 三个韵母的韵腹音值不同、（五）ong 行位置有误。产生这五个方面的问题的原因已在《叁 普通话韵书间存在的歧异·三、各新诗韵书间分歧的原因》里讨论过了，此处不赘。

---

① 张玉来等：《历史书面文献音系"存雅求正"的性质与汉语语音史研究》，《语言研究》2016年第3期。

（二）普通话韵母系统的再审音

我们所论及的《韵母表》存在的五个方面的问题都跟韵母的审音有关，是审音不够严密造成的。"审音"本是乐律用语，最早是指辨析、审正音乐的音律。《礼记·乐记》："是故审声以知音，审音以知乐，审乐以知政……"① 后来就用到了审正字音方面，如清人李渔在《笠翁一家言诗词集》里说："古人造字审音，使居平仄之介……"② 音韵学界所讲的审音跟李渔理解的大致相同，是指专家通过对某个具体音系里的词语的读音予以辨析，确定其正确的读法，并分析、归纳出其声韵调（音位）系统。审音是制定拼音文字或注音方案的基础性工作，审音如果有讹误，制定的方案自然就会存在问题。汉语韵母审音的核心工作有两个方面：一是韵母的音值描写，二是韵母的音位归纳。《韵母表》存在的五个方面的问题都跟这两个方面的工作存在缺失相关联，要解决好这五个方面的问题，就必须严格韵母的语音描写，正确地归纳韵母音位，检视过往的审音缺失之原因。今从音值描写和音位归纳两个方面重新检视《韵母表》。

1. 韵母的音值描写问题

普通话韵母中存在语音描写不够准确并影响音位归纳，进而影响到韵部归纳的韵母有 ê、e、ie、üe 四个。

根据《汉语拼音方案》的《韵母表》下的说明，ê 韵母具有特殊性，似乎在《韵母表》内不便安排。ê 的音值从老国音审定以来，就描写成 [ɛ]，直到今天还有很多人这样认为，如黄伯荣、廖序东主编的《现代汉语》就将 ê 跟 ie、üe 的韵腹都描写成 [ɛ] 并构成如下四呼关系③：

表 6-1　　　　　　　　　ê、ie、üe 的四呼关系

开	齐	合	撮
ê [ɛ] ㄝ欸	ie [iɛ] ㄧㄝ耶		üe [yɛ] ㄩㄝ约

---

① 见《礼记·乐记》，陈澔注、金晓东校点本，上海古籍出版社 2016 年版，第 427 页。
② 李渔：《李渔全集》第 2 卷《笠翁一家言诗词集》，浙江古籍出版社 1991 年版，第 516 页。
③ 黄伯荣、廖序东主编：《现代汉语》（增订第六版），高等教育出版社 2017 年版，第 51 页。

陆　普通话韵母系统的审音及分韵原则

这一四呼关系也是黎锦熙等十八韵系统中的"皆"韵成立的依据。往前说，十三辙"乜斜"韵包含的也正是 ie［iɛ］、üe［yɛ］；再往前说，就是《中原音韵》的"车遮"韵的形式。这样一来，《韵母表》里的 e 就不能跟 ie、üe 匹配四呼，而跟 ie、üe 匹配四呼的应是 ê，如表6-2。

表6-2　　　　　　　　　　e、ê、ie、üe 的四呼关系

开	齐	合	撮
e［ɤ］			
ê［ɛ］	ie［iɛ］		üe［yɛ］

可是，如果如此处置，e 就自成一行了，没有了与其搭配的齐、合、撮呼的韵母了，破坏了《韵母表》的格局。e 的读音，根据周殿福、吴宗济（1963）描写的普通话元音舌位图（见图6-1），其舌位较高，在半高之上，比［o］的开口［ɤ］还要高，① 许多人描写为［ɤ］或［ə］，如《汉语方音字汇》就描写成［ɤ］。②

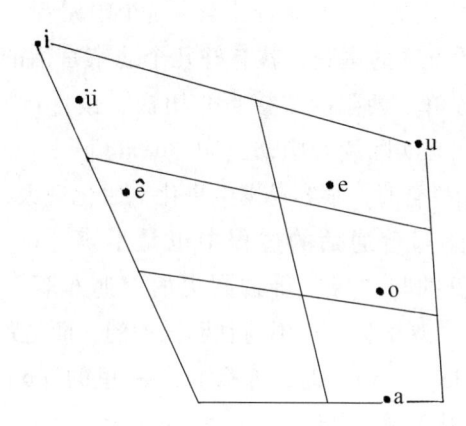

图6-1　普通话元音舌位图（周殿福、吴宗济，1963)

e［ɤ/ə］如果不与 ie/üe 搭配，那么《韵母表》的 e、ie、üe 的搭配形式就是错的。如果 ê 跟 ie、üe 相配是事实，那么《韵母表》为何会拿 e

---

① 周殿福、吴宗济：《普通话发音图谱》，商务印书馆1963年版，第18页。
② 北京大学中国语言文学系语言学教研室：《汉语方音字汇》，语文出版社2003年版，第7页。

普通话的分韵及韵谱字汇

与ie、üe相配而弃用ê呢？这应该有其审音的道理。据林涛、王理嘉论证："(ê) 读音很不稳定，一般用半低前元音 [ɛ] 来代表，语气不同，[ɛ] 的舌位也产生一些变化，甚至可以读成 [ei]。"① ê韵母所表示的"欸诶"等字都是叹词，在北京话里，ê只出现在零声母音节，ei不出现在零声母音节，实际有互补关系；ê作为一个单元音韵母，其音值比 [ɛ] 高，近乎 [e]，[e] 与 [ei] 只有极少动程的差别，语音上极为相似。② 事实上，"欸诶"等字就有ei一读，因此，ê完全可以跟ei韵母合为一个韵母。在实践上也已经有人将ê与ei合并，如朱光林的《现代汉语诗韵》、盖国梁的《中华韵典》等。如此一来，ê就成了边缘性音位，就没有必要单独存在。ê的读音问题，在普通话审音时，审音专家应该是注意到了，因此，没有采用新国音的形式，让ê与ie、üe相配，而是采用e（ㄜ）、ie、üe相配。由于历史的惯性，ie、üe的元音的注音字母还是注成了ㄝ。

《汉语方音字汇》(2003) 描写ie、üe里的e的实际音值是半高的 [e]；徐世荣 (1980) 的描写则是比 [e] 低、比 [ɛ] 高的 [E]。③ 因此，不管ie、üe里的e是 [e] 还是 [E]，总之要比 [ɛ] 高得多，它不是半低的前元音，应该是一个高元音，至少是个中元音 [ə]。根据张世方 (2010) 对北京官话方言的调查，就有好几个北京官话的方言点的ie、üe是读 [ə] 的，如赤峰、朝阳的"接野介切铁"读 [iə]、"雪缺绝"读 [yə]。④ 这是因为，在实际读音中，当ie、üe（[e]/[E]）与z/c/s、j/q/x等舌齿声母相拼合时，很容易发生央化、后化现象，而读成 [ə] 或 [ɤ]。我们在实际学习普通话的过程中也是不辨 [ie]/[iə]/[ye]/[yə] 的。北京话里的与"皆"等古同类的"遮车奢"早就读 [ɤ] 或 [ə] 了。十三辙里"遮车奢"也不与乜邪辙押韵，而是跟梭波辙同韵了。

当ie、üe读 [iə]、[yə] 时，那么ie、üe里的 [ə] 就与单韵母的e [ɤ] 实际具有了互补关系，[ə] 出现在i/ü之后，[ɤ] 则相反，可以统一写作 [ə]。这样一来，e、ie、üe的关系就成了表6-3：

---

① 林涛、王理嘉：《语音学教程》，北京大学出版社2013年版，第49页
② 林端：《现代汉语中的e、ê音位略说》，《新疆大学学报》1979年第4期。
③ 徐世荣：《普通话语音知识》，文字改革出版社1980年版，第33页
④ 张世方：《北京官话语音研究》，北京语言大学出版社2010年版，第240—242页。

表 6-3　　　　　　　　　e、ie、üe 应有的关系

开	齐	合	撮
e [ə]	ie [iə]		üe [yə]

如此这般分析以后，ê、e、ie、üe 四个韵母就可重新搭配，可以形成表 6-4 的韵母关系：

表 6-4　　　　　　　　　ê、e、ie、üe 的另一种搭配关系

开	齐	合	撮
e [ə]	ie [iə]		üe [yə]
ei (ê [e])		uei	

如此看来，《韵母表》里的"e、ie、üe"的搭配形式是正确的。《汉语拼音方案》中应该取消 ê 的设置，它实在没有必要单独出现。《韵母表》里 ie、üe 后面标注的注音字母也不应该是 せ，而应改为 ㄜ。

2. 音位归纳要合理

《韵母表》虽是音位化的韵母系统，但是归纳的结果存在瑕疵。音位归纳既要符合对立互补的原则，更要符合语感的语音相似性原则。有的韵母之间根据对立互补原则可以合并为一个韵母，可是根据语感，它们并不能合并。从音位归纳的角度看，《韵母表》有以下几组韵母需要讨论：

（1）功能单一的三个韵母音位 ɿ、ʅ、ɚ

《韵母表》中没有出现 ɿ、ʅ、ɚ 三个韵母。ɿ、ʅ 合并到了 i 韵母里，ɚ 干脆没有出现。这三个韵母都是功能单一的韵母，只拼一类声母或没有声母，如表 6-5：

表 6-5　　　　　　　　　功能单一韵母的拼合关系

功能单一的韵母	拼合的声母
Ï　　[ɿ]	z　　c　　s
Ï　　[ʅ]	zh　ch　sh　r
er　　[ɚ]	∅

普通话的分韵及韵谱字汇

[ɤ/ʅ] 归并为一个音位，符合对立互补原则，语感上也十分接近，可以处理为一个韵母，语音学界意见也不大，可以用 ï 表示，注音字母用的是"帀"。可是，它们与 i 归并为一个音位，就有语感的分歧，各家处理起来不易一致。既然不能取得一致意见，最好的办法就是不要归并，普通话里应保持 ï 与 i 的对立比较符合系统性原则，正好可以让《韵母表》的第一行四呼整齐，如表 6-6：

表 6-6　　　　　　　　《韵母表》应有的四呼关系

开	齐	合	撮
ï	i	u	ü

历史上，ï 与 i 在《中原音韵》里分归支思和齐微两韵，支思韵单押的多，与 i 合押的少。虽然十三辙将它们合为一辙，实际押韵中，也有互押的实例，但是，在语音感受上还是有不少的差异，那些合押的现象，只能说不是太和谐的押韵。

er 韵母无论是音值上还是语感上，都无法跟其他韵母合并，在《韵母表》中没有出现是不得已的一种处理方式，因此，还是单独作为一个音位处理比较妥当。

（2）e 应归属 o

韵母 e 的读音是 e [ɤ]，学界没有异议。前已论述，e [ɤ] 可以与 ie、üe 搭配四呼（实际只有开齐撮三呼）关系。但是，e [ɤ] 除了可以与 ie、üe 搭配四呼关系外，根据 e 的读音实际、互补关系及其押韵时的语感，它又可以与 o、uo 构成开、合口互补关系，其音位互补关系如表 6-7：

表 6-7　　　　　　　　　e 与 o 的互补关系

开口	合口	合口
e [ɤ]	o [o]	uo [uo]
b p m f 外其他声母	限 b p m f	b p m f 外其他声母
德个和者	波婆末佛	多过活卓

e 跟 o 合并为同一个韵母音位，当无问题，o 仅仅限于拼合四个唇音声母，而 e 恰恰不拼这四个声母，也就是说，bo、po、mo、fo 可以分别读成

be、pe、me、fe，而不会产生歧义。从音韵来源上说，e、o 也有互补关系，它们基本都来自《中原音韵》的歌戈韵。傅懋勣早就认为"o 音位在北京话的一般词里是不存在的"，凡是拼 o 的都可以写成 e。① 这是十分正确的认识。如此，e（o）即可与 uo 构成开合搭配的韵母系列。

（3）ê 应归属 ei

前已论述 ê 的音值是 [e]，不跟其他元音或辅音组合，是功能极低的韵母。鉴于 ê 与 e [ɤ/ə] 在零声母音节存在对立，即"欸"与"鹅呃诶饿"对立，ê 没有跟 e 合并的可能。ê 韵母所拥有的"欸诶"等字都是叹词，极少用于押韵，因此，它完全可以跟 ei 韵母合为一个韵母。ê 只出现在零声母音节，ei 不出现在零声母音节，实际有互补关系。王辅世（1963）说："诶（ê）只有语气词'诶'，一方面用途太狭，另一方面语气词的发音并不固定，同一语气词的发音不仅因人而异，即同一人因时间、地点不同，也有不同。况且北京话中的语气词还有许多拿一般的韵母表示不出来的，把语气词的韵母全部收入音系，不但不必要，而且不可能，所以诶可以并入欸（ei）。"②

ɑi 与 ê 在语音相似性上差别较大，在零声母音节也有对立（如：欸与哀），二者不具互补关系，不能合并为同一音位。

（4）ie、üe 的归属

前已论述 ie、üe 读 [ie] [ye] 或 [iE] [yE]，可以跟 e [ɤ/ə] 构成互补关系。对此，王辅世（1963）论述说："耶一般标作 ie，有的标作 iɛ 或 iɤ。这个韵的实际音值是 iE，所以标作 ie 或 iɛ 接近实际音值。但由音位学的观点来看，北京音中，ɤ 自己永不前接 i，以 iɤ 代表 iE 决不会产生意义上的混淆，同时还便于看出北京音韵母的系统性，因而是比较好的。不过因为音位符号与实际音值相差太远，应当在标音时采取补充说明办法：在列韵母表时，可以在表内用音位标音，也就是把耶标作 iɤ，在行文时可以在音位符号后面用括弧括起实际音值，标作 iɤ（E）。"③ 他还说，约（üe）与 ie 相同，应写作 yɤ。④

---

① 傅懋勣：《北京话的音位和拼音字母》，载《中国语文》1956 年 5 月号。
② 王辅世：《北京话韵母的几个问题》，《中国语文》1963 年第 2 期。
③ 王辅世：《北京话韵母的几个问题》，《中国语文》1963 年第 2 期。
④ 王辅世：《北京话韵母的几个问题》，《中国语文》1963 年第 2 期。

普通话的分韵及韵谱字汇

那么，过往的处理方式中，为何有的会出现 ê 跟 ie、üe 搭配的处理呢？我们来看看黎锦熙等的十八韵系统就会明白其中的原因了。表 6-8 是十八韵系统 ê 跟 ie、üe 的处理方式：

表 6-8　　　　十八韵系统的 e、ê、ie、üe 的处理方式

e	歌	甲	哥		甲通波
		乙	车		乙通皆甲
		丙	鸽		
ê、ie、üe	皆	甲	爹	靴	甲通歌乙
		乙	诶	阶	
		丙	鳖	缺	

表 6-8 显示，ê 跟 ie、üe 搭配的处理方式明显是受到了《中原音韵》和十三辙系统的影响。下面表 6-9 是北京话里 ê、e、ie、üe 的来源关系。

表 6-9　　　　北京话 ê、e、ie、üe 的来源

北京话	ê [e/ei]	e [ɤ]	ie [iɤ]	üe [yɤ]
中原音韵		歌戈 [o] [uo]	皆来 [iai]	车遮 [ɛ] [iɛ] [yɛ]
	欸诶	曷开一喉牙：葛渴 歌开一喉牙：歌鹅何 戈开一喉牙：科讹和禾 铎开一：各恶 陌开二：格客 麦开二：责隔核 德开一：特勒塞	佳开二：解懈街 皆开二：皆介谐	月开三：揭歇 屑开四：憋撇铁节结切 薛开三：别列 戈开三：茄 叶开三：猎接 帖开四：蝶协 业开三：劫胁 麻开三：邪姐些	觉开二：觉岳学确 月合三：厥阙越 屑合四：缺血 薛合三：阅 戈合三：瘸靴 药开三：略却约
				薛开三舌齿：哲撤舌 叶开三舌齿：辄 麻开三舌齿：遮车蛇社	

注：表内虚线之间的字韵母同类。

从表 6-9 可以看出，e [ɤ] 来自《中原音韵》歌戈韵和车遮韵的舌

齿（已是卷舌声母）音字；而 ie/üe 则来自皆来（除了佳皆开二的字）和车遮韵，它们在《中原音韵》都是低元音［ɛ］。因为这个缘故，自老国音审音以来，就忽略了现代北京话中 ie/üe 已经读成央中元音或高元音的事实，而人为审定其为［iɛ］和［yɛ］，从而导致 ie/üe 与其开口呼的搭配出了问题。

综合上述各点，e［ɤ］与 ie、üe 构成四呼（缺合口）搭配，ie、üe 的韵腹不再是低元音（［ɛ］）的《中原音韵》车遮韵的形式，而是 e［ɤ］、ie［iɤ］、üe［yɤ］的搭配形式；e［ɤ］与 o 构成互补关系，从而与 uo 构成开合搭配。e［ɤ］与 ie、üe 四呼搭配形式中，正好缺少合口呼，与 e（o）构成开合关系的合口 uo，正好可以填入 e、ie、üe 中，构成 e、ie、uo、üe 一组完整的四呼形式，形成如表 6-10 所示的搭配关系：

表 6-10　　　　　　　　e、ie、uo、üe 四呼搭配

开口	齐齿	合口	撮口
e［ɤ］	ie［iɤ］	uo（［uɤ］）	üe［yɤ］

另外，表 6-9 中，"欸诶"二字，《中原音韵》未收。欸，《广韵》有乌开、於改等切，前者属哈韵，后者属海韵，按音变，当读 ai 韵母。诶，《广韵》许其切，按音变当读 i 韵母。这两字在现代北京话里都是叹词，读音不稳定，前已归 ei 韵母。

（5）iai 韵母是否设置

据《汉语方音字汇》的描写，北京话里"崖涯"（佳开二）等字的韵母是 iai，老国音时期的韵母也有 iai 韵母，但是《韵母表》内并没有 iai 这个韵母。从历史的演变规则考虑，《中原音韵》皆来韵的佳开二（解懈街）、皆开二（皆介谐）等的韵字与"崖涯"同类，应同读 iai 韵母，但是，iai 韵母由于韵头、韵尾都是高元音 i，很容易使韵腹高化、单元音化，很多官话方言，比如济南话，像"解街皆"等字就读成了 iɛ 韵母，再进一步变化，就是北京话的 ie（iɤ）韵母。考虑到北京话里这些字大部分读 ie（iɤ）或 ai，iai 韵母可不予单独设置。

（6）io 韵母是否设置

《新华字典》和《现代汉语词典》收有 yo，其注音字母为ㄧㄛ，写成拼

普通话的分韵及韵谱字汇

音形式就是 io。但是《韵母表》内并没有 io 韵母，这个韵母要不要设置是个问题。查 io 韵母下只有"育杭育""哟""唷哼唷"等叹词，叹词的读音不稳定，属于边缘性音位，而实际读音中，也可以读作 ie 或 üe 韵母。综合起来看，io 可以合并到 ie 韵母中，没必要单独设置一个韵母。

（7）ong／iong 的处理

王力先生认为《中原音韵》的东钟/庚青合并为中东是从明清时代开始的，既然 en、in、un、ün 能合，中东/庚青也应该合并。① 我们完全同意王力先生的意见。这样一来，eng 行和 ong 行可构成表 6-11 所示的四呼关系：

表 6-11　　　　　eng 类韵母与 ong 类韵母的互补关系

开	齐	合		撮
eng [əŋ]	ing [iəŋ]	ueng [uəŋ]	ong [uŋ]	iong [yŋ]
亨	京	翁（限零声母音节）	工（非零声母音节）	迥

根据音位分布和押韵实际，eng 和 ong 两类韵母完全互补，处理做一套韵母绝无问题。

早在 1963 年，王辅世先生就将北京话里的韵母音位进行了不同于《韵母表》的描写，如表 6-12（34 个韵母音位）②：

表 6-12　　　　　王辅世（1963）所定北京话韵母四呼关系

韵尾	类别	四呼	开口呼	齐齿呼	合口呼	撮口呼	变卷舌韵的规则
开尾	乙		日 [ɿ]	衣 [i]	乌 [u]	迂 [y]	ɿ 变 ər；i、y 后加 ər，u 后加 r
	甲		啊 [a]	呀 [ia]	蛙 [ua]		
	乙		鹅 [ɤ]	耶 [iɤ]	窝 [uɤ]	约 [yɤ]	后加 r
u 尾	甲		熬 [au]	腰 [iau]			
	乙		欧 [ɤu]	忧 [iɤu]			

---

①　王力：《汉语语音史》，中国社会科学出版社 1985 年版，第 428 页。
②　王辅世：《北京话韵母的几个问题》，《中国语文》1963 年第 2 期。

续表

韵尾\类别	四呼	开口呼	齐齿呼	合口呼	撮口呼	变卷舌韵的规则
i 尾	甲	哀 [ai]		歪 [uai]		去 i、n 尾后加 r
i 尾	乙	欸 [əi]（ei/ê）		威 [uəi]		去 i、n 尾后加 r
n 尾	甲	安 [an]	烟 [ian]	弯 [uan]	冤 [yan]	
n 尾	乙	恩 [ən]	因 [iən]	温 [uən]	晕 [yən]	
ŋ 尾	甲	昂 [aŋ]	央 [iaŋ]	汪 [uaŋ]		去 ŋ 尾，主要元音鼻音化，后加 r
ŋ 尾	乙	僧 [əŋ]	英 [iəŋ]	翁 [uəŋ]	雍 [yəŋ]	去 ŋ 尾，主要元音鼻音化，后加 r

我们认为王辅世先生的描写跟我们的上述分析一致。但是，观察王辅世先生的韵母音位处理方式，可以发现，其中还有可以进一步修订的空间：(1) 主要元音 [ɤ]（鹅类）与 [ə]（欧类、恩类、僧类、欸类）实际具有互补关系，它们所搭配的韵尾完全不同，没有必要分为两个，可以用 [ə] 代表。(2) 表 6-12 内没有儿韵母 er [ɚ]，应该补出。王辅世先生之所以没有合并 [ɤ]（鹅类）与 [ə]（欧类、恩类、僧类、欸类）的韵腹元音，主要是考虑了儿化韵中存在这两类的对立，我们将在后面再行讨论，这里不展开。

这样一来，普通话的韵母音位共有 35 个韵母音位，可以描写成表 6-13：

表 6-13　　　　　　　　　新订北京话韵母四呼关系

韵尾\类别	四呼	开口呼	齐齿呼	合口呼	撮口呼	变卷舌韵的规则
开尾	乙	儿 er [ɚ]				ɤ 变 ər；i、y 后加 ər，u 后加 r
开尾	乙	日 ï [ɣ/ʅ]	衣 i [i]	乌 u [u]	迂 ü [y]	ɤ 变 ər；i、y 后加 ər，u 后加 r
开尾	甲	啊 a [a]	呀 ia [ia]	蛙 ua [ua]		
u 尾	乙	鹅 e/o [ə]	耶 ie [iə]	窝 uo [uə]	约 üe [yə]	后加 r
u 尾	甲	熬 ao [au]	腰 iao [iau]			后加 r
u 尾	乙	欧 ou [əu]	忧 iou [iəu]			后加 r

普通话的分韵及韵谱字汇

续表

韵尾＼四呼＼类别		开口呼	齐齿呼	合口呼	撮口呼	变卷舌韵的规则
i 尾	甲	哀 ai［ai］		歪 uai［uai］		去 i、n 尾后加 r
	乙	欸 ei/ê［əi］		威 u［uəi］		
n 尾	甲	安 an［an］	烟 ian［iɑn］	弯 uan［uan］	冤 üan［yan］	
	乙	恩 en［ən］	因 in［iən］	温 un［uən］	晕 ün［yən］	
ŋ 尾	甲	昂 ang［aŋ］	央 iang［iaŋ］	汪 uang［uaŋ］		去 ŋ 尾，主要元音鼻音化，后加 r
	乙	僧 eng［əŋ］	英 ing［iəŋ］	翁 ong/ueng［uəŋ］	雍 iong［yəŋ］	

表 6-13 内，除开尾乙类单元音韵母（ï［ɿ/ʅ］、［ɚ］、［u］、［y］）外，其他单元音韵母及复元音韵母、鼻音韵母的韵腹元音（主要元音）实际只有两个：［a］和［ə］。开尾乙类单元音韵母除了独成基本音节的卷舌［ɚ］外，［a］是开口，其他三个既可以单独成韵母，也可以做韵头。

陈保亚（2010：519—523）在分析普通话元音音位时归纳出五个互相对立的元音音位：即：/i/、/u/、/y/、/a/、/ɤ/，并主张舌尖元音 ɿ、ʅ 合并为一个音位/ï/，另加 ɚ 音位。他还特别提及 ɿ、ʅ 合并为一个音位/ï/，是因为这两个音是押韵的，能互相押韵是断定是否相似的重要标准。陈保亚的这一分析结果跟我们上述分析结果一致，只是他用/ɤ/表示中元音，我们用/ə/表示中元音。

表 6-13 中的 35 个韵母音位是根据对立互补和语音近似关系归纳出来的，较之原《韵母表》在审音上、音位归纳上以及系统性方面都更为合理。当然，《韵母表》已行之多年，并有法定身份，再考虑各项社会成本，可不更改字母搭配，在使用中加以说明，似也可勉强接受。

二 普通话的分韵原则

（一）语音分析要符合现代语音学原理

赵京战《中华新韵》（14 部）是中华诗词学会推荐的韵书。但是，他在分析语音时存在严重的不符合语音学原理的问题。例如,他将支($\gimel$)韵与齐韵(i、er、ü)分为两部,其理由是"支"的韵母"只是书写形式的要求,并不参加与声母相拼,因而是不发音的,故称'零韵母'。"① 无独有偶,王曾《现代汉语诗韵新编》(15 部)也认为:"声母字,即没有韵母的字。如'知、蚩、诗、日、资、雌、思'等 7 个音,都是只有声母,没有韵母,相当于古韵中的[四支]韵。"② 王曾比赵京战走得更远,把"资、雌、思"也包括进无声母类。

赵、王两位的认识严重违背语音学原理。语音学的研究成果证明,在人类语言的一个音节中,元音一般是不可缺少的,虽然个别浊辅音可以独成音节(如 m/n/ŋ/g),但是清辅音不能独成音节,因为清辅音是声带不震动的,是无声的气流形式,如果它自成音节的话,就没法进行语言交流。因此,汉语的 zh、ch、sh、r 及 z、c、s 绝对不会是自成音节的声母,更不会没有韵母。

(二) 正确把握通押与分韵的关系

无论古今,诗歌押韵都存在通押现象。通押会影响韵部的划分,如何把握好通押和韵部划分的关系,是一项重要工作,它关系到韵部之间的界限区隔,是检验严韵体系能否成立的试金石。因其重要,我们已经把它单独列了一节来讨论,具体见上节《诗歌通押与韵部归纳的关系》。

(三) 正确把握常例与特例的关系

有些韵书编纂者,把一些押韵的特例(如方言韵、古韵等)当作常例处理,这样就会产生分韵的错乱。如 9 部、10 部、11 部的韵书都存在着处理常例与特例不当的问题。比如秋枫《中华实用诗韵》将 $\gimel$ 和 er 合并,赵京战《中华新韵》将 er 和 i、u 合并,即与诗歌押韵的常例不符。

(四) 正确把握规范与普适统一的关系

历史上的权威韵书,具有很强的规范性和强制性,这种规范靠的是功

---

① 赵京战:《中华新韵》,中华书局 2011 年版,第 1 页。
② 王曾:《现代汉语诗韵新编》,载沈延毅主编《沈阳文史研究》第 3 辑,1988 年内部发行,第 15 页。

令的利诱和权力的维护。在没有功令诱惑的今天,我们编纂的韵书,应该更多考虑的是,除了规范性之外,更应该考虑普适性。普通话韵书的权威性来自普通话的法定地位。韵书的普适性要体现在对各类韵文具有通用性,如儿歌、顺口溜、相声、新诗、歌词等领域,满足使用普通话者押韵的各种需要。

(五)坚持多样性分韵共存

单一语言和单一文化的国家是比较少的,保护语言和文化的多样性已经成为人们的共识。我国自古就是一个多语言、多文化的社会,因此,新诗韵书的编纂也应该考虑到不同方言和文化的需求。下列类型的韵书都可以编纂:

1. 戏剧韵书:如《中原音韵新编》《中州音韵新编》,等等。
2. 地方戏韵书:各地戏剧韵书,如《豫剧韵书》《潮剧韵书》,等等。
3. 方言韵书:如闽方言韵书、吴方言韵书,等等。
4. 旧体诗韵书:可考虑重新整理编排《佩文诗韵》《词林正韵》。旧体新作,也应该考虑诗歌的历史传承。《江南诗韵》分 14 韵,但列入声 5 部;韦瑞霖《实用诗韵》分 16 部,但将入声单列 7 部。《中华新韵府》(19 韵)另列入声五部。将入声单列的方式,似应考虑其合理性和必要性。

现代汉语既有共同语又有方言,方言不是共同语的敌人,应该保护语言形态的多样化。以方言为载体的文学艺术应该允许以方言入韵,比如沪剧、豫剧、潮剧等地方戏剧,就不能用普通话韵。

一些传统的以共同语为载体的剧种(如京剧、昆曲)和后来改用共同语的剧种(如黄梅戏、越剧)都有自己的传统押韵方式,即所谓"中州韵",也应该允许其继续使用,这些剧种是否改用普通话韵,要看这些剧种的发展情况,不能强制推行。

(六)允许韵书形式多样性

1. 允许严、通两种形式的韵书共存,也可以将严韵、通韵混编成一部韵书

根据押韵现实和历史传统,严韵韵书和通韵韵书都应该允许存在。严韵韵书如《广韵》《礼部韵略》及十八韵韵书;通韵韵书如《中原音韵》《词

林正韵》和十三辙韵书，各有其功能和价值，在历史上都获得了成功。因此，新诗韵书的编纂可以是通韵形式，也可以是严韵形式，这两者并不冲突。当然，严韵、通韵也可以混编在一起，先列通韵，通韵下再列严韵，使其层次分明，使用方便。通韵有通韵的功能，可方便押韵检字；严韵更加和谐，有才者自可严韵内检字。

2. 允许编写体例多样化

历史上的韵书主要有三种形式：（1）四声分韵的《广韵》体式：《广韵》式的四声分韵、各韵内再出小韵（音节）、小韵编收韵字，韵字加注释的方式。这种方式，首分声调、次分韵部、再明音节，最后解释韵字。（2）《中原音韵》的韵谱体式：《中原音韵》先分韵部，再分声调，同调内分小韵（音节），小韵内只列韵字，韵字不出注释。（3）《韵府群玉》体式：这种体式，除了继承《广韵》体式外，就是每个韵字后面都有一定数量的语词。以上这三种体式，各有优点，也各有弊端，可以择善而从之。

柒 普通话韵部层级及分韵标准

根据前述普通话韵母的审音和分韵应该遵循的六项基本原则，尤其是恪守普通话音系的原则、语音分析从严的原则和符合语音学原理的原则，普通话韵部的划分标准应该根据韵母的特点和押韵实践来制定，要考虑押韵的不同和谐程度，按层级划分韵部，不同层级的韵有不同的押韵功用。严韵要符合语音体系的要求，通韵要符合创作押韵的实际要求。无论是严韵还是通韵，都应该把标准贯彻到底，不能混杂不同标准。尤其是在给每一层级的韵进行分韵的过程中都应贯彻一个标准，不应多标准混用。

一 普通话韵部的三个层级

根据百年以来新诗用韵实践和新诗韵书编纂的经验，将《汉语拼音方案》的《韵母表》予以系统的分析、审定，在此基础上，汉语新诗韵部可以划分为三个层级（见表7-1），每个层级的韵部都应有统一而明确的分韵标准。第一级是完全和谐韵（见表7-2），以韵母为押韵单位，可称为韵母韵；第二级是和谐韵（见表7-3），是以韵基为单位的严韵；第三级是一般和谐韵（见表7-4），以韵辙为押韵单位，也可称通韵。根据韵书编写的历史经验，严韵需要遵守韵基相同的原则，通韵需要服从押韵习惯的原则。

第一级韵母韵，即以韵母为分韵标准，共分39韵，可称为韵母韵，也可称为完全和谐韵。这样的押韵实例有很多，如：

一个枣核儿两头儿尖
北京儿歌
一个枣核儿两头儿尖，

里边儿住个活神仙。

东一片西一片
北京儿歌

东一片，西一片，
到老不相见。

第二级是和谐韵，即是在第一级韵母韵的基础上，因韵母的韵基相同或互补而押韵，即传统意义上所称的严韵，划分出来的押韵单位称为韵部。严韵押韵的实例最为普遍，如：

三门峡①
郭小川

山还是那样高，湖还是那样宽，
刚刚告别昆明，滇池难道和我结伴下河南？！
风却是这么清，水却是这么蓝，
明明在中原落脚，为什么又象遨游西子湖边？！

韵母互补的韵部押韵也很普遍，如：

罪恶的黑手②
臧克家

无妨用想象先给它绘个图形：
四面高墙隔绝了人间的罪恶，
里边的空气是一片静寞，
一根草，一株树，甚至树上的鸟，
只是生在圣地里也觉到骄傲。

后面逐着些漂亮男子，

---

① 李丽中编：《郭小川代表作》，黄河文艺出版社1986年版，第124页。
② 刘增人、冯光廉：《臧克家作品欣赏》，广西教育出版社1988年版，第61—64页。

普通话的分韵及韵谱字汇

> 肥白的脸皮上挂着油丝,
> 脚步轻趋着,低声交谄,
> 用心做了一脸肃穆。
>
> 有的不是为了求恕,
> 不过为追逐一个少女。

　　第三级是在第二级和谐韵的基础上,尊重诗人创作用韵的习惯,允许一些严韵之间可以押韵(排除方言、古韵和特例现象),这样划分出来的押韵单位可称为韵辙,与传统上所称的通韵对应。这样的押韵实例如:

别煤都①

郭小川

> 这一切呀,
> 无疑会给战士的生活带来情趣。
> 谁能否认哪?
> 梦想也常常是一种生机。
> 多少英雄由于梦想着美好的未来,
> 无畏地把生命投入枪林弹雨!
> 多少英雄仅仅为了梦想,
> 将自己的鲜血洒上开花的土地,
> 而在我们的无边的国境内,
> 科学的梦想简直就是高大的旗帜。

表7-1　　　　　　　普通话韵部划分的三个层级

层级	一级	二级	三级
名称	完全和谐韵	和谐韵	一般和谐韵
传统名称	(韵母韵)	严韵	通韵(韵辙)
对应单位	单个韵母	韵基相同或互补的韵母	韵基相近的韵母

---

① 李丽中编:《郭小川代表作》,黄河文艺出版社1986年版,第110页。

柒 普通话韵部层级及分韵标准

续表

层级	一级	二级	三级
特点	单个韵母押韵最为和谐，实际用韵中并不常见	韵基相同或互补，介音可以不同。如 ɿ/ʅ、o/e/uo/ie/üe、eng/ing/ueng/ong/iong 三组韵母成韵	与和谐韵类似，但允许部分韵基不同，但语音近似的严韵押韵，有 i/ɿ/ʅ、i/y，u/y 等三组
部数	39 韵	15 部	13 辙

根据上述对普通话韵母体系的分析，我们划分出了完全和谐韵 39 韵（韵母韵），和谐韵 15 部（严韵），一般和谐韵 13 辙（韵辙）。

现把汉语普通话三个层级的韵部情况表列如下：

表 7-2　　　　　　　　完全和谐韵 39 韵

	开口呼	齐齿呼	合口呼	撮口呼
1	1. ɿ [ɿ]；2. ʅ [ʅ]；3. er [ɚ]	4. i ㄧ 衣	5. u ㄨ 乌	6. ü ㄩ 迂
2	7. a ㄚ 啊	8. ia ㄧㄚ 呀	9. ua ㄨㄚ 蛙	
3	10. o ㄛ 喔		11. uo ㄨㄛ 窝	
4	12. e [ɤ] ㄜ 鹅	13. ie ㄧㄝ 耶		14. üe ㄩㄝ 约
5	15. ai ㄞ 哀		16. uai ㄨㄞ 歪	
6	17. ê [ei/ɛ] ㄝ 18. ei ㄟ 欸		19. uei ㄨㄟ 威	
7	20. ao ㄠ 熬	21. iao ㄧㄠ 腰		
8	22. ou ㄡ 欧	23. iou ㄧㄡ 忧		
9	24. an ㄢ 安	25. ian ㄧㄢ 烟	26. uan ㄨㄢ 弯	27. üan ㄩㄢ 冤
10	28. en ㄣ 恩	29. in ㄧㄣ 因	30. uen ㄨㄣ 温	31. üen ㄩㄣ 晕
11	32. ang ㄤ 昂	33. iang ㄧㄤ 央	34. uang ㄨㄤ 汪	
12	35. eng ㄥ 亨的韵母	36. ing ㄧㄥ 英	37. ueng ㄨㄥ 翁	
13			38. ong ㄨㄥ 轰的韵母	39. iong ㄩㄥ 雍

普通话的分韵及韵谱字汇

表 7-3　　　　　　　　　　　严韵十五部

1. ï (ㄭ/ㆩ)	2. er	3. i	4. u	5. ü
6		ɑ	iɑ	uɑ	
7	o (e [ɤ/ə])	ie	uo	üe
8	ɑi		uɑi	
9	ei (ê)		uei	
10	ɑo	iɑo		
11	ou	iou		
12	ɑn	iɑn	uɑn	üɑn
13	en	in	uen	üen
14	ɑng	iɑng	uɑng	
15	eng	ing	ueng (ong)	iong

严韵 15 部是严格根据音位的互补和语音相似性归纳出来的，与黎锦熙 18 部比较少了三部，即歌、波、皆合并，庚、东合并。与王力 16 部相比，是将王力的车遮、乜斜、梭波三韵合并，另列儿韵。

表 7-4　　　　　　　　　　　通韵十三摄

1. ï (ㄭ、ㆩ)	2. i	ü	3. u	
4	ɑ	iɑ	uɑ	
5	o (e)、er	ie	uo	üe
6	ɑi		uɑi	
7	ei (ê)		uei	
8	ɑo	iɑo		
9	ou	iou		
10	ɑn	iɑn	uɑn	üɑn
11	en	in	uen	üen
12	ɑng	iɑng	uɑng	
13	eng	ing	ueng (ong)	iong

13 通韵跟十三辙比较，差别有三点：一是 13 通韵合并了十三辙的梭波（e/o/uo）和乜斜（ie/üe）两韵；二是 13 通韵里的 i 韵母保持独立，

并可与 ï 通押，但并不提倡，如果一定从宽，ï 与 i 也可勉强合并，那么就只剩 12 通韵了；三是 13 通韵允许 ü 韵母两属，既可与 i 押韵，也可与 u 押韵，但不提倡 u、ü 与 ï 押。

13 通韵与 15 严韵相比，其间的差别有：取消了 ü 的独立性，其可与 i 或 u 分押，但是 u 与 i 并不因为 ü 的通押关系而通押；er 韵与 ï（ꭤ、ꭥ）的押韵很少见于诗歌，与 ï（ꭤ、ꭥ）押韵和谐程度不高，不提倡通押；er 与 o 韵偶有通押，可将 er 与 o 视为通韵，因 er 韵韵字少，押韵时可尽量不用 er 韵字。er 韵还涉及儿化韵母的押韵问题，其押韵范围还要广一些，我们这里暂且不论。

需要特别说明的是，以上三个层级的韵，韵母韵是最根本的语音依据，虽然这种押韵母韵的行为有一定难度，但却是最和谐的韵，也是归纳和谐韵和一般和谐韵的基础。和谐韵是根据韵母音位归并而成的，是最经常出现的押韵行为，也最符合语感，艺术表达效果也最好。一般和谐韵是在和谐韵的基础上，因一些特殊情况而出现的押韵行为，主要是为了方便诗人选择韵字，但其艺术效果要差很多。因此，严韵是常例，通韵是变例。ï（ꭤ、ꭥ）、i、ü、u 分别押韵是最常见的押韵方式（严韵），ï（ꭤ、ꭥ）与 i 押韵，或 i 与 ü 押韵，或 ü 与 u 押韵，乃至其他个别韵母之间的押韵，诗人并不经常使用，属于特例，当然也提倡。

二 普通话分级分韵表

我们按通韵、严韵和韵母韵的包含关系，将三个层级的韵列在下面。我们将通韵仍称辙，严韵称部，韵母韵称韵。为了方便称呼，通韵的辙沿用传统十三辙（乜斜未用，并入梭波；新添支思辙）名称，严韵沿用十八韵的名称（歌、皆、庚未用，歌并入波，皆并入波、庚并入东）。韵母韵使用韵母的读法。通韵用第一、第二之类标序，严韵用一、二之类标序，韵母韵用 1、2 之类标序。

第一 支思辙

一、支部

1. ꭤ 韵
2. ꭥ 韵

普通话的分韵及韵谱字汇

第二　衣期辙

二、齐部

3. i 韵（可与 ü 韵母通）

第三　姑苏辙

三、模部

4. u 韵（通 ü，不通 i）

四、鱼部

5. ü 韵（可与 i 韵母通）

第四　麻沙辙

五、麻部

6. a 韵

7. ia 韵

8. ua 韵

第五　梭波辙

六、波部

9. o 韵

10. e 韵

11. ie 韵

12. uo 韵

13. üe 韵

七、儿部

14. er (ɚ) 韵

第六　怀来辙

八、开部

15. ai 韵

16. uai 韵

第七　灰堆辙

九、微部

17. ê 韵

18. ei 韵

19. uei 韵

第八　遥迢辙

十、豪部

20. ao 韵

21. iao 韵

第九　由求辙

十一、侯部

22. ou 韵

23. iou 韵

第十　言前辙

十二、寒部

24. an 韵

25. ian 韵

26. uan 韵

27. üan 韵

第十一　人辰辙

十三、痕部

28. en 韵

29. in 韵

30. un 韵

31. ün 韵

第十二　江阳辙

十四、唐部

32. ang 韵

33. iang 韵

34. uang 韵

第十三　中东辙

十五、东部

35. eng 韵

36. ing 韵

37. ueng 韵

38. ong 韵

39. iong 韵

捌　普通话分韵音节表

一　普通话音节统计

音节是语言表达中能够独立运用的最小的语音单位。我们习惯上把汉语中不带声调的音节叫基本音节，带声调（含轻声）的音节叫带调音节。因为只有带调的音节才有表达功能，所以我们通常所说的音节一般指带调音节。普通话的音节主要有以下九种结构类型，如表 8-1。

表 8-1　　　　　　　　　　　普通话的音节类型

结构\类型		声母	韵头	韵腹	韵尾		声调	类型				
		辅音	元音	元音	元音	辅音	音高					
寒	hán	h	—	a	—	n	阳平	声		腹	尾$_n$	调
雨	yǔ	—	—	ü	—	—	上声			腹		调
专	zhuān	zh	u	a	—	n	阴平	声	头	腹	尾$_n$	调
夜	yè	—	i	e	—	—	去声		头	腹		调
由	yóu	—	i	o (e)	u	—	阳平		头	腹	尾$_u$	调
爱	ài	—	—	a	i	—	去声			腹	尾$_i$	调
下	xià	x	i	a	—	—	去声	声	头	腹		调
终	zhōng	zh	—	o	—	ng	阴平	声		腹	尾$_{ng}$	调
文	wén	—	u	e	—	n	阳平		头	腹	尾$_n$	调
安	ān	—	—	a	—	n	阴平			腹	尾$_n$	调
乖	guāi	g	u	a	i	—	阴平	声	头	腹	尾$_i$	调

注：表内"—"表示没有这一语音成分。

普通话的分韵及韵谱字汇

　　一般来说，现代汉语里一个带调的音节对应的意义单位是词或语素，在书面上一个汉字就是音节（有个别例外，如表儿化的"儿"就不表示一个完整的音节），同一音节往往不止有一个汉字，通常有两个或两个以上的汉字，这些汉字互称同音字，古代韵书里把这些同音字组叫"小韵"。一个音节只有一个汉字的叫独字音节，这样的音节比较少。还有的音节代表的字只出现在固定的词语里，或表示特定的意义，或表示某种语气，在使用中习惯读轻声，我们将其称为轻声字，如"钥匙"里的"匙"、"哆嗦"里的"嗦"。轻声字与轻声词不同，轻声字构成的词固然是轻声词，但是这个读轻声的字固定读轻声，而轻声词里读轻声的字大部分有本来的声调，在不是轻声词的时候，仍读本调，如"桌子""儿子"等词里的"子"读轻声，但是单独使用或构成"子女"等词时要读上声。普通话里还有一些字读声化音，构成声化音节，即辅音声母自身成音节，如ṁ、ṅ、ŋ̇表示应答、感叹等意义，这样的字我们称为声化字，如"嗯""姆"等。

　　本音节表是统计《现代汉语词典》第 7 版（商务印书馆 2016 年版，以下简称《词典》）和《新华字典》第 11 版（商务印书馆 2016 年印刷。以下简称《字典》）所收音节所得。《词典》以单字为序，主要收由单字构成的现代汉语使用的词语，目的是释词（音义）；《字典》则以收单字为主，目的是释字（音义），如果一个字同时也是词，《字典》就有释词的作用，更多的时候是将单字作为语素看待，解释其作为语素的意义。

　　由于《词典》《字典》侧重点不同，收字取词不同，所收录的音节存在差异，这不仅表现在带调音节方面，也表现在轻声音节和声化音节的多寡上。今将两书的音节列为表 8-2。

表 8-2　　《词典》与《字典》音节数比较

字母	《词典》音节数	《字典》音节数	带调音节差	轻声音节差	声化音节差	实有带调音节数 《词典》	实有带调音节数 《字典》
a	19	20	(án) 玎	·a		18	19
b	59	59		·ba ·bai ·bei ·bo		55	55

捌 普通话分韵音节表

续表

字母	《词典》音节数	《字典》音节数	带调音节差	轻声音节差	声化音节差	实有带调音节数 《词典》	实有带调音节数 《字典》
c	47	45	[cào] 傮 [cèi] 甀			47	45
ch	68	68		·chen		67	67
d	67	65	[dè] 嘚,嘚瑟 [děi] 嘚,赶驴	·da ·de		65	63
e	15	15	(éi) 喽	[·e]		14	15
f	31	30		[·fa]		30	30
g	58	58				58	58
h	67	67			·hm ·hng	65	65
j	47	47		·jie		46	46
k	50	50				50	50
l	93	91	[lēng] 棱 [lōng] 隆	·la [·lai] ·le ·lei ·li (·lian) ·lie ·lo ·lou ·lu ·luo		83	81
m	63	62		·ma ·me ·men	[m̄] ḿ m̀	57	57
n	68	67	[nún] 麇	·na ·ne	ǹ ň ǹ ńg ňg ǹg	60	59
o	8	7	[óu] 鯫			8	7
p	61	60	[piè] 嫳	·po		60	59

普通话的分韵及韵谱字汇

续表

字母	《词典》音节数	《字典》音节数	带调音节差	轻声音节差	声化音节差	实有带调音节数 《词典》	实有带调音节数 《字典》
q	50	49		[·qu]		49	49
r	34	33	[rún]瞤			34	33
s	40	39	[sóng]㞞			40	39
sh	61	64		(·sa) (·sha) ·shang ·shi (·suo)		59	59
t	71	70	[tǎi] [tēi]忒	(·ta) ·te		70	68
w	34	34		·wa		33	33
x	53	53		·xu		52	52
y	58	58		·ya ·yo		56	56
z	50	48	[zuī]脧 [zùn]拶	[·zan] (·za)		49	47
zh	63	63		[·zha] ·zhe (·zhou)		61	61
合计	1335	1322	15/2	38/39	11/10	1286	1273

注：带方括号〔 〕的音节为《字典》所无。带圆括号（ ）的音节为《词典》所无。拼音左上的圆点·表轻声。

根据表8-2统计，《词典》共有音节1335个，《字典》共有音节1322个，两者相差13个音节，其中：（1）轻声音节《词典》38个，《字典》39个，两书相同的轻声音节有32个，《字典》比《词典》少了6个，多了7个；（2）声化音节，《词典》11个，《字典》10个，《字典》比《词典》少了1个；（3）带调音节，《词典》1286个，《字典》1273个，《字典》比《词典》少了15个，多了2个。在不计轻声和声化音节的情况下，以《词典》的1286个音节为基础，增加《字典》的2个音节，可得1288个带调音节。但是，考虑到《字典》多出的éi（欸）音节跟《词典》的ê

捌　普通话分韵音节表

没有分别的必要，并无韵母音位价值，可以合并。因此，综合两书后，可得带调音节 1287 个。

底下先把《词典》和《字典》所收的轻声字和声化字分别列成表 8-3、表 8-4，以方便大家掌握各字（词）的用法。带调音节表另节表述。

表 8-3　　《词典》《字典》轻声音节及其常用字（共 46 个）

音节	例字及释义	备注
·a	阿/啊/呵，用在各类语气句的句末，加强语气，表达相应的意思	
·ba	罢/吧，助词，表语气等	
·bai	唄，同呗（·bei）	
·bai	呗，助词，表语气。臂，胳臂	
·bo	卜，萝卜。啵，（方）助词，表商量、提议等语气	
·chen	伧/碜，寒伧（碜）	
·da	瘩，疙瘩。跶，圪跶。跶，蹦跶。疸，疙疸。缞，纥缞	
·de	的，助词。的，的话，表假设。地，助词，状语后 得，助词，补语前。底。膩，肋膩，不利索	
[·e]	呃，助词，句末，表赞叹惊异	《字典》无
[·fa]	哦，助词，相当于吗	《字典》无
·jie	价，方，助词，否定副词后面，表语气。别价。家，同价，整天家	
·la	啦，助词，表语气；靰，靰鞡	
[·lai]	唻，<方>助词，表语气，表疑问/陈述等	《字典》无
·le	了，助词；饹，饹饹	
·lei	嘞，助词	
·li	哩，<方>助词	
(·lian)	褡裢	《词典》无
·lie	咧，<方>助词	
·lo	咯，助词	
·lou	喽，助词	
·lu	氇，氆氇	
·luo	啰，助词	
·ma	么，后缀，衬字。吗、嘛，助词	
·me	么，后缀，衬字	

普通话的分韵及韵谱字汇

续表

音节	例字及释义	备注
·men	们，后缀	
·na	哪/哪，助词	
·ne	呐/呢，助词	
·po	桲，榅桲	
[·qu]	戌，屈戌儿	《字典》无
(·sa)	摩挲	《词典》无
(·sha)	挓挲	《词典》无
·shang	衣裳	
·shi	钥匙、骨殖	
(·suo)	哆嗦	《词典》无
·shi	匙，钥匙。殖，骨殖	
(·ta)	邋遢	《词典》无
·te	忒，de 又音，肋忒，不利索	
·wa	哇，助词	
·xu	蓿，苜蓿	
·ya	呀，助词	
·yo	哟，助词；衬字	
(·za)	腌臜	《词典》无
[·zan]	咱，<方> 早晚合音，这咱，那咱	《字典》无
[·zha]	偅，饹偅	《字典》无
·zhe	著/着，助词；介词，如沿着、顺着	
(·zhou)	碌碡	《词典》无

表 8-4　《词典》《字典》声化音节及其常用字（11）

音节	例字及释义	备注
hm	噷，叹词，表申斥或不满	
hng	哼，表不满或不相信	
[m̄]	姆，<方>姆妈，母亲	《字典》无
ḿ	呒，<方>没有。呣，叹词，表疑问	
m̀	呣，叹词，表应诺	

152

捌　普通话分韵音节表

续表

音节	例字及释义	备注
ǹ	唔/嗯，ǹg 又音	
ň	嗯，ňg 又音	
ń	嗯，ńg 又音	
ńg	唔/嗯，叹词，表疑问	
ňg	嗯，叹词，表意外或不以为然	
ǹg	嗯，叹词，表应诺	

二　普通话带调音节表（1287 个）

本《普通话带调音节表》可以帮助我们了解和把握普通话的字音全貌和语音结构体系。有以下七点说明。这七点说明阐述了本表编列的原则和各音节代表字选用的依据等，也可以帮助大家正确理解和使用本表。

（一）本《普通话带调音节表》包括《字典》和《词典》里带声调的 1287 个音节，轻声字和声化字不收，轻声字已见表 8-3、声化字已见表 8-4。在 1287 个音节中，只出现在《词典》的有"cào（肏）、cèi（瓪）、dè（嘚）、dēi（嘚）、lēng（棱）、lōng（隆）、nún（麕）、óu（欧）、piè（嫳）、rún（瞤）、sóng（屪）、tǎi（呔）、tēi（忒）、zuī（脧）、zùn（搋）"15 个音节；只出现在《字典》的有"án（玵）、éi（喛）"2 个音节。《字典》的 éi（喛）音节跟《词典》的 ê 音节无对立，是同一音节的不同写法，可以合并。因此，本表的 1287 个音节实际上是《词典》的 1286 个音节加上《字典》的 án（玵）音节构成。

（二）本《普通话带调音节表》的每个音节选用一个字作为代表。选字时考虑到了以下原则：

（1）选字以《词典》收字为主要依据，同时参考了《字典》。每个音节尽量选取常用字作为代表，但是由于两书都不是按照常用与否的规则排列字头，所以我们在选择代表字时，就费了不少踌躇，不能不考虑各种因素，最终择善而从。如 zhù 音节，《词典》收有"伫苎芧助住……"26 个字，里面好几个都是一级常用字，我们最终选用了"助"。又如 bāng 音节，《词典》《字典》收了"邦帮哼梆浜"5 个字，那么选哪个呢？"帮"比"邦"更常用,更口语化。又比如 chén 音节,《词典》收了"抻梣捵綝琛棽嗔䐜瞋"9个,《字典》收了"抻梣綝琛捵琛嗔瞋"8个。《字典》少了"䐜"字,字序与《词典》也有差异。考虑各方面因素,最后决定选用"琛"字。

常用与否是相对而言的,既要考虑到词频问题,也要考虑到词在词汇体系中的意义和用法的常用性。

(2) 不用同形字。所谓同形字,即一字表多词,词的意义没有引申等关联。如 hé 音节内的"核"字,比较常用,但它有"核(覈)实"、"核心"两个互不关联的意义,本表则不取此字作代表。又比如,"牟"有 mú、móu 两读,前者用于地名和姓,后者用于"牟利"等,为了避免误会,这两个音节都不选取该字。但是,也有例外。比如"发"有 fā、fà 两读,《词典》fā 音有"发酦"2字,《字典》只有"发"1字;《词典》《字典》fà 有"发珐"2字。这样一来,fā 音节不得不选"发",如选"酦"字,则太生僻。"发"既用于 fā,那么 fà 只好改用不太常用的"珐珐琅"。

(3) 尽量不用多音字。如"调"有 diào 和 tiáo 两读,每一读都有几个常用字,则两音节都不选"调"字,diào 选用"钓"字,tiáo 选用"条"字。

(4) 独字音。所谓独字音,就是韵书等工具书里的某一个音节只有一个汉字,这样的音节叫独字音。如果扩大收字数量或者前推古音,这个音节不一定是独字。因为独字音没有其他汉字可选,该音节不得不取用该字。这样一来,就可能出现与前三条矛盾的现象,如"得"是常用字,有 děi/dé/·de 三读,但是 děi 只有"得"一个字可选,因此 dé 音节就不能再选"得"。还有的独音字不是常用字,如"尴尬"中的 gà 音节的"尬"字;拟声词音节 chuā 的"欻"字,因无字可选,不得不选用。

(5) 本《普通话带调音节表》中也有不少音节是从方言折合到普通话的读音,如 shuà("刷"),《词典》第1220页:"<方>刷挑拣:打这堆梨里头~出几个好的给奶奶送去。Shuàbái 刷白<方>形状态词。(颜色)白而略微发青:月亮升起来了,把麦地照得~……"又如:ruá"挼",《词典》:"<方>皱,不平展"。这些折合自方言的音节已经变成了普通话的一部分,应格外引起我们注意。

(三) 本《普通话带调音节表》每表的表下注释是针对表内音节代表字所作的说明,主要内容视不同的字而侧重点不同,有的说明该字的读音,有的涉及该字主要搭配的词语或选用该字的理由或选用该字后应注意该字存在的问题,以及其他不常用意义的说明。注释主要依据《现代汉语词典》(第7版),有时也参考《新华字典》(第11版)。

(四)本《普通话带调音节表》按照本书所分韵辙、韵部、韵母三级体系编列,次序如下:第一支思辙(一支部1.ɿ韵2.ʅ韵);第二衣期辙(二齐部3.i韵,可与ü韵母通);第三姑苏辙(三模部4.u韵、四鱼部5.ü韵可与i韵母通);第四麻沙辙(五麻部6.a韵7.ia韵8.ua韵);第五梭波辙(六波部[9.o韵]10.e韵11.ie韵12.uo韵13.üe韵、七儿部14.er[ɚ]韵);第六怀来辙(八开部15.ai韵16.uai韵);第七灰堆辙(九微部[17.ê韵]18.ei韵19.uei韵);第八遥迢辙(十豪部20.ao韵21.iao韵);第九由求辙(十一侯部22.ou韵23.iou韵);第十言前辙(十二寒部24.an韵25.ian韵26.uan韵27.üan韵);第十一人辰辙(十三痕部28.en韵29.in韵30.un韵31.ün韵);第十二江阳辙(十四唐部32.ang韵33.iang韵34.uang韵);第十三中东辙(十五东部35.eng韵36.ing韵37.ueng韵[38.ong韵]39.iong韵)。

(五)本《普通话带调音节表》中声母的排列次序按《汉语拼音方案》,零声母音节置于最前,其后则按《拼音方案》的声母次序:零声母[Ø]、b、p、m、f、d、t、n、l、g、k、h、j、q、x、zh、ch、sh、r、z、c、s。

表8-5　　　　　　　　支思／衣期／姑苏辙音节表

韵辙	第一 支思辙				第二 衣期辙				第三 姑苏辙							
严韵	一 支部[1]				二 齐部				三 模部				四 鱼部			
韵母	1. ɿ (ɿ) 2. ʅ (ʅ)				3. i (通ü)				4. u (通ü, 不通i)				5. ü (y) (通i/u)			
声调	阴	阳	上	去	阴	阳	上	去	阴	阳	上	去	阴	阳	上	去
0 (∅)					一	移	乙	议	乌	无	五	务	愚	与	雨	遇
b (p)					屄	鼻	比	币	逋	醭	补	布				
p (pʰ)					批	皮	匹	屁	扑	蒲	普	铺				
m (m)					眯	迷	米	密	模[3]	模	母	木				
f (f)									肤	浮	斧	父				

普通话的分韵及韵谱字汇

续表

韵辙	第一 支思辙				第二 衣期辙				第三 姑苏辙							
d (t)					低	敌	底	地	督	毒	堵	杜				
t (tʰ)					梯	提	体	替	秃	图	土	兔				
n (n)					妮	泥	你	逆	奴		努	怒			女	恧⁴
l (l)					哩²	离	礼	力	撸	卢	卤	路		驴	吕	律
g (k)									姑		古	故				
k (kʰ)									哭		苦	库				
h (x)									呼	胡	虎	户				
j (tɕ)					饥		及	几 计					驹	局	举	巨
q (tɕʰ)					七	其	起	气					区	渠	曲	去
x (x)					西	习	洗	戏					虚	徐	许	序
zh (tʂ)	之		执	止 至					朱	竹	主	助				
ch (tʂʰ)	吃	池	尺	赤					出	锄	楚	触				
sh (ʂ)	尸	十	史	士					书	秫	暑	树				
r (ʐ)				日					如		乳	入				
z (ts)	㊀仔		㊁子	㊂自					租	族	祖					
c (tsʰ)	㊀刺	㊁词	㊂此	㊃次					粗	徂		醋				
s (s)	㊀丝		㊁死	㊂四					苏	俗		素				

注：1. 本表第一支思辙一支部 1. ɿ（ㄭ）/ 2. ʅ（ㄭ）韵母列内的黑体的音节字属于《汉语拼音方案》ɿ（ㄭ）韵母的音节，其他音节属于ʅ（ㄭ）韵母音节。

2. 哩：音 lī，独字音，用于"哩哩啦啦""哩哩啰啰"等。

3. 模：音 mú。"模"又音"mó"，系多音字。本不应选用该字，但此音节另一字为"毪"，构成"毪子"，西藏产的一种氆氇，此字罕用，不得已选"模"。

4. 恧：音 nù。该音节《词典》《字典》收有"恧衄朒"3字，都是书面语用字，皆非常用字，今选"恧"。

表 8-6   麻沙辙音节表

韵辙	第四 麻沙辙											
严韵	五 麻部											
韵母	6. a				7. ia				8. ua			
声调	阴	阳	上	去	阴	阳	上	去	阴	阳	上	去
0 (∅)	腌¹	啊⁶	啊	啊	鸭	牙	哑	压	挖	娃	瓦	袜
b (p)	八	拔	把	坝								

捌 普通话分韵音节表

续表

韵辙					第四 麻沙辙						
p (pʰ)	趴	爬		怕							
m (m)	妈	麻	马	骂							
f (f)	发	乏	法	珐[15]							
d (t)	答	达	打	大		嗲					
t (tʰ)	他		塔	榻							
n (n)	那[2]	拿	哪[9]	捺							
l (l)	垃[3]	旯[7]	喇	腊		俩[20]					
g (k)	嘎[4]	玍	尕[10]	尬[16]				瓜		呱	褂
k (kʰ)	咖		卡[11]					夸		垮	胯
h (x)	哈[5]	蛤[8]	哈[12]	哈[17]				化	滑		画
j (tɕ)					加	夹	甲	价			
q (tɕʰ)					掐	拤[19]	卡[21]	洽			
x (x)					瞎	匣		下			
zh (tʂ)	扎	铡	眨	栅				抓		爪	
ch (tʂʰ)	叉	茶	衩	差				欻[22]			
sh (ʂ)	杀	啥	傻	煞				刷		耍	刷[24]
r (ʐ)									挼[23]		
z (ts)	匝	杂	咋[13]								
c (tsʰ)	擦			礤[14]							
s (s)	撒		洒	飒[18]							

注：1. 腌：音 ā。用于"腌臜"（不干净）。

2. 那：音 nā。用于姓氏。

3. 垃：音 lā。用于垃圾。

4. 嘎：音 gā。用于"嘎吱"等。

5. 哈：音 hā。用于"哈腰""哈哈""哈拉"等。

6. 啊：音 á。啊，叹词，不同声调表示不同的感叹，表示惊异/赞叹（阴平/去声）、追问（阳平）、惊疑（上声）、应诺（去声）。

7. 旯：音 gá。用于"旮旯"。

8. 蛤：音 há。用于"蛤蟆"。

9. 哪：音 nǎ。疑问代词，如：哪个、哪里……

10. 尕：音 gǎ。<方>小，如：～娃、～李。

11. 卡：音 kǎ。用于"卡车""卡片"等。

普通话的分韵及韵谱字汇

12. 哈：音 hǎ。①用于"呵斥"等，如：～他一顿。②又姓。③又用于"哈达""哈巴狗"。
13. 咋：音 zǎ。<方>疑问代词，怎、怎么的意思。如：咋办？你咋不去？
14. 礤：音 cǎ。独字音。<书>粗石。
15. 珐：音 fà。用于"珐琅"。
16. 尬：音 gà。用于"尴尬"。
17. 哈：音 hà。用于"哈士膜""哈什蚂"等。
18. 飒：音 sà。用于"飒爽""飒飒"等。
19. 抲：音 qià，独字音。用手掐住，如：～着腰。
20. 俩：音 liǎ。两个。又音 liǎng 两。
21. 卡：音 qiǎ。加在中间，如：～脖子；～具。
22. 欻：音 chuā。拟声，短促而迅速的声音，如"～拉一声""～地一声"。
23. 挼：音 ruà。<方言>皱，不平展；快要磨破了；衰微，衰弱。
24. 刷：音 shuà。<方>①挑拣。如：～几个好梨给奶奶送去。②刷白，白而略微发青。如：一听这话，他的脸立刻变得～白。

表 8-7　　　　　　　　　　　梭波辙音节表

韵辙	第五　梭波辙（一）														
严韵	六　波部[1]														
韵母	9. o (o) /10. e (ɤ)[2]				11. ie (iɤ) / (io)				12. uo				13. üe (yɤ)		
声调	阴	阳	上	去	阴	阳	上	去	阴	阳	上	去	阴	阳	上	去
(Ø)	噢 阿	哦 讹	嚄 恶	哦 饿	曳 育[6] io				爷	野	叶	窝	我	卧	约	哕 月
b (p)	波	伯	簸	柏	憋		瘪[9]		瘪[11]	别[13]						
p (pʰ)	坡	婆	巨	破	撇				苤[12]	嫳[14]						
m (m)	摸	馍	抹	末	咩				灭							
f (f)		佛														
d (t)	嘚[3]	得			嘚[5]		爹	蝶		多	夺	朵	剁			
t (tʰ)					特	贴[7]	铁	餮[15]	托	驮	妥	唾				
n (n)	哪[4]					讷	捏	苶[10]	聂	挪		诺				疟
l (l)	肋					乐	咧[8]		裂	列	捋	罗	裸	洛		略
g (k)	歌	革	舸	个					锅	国	果	过				
k (kʰ)	科	咳	可	客								扩				
h (x)	喝	禾		贺					豁	活	火	祸				

捌 普通话分韵音节表

续表

韵辙			第五 梭波辙（一）								
j (tɕ)				节	截	姐	借		噘[19]	绝	蹶	倔
q (tɕʰ)				切	茄	且	窃		缺	瘸		雀
x (x)				蝎	斜	写	卸		削	穴	雪	血
zh (tʂ)	遮	辙	褶	这				桌	酌			
ch (tʂʰ)	车		扯	彻				戳		辍		
sh (ʂ)	赊	舌	舍	社				说		硕		
r (ʐ)			惹	热					捼[16]		弱	
z (ts)		则		仄				作	昨	左	坐	
c (tsʰ)				册				搓	嵯[17]	脞[18]	错	
s (s)				色				梭		索		

注：1. 本表第五梭波辙之六波部9. o (o) /10. e (ɤ) 韵母列内黑体的音节字属于《汉语拼音方案》o 韵母的音节，其他音节属于 e 韵母音节。

2. 本表第五梭波辙之六波部9. o (o) /10. e (ɤ) 韵母的零声母基本音节 o（包括阴阳上去）所含的四个音节只有噢（喔）(ō)、哦(ó)、嚄(ǒ)、哦(ò) 五个字。这五个字皆是叹词，根据《现代汉语词典》的解释，噢、喔(ō)是同字异体，表"了解"；哦(ó)表"将信将疑"；嚄(ǒ)表"惊讶"；哦(ò)表"领会""醒悟"。这五个字的字形其实可以统一写作"哦"。叹词读音不稳定，"哦"除了读"o"（包括阴阳上去）类音外，也可以读 12. uo 列的"wo"（uo 韵母的零声母音节，包括阴阳上去），也可读 10. e 列（包括阴阳上去）的音节。o（包括阴阳上去）/e（包括阴阳上去）不存在对立。因此"噢阿""哦讹""嚄恶""哦饿"四对音节可以分别合并，"噢窝""哦□（□表无字）""嚄我""哦卧"也可以合并。这三组音节完全不构成对立。

3. 嘚：音 dē，独字音。马蹄踏地声。[嘚啵]〈方〉唠叨。又音 dè。

4. 哪：音 né。用于"哪吒"。

5. 嘚：音 dè。用于"嘚瑟"。《字典》无。

6. 育：音 iō。该音节的韵母在《汉语拼方案》的《韵母表》中没有出现，《韵母表》下也没有说明。按《字典》《词典》所注注音字母及《词典》《字典》注音规则推论，应该是 io。《词典》有："育哟唷"三个字，分别注释为："育，杭育""哟，叹词，表轻微的惊异""唷，哼唷"。今选"育"作为音节代表字。

7. 贴：音 tiē。用于"剪贴""贴身"等。

8. 咧：音 liē。独字音，用于"大大咧咧""骂骂咧咧"等。

9. 蹩：音 bié。该字为非常用字，但常用字"别"音义太复杂。《词典》：〈方〉脚腕子或手腕子扭伤。如：走路不小心，～疼了脚。

10. 苶：音 nié，独字音。《词典》：〈方〉呆，傻：～子；傻不傻，～不～。

11. 瘪：音 biě，独字音。表示物体表面凹下去，如：干瘪、瘪谷。

普通话的分韵及韵谱字汇

12. 苤：音 piě。用于"苤蓝"。

13. 别（彆）：音 biè，独字音。<方>①改变别人坚持的意见或习性，多用于"别不过"。②用于"别扭""别嘴"等。

14. 撇：音 piè，独字音。用于"撇屑"，形容衣服飘动。《字典》无。

15. 餮：音 tiè。本非常用字，但本音节另一字"帖"音义复杂，且已用于 tiē，故选之。

16. 挼：音 ruó，独字音。揉搓。

17. 嵯：音 cuó。用于"嵯峨"等。

18. 脞：音 cuǒ，独字音。

19. 噘：音 juē。噘嘴，翘起嘴唇，表示生气或不满。

表 8-8　　　　　　　　　梭波辙/灰堆辙音节表

韵辙	第五　梭波辙（二）				第六　怀来辙							
严韵	七　儿部				八　开部							
韵母	14. er (ɚ)				15. ai (ai)				16. uai (uai)			
声调	阴	阳	上	去	阴	阳	上	去	阴	阳	上	去
0 (∅)		儿	耳	二	哀	挨	矮	爱	歪		崴	外
b (p)					掰	白	百	败				
p (pʰ)					拍	排	迫	派				
m (m)						埋	买	麦				
f (f)												
d (t)					呆		歹	代				
t (tʰ)					胎	台	呔[1]	太				
n (n)							奶	耐				
l (l)						来		赖				
g (k)					该		改	盖	乖		拐	怪
k (kʰ)					开		楷	忾			蒯	块
h (x)					哈	孩	海	害		怀		坏
j (tɕ)												
q (tɕʰ)												
x (x)												
zh (tʂ)					摘	宅	窄	债	拽[4]		跩[7]	拽[8]
ch (tʂʰ)					拆	柴	茝[2]	虿	搋[5]	膗[6]	揣	踹
sh (ʂ)					筛		色[3]	晒	衰		甩	帅

续表

韵辙	第五 梭波辙（二）				第六 怀来辙			
r（ẓ）								
z（ts）					灾		载	再
c（tsʰ）					猜	才	采	菜
s（s）					塞			赛

注：1. 呔：音 tǎi。<方>说话带外地口音。《字典》无。

2. 茝：音 chǎi，一种香草。同音字还有"䪿"。

3. 色：音 shǎi，独字音。又音 sè。

4. 拽：音 zhuāi。<方>①动词，扔，抛。②胳膊有毛病，活动不灵便。

5. 擩：音 chuāi。用力捣压揉，～面。

6. 膗：音 chuái。肥胖而松弛貌。

7. 跩：音 zhuǎi。<方>由于身体肥胖不灵活，走路摇晃。

8. 拽（撷）：音 zhuài。动词，拉。如：生拉硬～。

表 8-9　　　　　　　　　灰堆辙音节表

韵辙	第七　灰堆辙							
严韵	九　微部							
韵母	17. ê（ɛ/ei）/ 18. ei¹				19. uei			
声调	阴	阳	上	去	阴	阳	上	去
0（∅）	欸	喈⁵	欸	欸	危	围	尾	位
b（p）	悲		北	背				
p（pʰ）	胚	陪		配				
m（m）		眉	美	妹				
f（f）	飞	肥	匪	肺				
d（t）	嘚²		得⁶		堆			队
t（tʰ）	忑³				推	颓	腿	退
n（n）			馁	内				
l（l）	勒	雷	垒	泪				
g（k）			给		归		鬼	柜
k（kʰ）	尬⁴				亏	葵	跬¹⁰	溃
h（x）	黑				灰	回	毁	卉

普通话的分韵及韵谱字汇

续表

韵辙	第七 灰堆辙							
j (tɕ)								
q (tɕʰ)								
x (x)								
zh (tʂ)			这⁷	追				坠
ch (tʂʰ)				吹	垂			
sh (ʂ)		谁			谁	水		睡
r (ʐ)					蕤	蕊		锐
z (ts)		贼		朘⁹		嘴		最
c (tsʰ)			甏⁸	崔		璀		脆
s (s)					尿	随	髓	岁

注：1. 本表第七灰堆辙九微部 17. ê（ɛ/ei）/18. ei 韵母列内的黑体音节字属于《汉语拼音方案》ê（ɛ）韵母的音节，这几个字都是叹词，读音不定，可读 ê（ɛ），也可读 ei。其他音节属于 ei 韵母音节。

2. 嘚：音 dēi。叹词，赶驴、骡等前进的吆喝声。又音 dē。《字典》无。

3. 忒：音 téi。忒儿：<方>拟声词，形容鸟急促地振动翅膀的声音。又音 tè。《字典》无。

4. 尵：音 kéi，独字音。①打，打架。如：挨了一顿～，鼻青脸肿的。②骂、申斥，如：你成天在外惹事，回家不挨一顿～才怪呢！

5. 嗳：音 éi。《词典》无。《字典》：叹词，表示惊诧或忽然想起。如：～，他怎么病了。

6. 得：音 děi。<口>助词。需要……又音 dé/·de。

7. 这（這）：音 zhèi。《字典》："这一的合音"。《词典》："'这（zhèi）'的口语音"。又读 zhè，代词。

8. 甏：音 cèi。独字音。<方>打碎；摔碎器具，如：～一个碗。《字典》无。

9. 朘：音 zuī，独字音。<方>男子生殖器。《字典》无。

10. 跬：音 kuǐ。用于"跬步"等。

表 8-10　　　　　　　　　　遥迢辙音节表

韵辙	第八 遥迢辙							
严韵	十 豪部							
韵母	20. ao (au)				21. iao (iau)			
声调	阴	阳	上	去	阴	阳	上	去
0 (Ø)	凹	熬	袄	坳	腰	摇	咬	要
b (p)	包	雹	饱	报	标		表	摽

捌　普通话分韵音节表

续表

韵辙	第八　遥迢辙							
p (pʰ)	抛	刨	跑	泡	飘	瓢	殍	票
m (m)	猫	毛	卯	帽	喵[5]	苗	秒	妙
f (f)								
d (t)	刀	捯[2]	导	到	刁		屌	吊
t (tʰ)	掏	逃	讨	套	佻	条	挑	跳
n (n)	孬	挠	脑	闹			鸟	尿
l (l)	捞	劳	老	涝	撩	辽	了	料
g (k)	高		搞	告				
k (kʰ)	尻[1]		考	靠				
h (x)	蒿	豪	好	耗				
j (tɕ)					浇	嚼	绞	叫
q (tɕʰ)					敲	桥	巧	翘
x (x)					肖	淆	小	孝
zh (tʂ)	招	着	爪	赵				
ch (tʂʰ)	抄	朝	吵	耖[3]				
sh (ʂ)	捎	勺	少	邵				
r (ʐ)		饶	扰	绕				
z (ts)	遭	凿	早	灶				
c (tsʰ)	糙	曹	草	艚[4]				
s (s)	搔		嫂	臊				

注：1. 尻：音 kāu，独字音。

2. 捯：音 dáo。用两手交替着把线或绳子等物来回或绕起来，用于"捯饬""捯根儿""捯气儿"等。

3. 耖：音 chào，独字音。

4. 艚：音 cào。《字典》无此音。

5. 喵：音 miāo，独字音。形容猫的叫声。

普通话的分韵及韵谱字汇

表 8-11　　　　　　　　　　　由求辙音节表

韵辙	第九　由求辙							
严韵	十一　侯部							
韵母	22. ou（əu）				23. iou（iəu）			
声调	阴	阳	上	去	阴	阳	上	去
0（∅）	欧	噢[2]	藕	沤	优	油	有	又
b（p）								
p（pʰ）	剖	抔	掊[4]					
m（m）	哞[1]	谋	某			谬		
f（f）				缶				
d（t）	兜		陡	豆	丢			
t（tʰ）	偷	头	斜[5]	透				
n（n）				耨[6]	妞[7]	牛	扭	拗[9]
l（l）	搂	楼	篓	漏	溜	刘	柳	馏
g（k）	勾		狗	够				
k（kʰ）	抠		口	叩				
h（x）	齁	侯	吼	后				
j（tɕ）					纠		九	旧
q（tɕʰ）					秋	求	糗[8]	
x（x）					休		朽	秀
zh（tʂ）	舟	妯	肘	咒				
ch（tʂʰ）	抽	仇	丑	臭				
sh（ʂ）	收	熟[3]	手	寿				
r（ʐ）		柔		肉				
z（ts）	邹		走	奏				
c（tsʰ）				凑				
s（s）	搜		叟	嗽				

注：1. 哞：音 mōu，独字音。形容牛叫声。

2. 噢：音 óu。叹词，惊讶。如：～，你也病了！《字典》无。

3. 熟：音 shóu，独字音。又音 shú。

4. 掊：音 pǒu，独字音。〈书〉击打，又音 póu，与"抔"同音。

5. 斜：音 tǒu。该音节只有"斜敨"2字，皆非常用字，选"斜"。

6. 耨：音 nòu，独字音。有"除草、除草的工具"二义。

7. 妞：音 niū，独字音。〈方〉女孩子。

捌 普通话分韵音节表

8. 糗：音 qiǔ，独音同形字。①古代称干粮或食物编成块状糨糊，如：面条儿糗了。②<方>不光彩或不光彩的事。如：糗事，当众出糗。

9. 拗：音 niù，独字音。固执、不顺从。如：执拗；拗不过。

表 8-12   **言前辙音节表**

韵辙	第十 言前辙											
严韵	十二 寒部											
韵母	24. an				25. ian				26. uan				27. üan（yan）			
声调	阴	阳	上	去	阴	阳	上	去	阴	阳	上	去	阴	阳	上	去
0 (∅)	安	玵³	俺	岸	咽	延	眼	厌	弯	丸	晚	万	渊	元	远	院
b (p)	班		板	办	边		扁	变								
p (pʰ)	潘	盘		判	偏	骈	谝	片								
m (m)	嫚¹	瞒	满	慢		眠	免	面								
f (f)	帆	凡	反	饭												
d (t)	丹		胆	蛋	颠		点	电	端		短	段				
t (tʰ)	贪	坛	毯	叹	天	田	舔	掭⁴	湍	团	疃⁶	彖⁷				
n (n)	囡²	男	赧	难	拈	年	捻	念				暖				
l (l)		兰	揽	烂		帘	脸	练		峦	卵	乱				
g (k)	肝		杆	干					关		管	罐				
k (kʰ)	刊		坎	看					宽		款					
h (x)	鼾	含	喊	汉					欢	还	缓	换				
j (tɕ)					尖		减	见					捐		卷	眷
q (tɕʰ)					千	前	浅	欠					梭	权	犬	劝
x (x)					仙	闲	显	现					轩	悬	选	绚
zh (tʂ)	毡		展	占					砖		转	赚				
ch (tʂʰ)	掺	馋	产	颤					穿	传	喘	串				
sh (ʂ)	山		闪	扇						闩		涮				
r (ʐ)		然	染							堧⁵	软					
z (ts)	簪	咱	攒	赞					钻		纂	攥				
c (tsʰ)	餐	残	惨	灿						攒		窜				
s (s)	三		伞	散					酸		蒜					

注：1. 嫚：音 mān。<方>女孩子。又音 màn，轻侮。

2. 囡：音 nān。又写作"囝"，<方>小孩儿，如：小～。也指女儿，如：她有一个儿子一个～。

3. 玵：音 án。《词典》未收。《字典》：美玉。

普通话的分韵及韵谱字汇

4. 掭：音 tiàn。|动| 毛笔蘸墨后斜着在砚台上理顺笔毛或除去多余的墨汁。方言中也指拨动，如：～灯芯。

5. 壖：音 ruán，独字音。<书>城郭旁、宫殿庙宇外或河边的空地。

6. 疃：音 tuǎn，独字音。用于地名，多指村庄，如：汪疃、柳疃。

7. 彖：音 tuàn，独字音。<书>论断、判断，如：彖吉凶。

表 8-13　　　　　　　　　　　人辰辙音节表

韵辙	第十一　人辰辙																
严韵	十三　痕部																
韵母	28. en (ən)				29. in (iən)				30. un (uən)				31. ün (yən)				
声调	阴	阳	上	去	阴	阳	上	去	阴	阳	上	去	阴	阳	上	去	
0 (∅)	恩			摁	因	银	尹	印	温	文	稳	问	晕	云	允	孕	
b (p)			本	奔	宾			鬓									
p (pʰ)	喷¹	盆		喷³	拼	贫	品	聘									
m (m)	闷	门		焖		民	皿										
f (f)	分	坟	粉	粪													
d (t)							扽⁴		吨		盹	囤					
t (tʰ)									吞	屯	氽¹¹	褪					
n (n)			嫩			您					麕⁹						
l (l)					拎	林	凛	吝	抡	轮	埨¹²	论					
g (k)	根	哏	艮	亘							滚	棍					
k (kʰ)			肯	掯⁵					坤		捆	困					
h (x)	痕		很	恨					昏	浑		诨					
j (tɕ)					巾		仅	进					军			俊	
q (tɕʰ)					亲	芹	寝	沁						裙			
x (x)					心	鐔⁷	伈⁸	信					熏	旬		训	
zh (tʂ)	针		诊	阵					谆		准						
ch (tʂʰ)	抻	臣	碜	衬					春	纯	蠢						
sh (ʂ)	身	神	婶	肾							吮¹³	顺					
r (ʐ)		人	忍	刃						瞤¹⁰		闰					
z (ts)			怎	譖⁶					尊		撙¹⁴	捘¹⁵					
c (tsʰ)	参²	岑							村	存	忖	寸					
s (s)	森								孙			损					

捌 普通话分韵音节表

注：1. 喷：音 pēn。液体等受压喷出。用于喷射、喷薄、喷壶等。

2. 参：音 cēn，独字音。用于"参差"。

3. 喷：音 pèn。<方>喷儿：①果蔬水产大量上市的时期，如：对虾喷儿。②也表量词，开花结果的次数，如：头喷儿棉花。

4. 扽：音 dèn，独字音。①两头同时用力，把线、绳子、布匹等物间歇地猛地一拉，使其平直。如：把线～一～。②拉。如：你～住了，不要松手。

5. 掯：音 kèn。<方>①按；压。～住牛脖子。②刁难：～勒。③（眼里）含；噙：～着泪花。

6. 谮：音 zèn，独字音。<书>诬陷；中伤：如：～言。

7. 镡：音 xín，独字音。①古代的剑身与剑柄连接处的突出部分。②古代兵器，似剑而小。

8. 伈：音 xǐn，独字音。用于"伈伈"。伈伈：<书>形容恐惧。

9. 麎：音 nún，独字音。<书>香气：温～。《字典》无。

10. 瞤：音 rún。<书>眼皮跳动。如：眼～心跳。《字典》无。

11. 氽：音 tǔn，独字音。<方>①漂浮：木板在水上～。②用油炸：油～花生。

12. 埨：音 lǔn，独字音。<方>田地中的土垄。

13. 吮：音 shǔn。吮吸；嘬。

14. 撙：音 zǔn。节省。如：～节，～下一些钱。

15. 揂：音 zùn，独字音。<书>用手指按。《字典》无。

表 8-14　　　　　　　　　　　　　　　　江阳辙音节表

韵辙	第十二　江阳辙									
严韵	十四　唐部									
韵母	32. ang（aŋ）				33. iang（iaŋ）				34. uang（uaŋ）		
声调	阴	阳	上	去	阴	阳	上	去	阴	阳	上	去
0（∅）	肮[1]	昂		盎	央	扬	养	样	汪	王	网	望
b（p）	邦		绑	棒								
p（pʰ）	滂	旁	榜	胖								
m（m）	牤[2]	忙		莽								
f（f）	方	防	纺	放								
d（t）	裆		挡	荡								
t（tʰ）	汤	唐	淌	烫								
n（n）	囔	囊	攮	齉[5]	娘			酿				
l（l）	啷	郎	朗	浪		良	两	亮				
g（k）	刚		岗	杠					光		广	逛

普通话的分韵及韵谱字汇

续表

韵辙	第十二 江阳辙										
k (kʰ)	康	扛		抗				筐	狂	夼⁷	矿
h (x)	夯	航		沆⁶				荒	皇	谎	晃
j (tɕ)					江		讲	匠				
q (tɕʰ)					枪	强	抢	呛				
x (x)					乡	详	想	向				
zh (tʂ)	张		长	丈					妆		奘	壮
ch (tʂʰ)	昌	常	厂	唱					窗	床	闯	创
sh (ʂ)	伤		赏	上					双			爽
r (ʐ)	嚷	瓤	壤	让								
z (ts)	赃		驵⁴	葬								
c (tsʰ)	仓	藏³										
s (s)	桑		嗓	丧								

注：1. 肮：音 āng，独字音。用于"肮脏"。

2. 牤：音 māng，独字音。<方>公牛。

3. 藏：音 cáng，独字音。又音 zàng。

4. 驵：音 zǎng，独字音。<书>壮马；骏马。

5. 齉：音 nàng。形容鼻子不通气，发音不清。如：受了凉，鼻子发～。

6. 沆：音 hàng。水面辽阔，用于"沆瀣"等。

7. 夼：音 kuǎng，独字音。<方>两山之间的谷地，也指洼地，多用于地名。如：刘家夼、大夼。

表 8-15　　　　　　　　　　　中东辙音节表

韵辙	第十三 中东辙														
严韵	十五 东部														
韵母	35. eng (əŋ)				36. ing (iəŋ)				37. ueng (uəŋ) / 38. ong¹ (uŋ)				39. iong (iuŋ)			
声调	阴	阳	上	去	阴	阳	上	去	阴	阳	上	去	阴	阳	上	去
0 (∅)	鞥²				英	迎	影	硬	翁		蓊	瓮	佣	喁¹⁵	永	用
b (p)	崩	甭⁷	绷	蹦	冰		饼	病								
p (pʰ)	烹	朋	捧	碰	娉	平										
m (m)	蒙³	萌	猛	孟		名	酩¹¹	命								

168

捌　普通话分韵音节表

续表

韵辙	第十三　中东辙										
f (f)	丰	冯	讽	凤							
d (t)	灯		等	邓	丁	顶	订	东	董	动	
t (tʰ)	熥[4]	腾			厅	廷	挺	梃[12]	通	同	桶 恸
n (n)		能				宁	拧	佞		农	弄
l (l)	棱[5]	楞	冷	愣		零	岭	另	隆[13]	龙	陇 弄
g (k)	耕		耿	更[9]					工		巩 共
k (kʰ)	坑								空		孔 空
h (x)	亨	恒		横[10]					轰	红	哄 讧
j (tɕ)					京		井	敬			扃 迥
q (tɕʰ)					青	情	请	庆			穷
x (x)					兴	刑	醒	杏			凶 雄 诇[16]
zh (tʂ)	争		整	郑					中		肿 重
ch (tʂʰ)	撑	成	逞	秤					充	虫	宠 冲
sh (ʂ)	生	绳	眚[8]	圣							
r (ʐ)	扔	仍							荣		冗
z (ts)	增			赠					宗		总 纵
c (tsʰ)	噌[6]	层		蹭						匆	从
s (s)	僧								松	屦[14]	耸 送

注：1. 本表十五东部 37. ueng（uəŋ）/38. ong（uŋ）列内的黑体音节字属于《汉语拼音方案》ueng（uəŋ）韵母的音节，其他的音节属于韵母 ong（uŋ）音节。

2. 鞯：音 ēng。<书>马缰绳。

3. 蒙：音 mēng。该音"蒙"字为同形字：一是"蒙（曚）"，表欺骗、胡乱猜测。如：①欺上蒙下。②别乱蒙。二是"蒙"，表昏迷、神志不清。如：头被打蒙了。

4. 熥：音 tēng。把熟了的食物再加热。

5. 棱：音 lēng。用于"花不棱登""刺棱"等。《字典》无此音。

6. 噌：音 cēng。拟声词，短促摩擦或动作迅速的声音。如：～地一声，猫就跑了。

7. 甭：音 béng。<方>"不用"的合音，表示不需要或劝阻。如：这事儿，你～管了。

8. 眚：音 shěng。该音节有"省眚"2字，"省"为多音字，故选"眚"。

9. 更：音 gèng。该音节《词典》有"更堩暅"3字，《字典》有"更暅"2字，除"更"外，皆非常用字。"更"虽有 gēng 和 gèng 二音，但去声也只好选用它。

10. 横：音 hèng。横有 héng、hèng 二音，理应不能选为代表字，但 hèng 音节只有"横堼"两字，"堼"十分罕用，只好选用"横"。

11. 酩：音 mǐng，独字音。酩酊，大醉。

普通话的分韵及韵谱字汇

12. 梃：音 tǐng。①在杀生猪时，在后腿处割一口子，用铁棍往里捅，这一动作叫"梃"。梃出一个沟，贴着口子往沟里吹气，使猪皮鼓绷，以便去毛。②梃猪用的铁棍。

13. 隆：音 lōng。用于"黑咕隆咚""轰隆"等。《字典》无此音。

14. 㞞：音 sóng，独字音。①精液；②讽刺人软弱无能。如，㞞包。《字典》无此音。

15. 喁：音 yóng。该音节只有"喁颙"2字，都不常用，二者择其一，故选用"喁"。

16. 诇：音 xiòng。该音有"诇夐"二字，皆不常用，选"诇"。<书>刺探：诇察。

三　普通话各韵音节数分布

表 8-16　　　　　　普通话各韵音节数分布

韵辙	韵部	韵母		音节数	
第一　支思辙	一、支部	ɪ	1. ɪ [ɿ] 韵	10	23
			2. ɪ [ʅ] 韵	13	23
第二　衣期辙	二、齐部	3. i [i] 韵（可与 ü 韵母通）		44	44
第三　姑苏辙	三、模部	4. u [u] 韵（可与 ü 韵母通）		68	68
	四、鱼部	5. ü [y] 韵（可与 i 韵母通）		21	21
第四　麻沙辙	五、麻部	6. ɑ [a] 韵		64	101
		7. iɑ [a] 韵		17	
		8. uɑ [ua] 韵		20	
第五　梭波辙	六、波部	e [ɤ]	9. o [o] 韵	17	157
			10. e [ɤ] 韵	40	57
		11. ie [iɤ] 韵		37	
		12. uo [uɤ] 韵		44	
		13. üe [yɤ] 韵 {yo [yɤ] 哟唷育_{杭育}}		116	
		14. er [ɚ] 韵		3	
第六　怀来辙	七、儿部 八、开部	15. ɑi [ai] 韵		56	76
		16. uɑi [uai] 韵		20	
第七　灰堆辙	九、微部	ei [əi]	17. ê [ei] 韵	4	74
			18. ei [əi] 韵	29	33
		19. uei [uəi] 韵		41	
第八　遥迢辙	十、豪部	20. ɑo [au] 韵		68	108
		21. iɑo [iau] 韵		40	

续表

韵辙	韵部	韵母		音节数	
第九 由求辙	十一、侯部	22. ou［əu］韵		54	77
		23. iou［iəu］韵		23	
第十 言前辙	十二、寒部	24. an［an］韵		65	162
		25. ian［ian］韵		39	
		26. uan［uan］韵		43	
		27. üan［yan］韵		15	
第十一 人辰辙	十三、痕部	28. en［ən］韵		45	126
		29. in［iən］韵		28	
		30. un［uən］韵		42	
		31. ün［yən］韵		11	
第十二 江阳辙	十四、唐部	32. ang［aŋ］韵		63	107
		33. iang［iaŋ］韵		20	
		34. uang［uaŋ］韵		24	
第十三 中东辙	十五、东部	35. eng［əŋ］韵		53	89
		36. ing［iəŋ］韵		36	
		ong［uŋ］	37. ueng［uəŋ］韵	3	44	54
			38. ong［uŋ］韵	41	
		39. iong［iuəŋ］韵		10	
合计	13	15	39	1287	

玖 普通话韵谱字汇

一 说明

为了方便读者使用《普通话韵谱字汇》，今作如下七点说明：

一、本韵谱编纂的主要目的是在三级韵部体系框架下，将可以在一起押韵的常用字按照一定的规则编排成谱，方便检字押韵。三级韵部体系见本书《普通话分级分韵表》一节。

二、本韵谱按韵辙、韵部和韵母三级排列韵字。韵辙分为13类，辙下分为15部，各部按开口呼、齐齿呼、合口呼、撮口呼排列韵母，共39个韵母；同一韵母之下再按声母顺序（零声母［∅］、b、p、m、f、d、t、n、l、g、k、h、j、q、x、zh、ch、sh、r、z、c、s）排列韵字，声韵相同的字按阴平、阳平、上声、去声和轻声排列，完全同音的字按笔画数和笔形排列。

三、本韵谱主要收常用字，也适当收录了一些创作中可能用到的字，共有9171个字，多音多义字每一读音计为一字。

四、本韵谱对所收字，主要是多音多义字，列举了包含该字的词语或简短句子，以显示字音与字义的对应关系；对一些地名用字，也视需要例举了相应的地名；对一些有特别意义的字，也列举词语。其他字的释义可参考相应的工具书。

五、本韵谱编写时，参考了下列文献：《现代汉语词典》（第7版）（商务印书馆2016年版）、《新华字典》（第11版）（商务印书馆2011年第537印次）、《通用规范汉字表》（2013年版）、王宁主编的《通用规范汉字字典》（商务印书馆2013年版）以及《普通话异读词审音表》（1985）

等。特此向这些文献的编写者致谢!

六、本韵所收韵字的注音参考了《新华字典》(第11版)(商务印书馆 2011 年第 537 印次)、《现代汉语词典》(第 7 版)(商务印书馆 2016 年版)和《普通话异读词审音表》(1985)等文献。

七、本韵谱儿化韵部没有列出,可见"拾 普通话儿化韵及儿化韵音节"。

二 普通话韵谱字汇

第一 支思辙

一、支部

1. ï [ɿ、ʅ] 韵

zī 仔[1] 仔肩。又读 zǐ, zǎi。孖[1] 双生子。又读 mā。吱[1] 同"嗞"。又读 zhī。孜吡[1] 同"龇"。又读 cī。咨姿兹[1] 现在。这个。又读 cí。赀资淄 水名,淄川。谘 同"咨"。缁鄑 地名。辎嗞嵫崦嵫,山名。粢[1] 又读 cī。孳滋越趑 菑[1] 星宿名。又读 zuǐ。訾[1] 姓。又读 zǐ。镃龇镃鬃髭鲻

zǐ 子仔[2] 幼小的动物。姊秄茈[1] 此草;茈湖口,地名。又读 cí。耔 好蚂。秭籽笫梓紫訾[2] 说别人的坏话。滓

zì 自字牸恣眦渍胾胔

cī 刺[1] 撕裂、摩擦声。又读 cì。呲[2] 责骂。差[1] 参差。又读 chā, chà, chāi。玼[1] 玉的斑点。又读 cǐ。疵跐[1] 脚(没踏稳)滑动。又读 cǐ。粢[2] 粢饭

cí 词茈[2] 凫茈。茨兹[2] 龟兹。祠瓷辞慈磁雌鹚糍

cǐ 此泚泚凤岭,地名。玼[2] 玉光洁明亮。跐[2] 踏,踩。鮆

cì 次伺[1] 伺候。又读 sì。刺[2] 刺刀。佽莿赐

sī 厶 古"私"。司丝私呲峒峒峿,地名。思虒虒亭,地名。鸶斯蛳偲[1] 偲偲。又读 cāi。缌楒楒栗,地名。飔厮罳澌撕嘶渐螔[1] 口水。又读 chí。

sǐ 死

sì 巳四寺似[1] 似乎。又读 shì。汜兕伺[2] 伺机。俟 姓。祀姒 姓。饲泗驷俟[1] 等待。又读 qí。食 给人吃事物。又读 shí。涘耜笥肆嗣

2. ï [ʅ] 韵

zhī 之支氏[1] 月氏,古西域国名;阏氏,汉代匈奴对君主正妻的称呼。又读 shì。只[1] 量

普通话的分韵及韵谱字汇

词。又读 zhǐ。卮汁芝吱[2] 摩擦声或鸣叫声。枝知肢泜 泜河，水名。织栀胝秪脂稙媞榰蜘

zhí　执直侄值埴职絷植殖[1] 生育。又读 shi。跖摭踯

zhǐ　止只[2] 虚词，限定范围。旨址抵芷沚纸芪[1] 古书上指嫩蒲草。又读 dǐ。祉指枳轵咫趾黹酯徵

zhì　至志豸[1] 古书上指无足的虫子。又读 zhài。忮识[1] 记住。又读 shí。庢盩厔，县名。郅帜袠制质炙治栉峙[1] 耸立。又读 shì。庤陟贽挚桎轾致晊秩鸷掷桎畤铚痔窒蛭智痣滞骘豑跱置锧雉稚瘈[1] 疯狂，有时特指狗。又读 chì。滍寘膣踬觯擿[1] 抓。又读 tī。蟙

chī　吃哧鸱蚩绌眵笞瓻摛嗤痴媸螭魑

chí　池弛驰迟坻[1] 水中的高地或小洲。又读 dǐ。茌茌平，地名。持匙[1] 汤匙。又读 shi。漦[2] 古书上指（鱼或龙的）涎沫。墀踟篪

chǐ　尺[1] 长度单位；量词。又读 chě。齿侈胣耻豉褫

chì　彳叱斥赤饬炽翅敕痓啻傺瘛[2] 同"瘈"。瘛

shī　尸失师郲[1] 小邿城村，地名。诗鳲鸤鸠。虱鸤鸟名。狮施狮狮河。湿蓍醋[1] 滤酒，斟酒，疏导河渠。又读 shāi。嘘 叹词，用来表示驱逐、反对、制止等。又读 xū。鲺

shí　十什[1] 多种的、各样的；同"十"。又读 shén。石[1] 石头。又读 dàn。时识[2] 认得。实拾[1] 拾掇。又读 shè。食[1] 食物，吃东西。蚀炻祏埘莳[1] 莳萝。又读 shì。湜寔鲥鼫

shǐ　史豕使始驶屎

shì　士氏[2] 姓氏。示世仕市式似[2] 似的。势事侍饰试视拭贳柿是峙[2] 繁峙，地名。昰适[1] 相合；刚才；到。又读 kuò。舐恃室逝莳[2] 移栽植物。栻轼铈舐谥订正弑释谥媞嗜筮誓奭姼。噬螫同"蜇"（zhē），毒虫刺人或牲畜。襫

shi　匙[2] 钥匙。殖[2] 骨殖。

rì　日驲古代驿站的马车；驲面，地名。

第二　衣期辙

二、齐部

3. i

yī　一式同"一"。伊衣[1] 衣服。又读 yì。医依祎咿洢漪水。铱猗揖壹椅[1] 落叶乔木。又读 yǐ。欹[1] 同"猗"。又读 qī。漪鹥噫繄黟

yí　匜仪圯夷沂诒迤[1] 逶迤。又读 yǐ。饴怡宜荑[1] 去除田里的野草。又读 tí。咦

贻姨眙 盱眙，地名。胰宧庨 庨庨，门闩。蛇[1] 委蛇。又读 shé。移痍遗[1] 丢失；余下，留下。又读 wèi。颐椸疑嶷簃彝

yǐ 乙已以钇苡薏苡。佁 痴呆貌。尾[1] 马尾（wěi）上的长毛（口语中）。又读 wěi。矣苢苊苢迤[2] 往，向。蚁舣酏倚庡椅 椅子。旖踦

yì 乂弋亿义艺刈忆艾[1] 惩治，自怨自艾。又读 ài。仡[1] 高大。又读 gē。议屹亦衣[2] 动词，穿衣。异抑杙呓邑佚役泆译枍易峄 峄山。钇佾佽 解佽，病名。怿诣驿绎轶昳[1] 美丽。又读 dié。弈奕疫狋 狋狘，即猞猁。羿挹益浥悒谊场勚逸翊翌嗌 咽喉。又读 ài。肄裛裔意溢缢蜴廙瘗潩嬑甀鹝镒毅鹢熤薏殪螠劓燚繶翳臆翼镱癔懿

bī 屄逼鯾鱼名。

bí 荸鼻

bǐ 匕比芘[1] 有机化合物。又读 pí。吡吡啶。沘妣彼秕笔俾舭鄙

bì 币必毕闭坒佊庇邲 古地名。诐苾畀哔 地名。泌[1] 泌阳。又读 mì。柲贲[1] 装饰得很好。又读 bēn。荜荜拨。怭哔哔叽。陛毙铋秘[1] 秘鲁。又读 mì。狴草桯庳敝啤萆赑赑屃。筚愎弼蓖跸痹滗裨[1] 益处，补益。又读 pí。辟[1] 君主。又读 pì。碧蔽秘算弊薜觱觱篥，一种乐器。篦壁避嬖髀潷臂[1] 胳膊。又读 bei，轻声。璧襞躄腿癖。

pī 丕批邳伾纰披坯披狓驱砒钍劈[1] 用刀斧破开。又读 pǐ。噼噼啪霹

pí 皮芘[2] 芘苤，古书上指锦葵。陂[1] 黄陂。又读 pō, bēi。枇毗蚍铍郫疲陴埤啤琵脾鲏裨[2] 副职。蜱罴貔夔

pǐ 匹庀圮仳苤否[1] 坏，恶；臧否。又读 fǒu。痞劈[2] 劈柴。擗癖嚭大。

pì 屁埤埤堄。淠脾辟[2] 开辟。媲僻澼甓鷿鹪鹏。譬

mī 咪眯[1] 眯眼。又读 mí。

mí 弥迷祢眯[2] 尘土入眼，眼不能睁开看。猕谜醚糜[1] 稠粥；腐烂。又读 méi。縻麋靡蘼醾

mǐ 米芈洣弭脒敉

mì 汨觅泌[2] 分泌。宓祕秘[2] 秘密。密幂谧蓂[1] 蓂荚。又读 míng。幦蜜

dī 氐[1] 中国古代西部民族；星宿名。又读 dǐ。低的[1] 打的。又读 dí, dì, de。羝堤提[1] 提防。又读 tí。磾 人名。滴镝[1] 金属元素。又读 dí。鞮

dí 狄迪的[2] 的确。籴荻敌涤頔笛觌髢嫡翟[1] 古书上指长尾巴的野鸡，用作舞具的野鸡毛。又读 zhái。镝[2] 箭头。蹢

dǐ 氐[2] 根本。邸诋坻[2] 山坡。抵苊[2] 有机化合物。底[1] 物体最下端。又读 de，轻声。柢砥骶

普通话的分韵及韵谱字汇

dì 地[1] 陆地。又读 de。玓杕[1] 树木孤立。又读 duò。弟的[3] 有的放矢。帝递娣苮第谛蒂棣睇媂缔琗褅碲蟅踶

tī 体[1] 体己。又读 tǐ。剔梯锑踢鹈擿[2] 指摘；揭发。

tí 荑[2] 植物刚生出的嫩芽、嫩叶。绨[1] 厚实的丝织品。又读 tì。提[2] 提水。啼遆鹈缇堤题醍蹄鳀

tǐ 体[2] 全身；全体。

tì 屉剃俶[1] 俶傥，同"倜傥"。又读 chù。倜逖涕悌绨[2] 用丝或人造丝做经、用棉线做纬织成的比绸子厚实、粗糙的纺织品。惕替裼[1] 包裹婴儿的被子。又读 xī。殢薙嚏趯

nī 妮

ní 尼伲[1] 姓。又读 nì。坭呢[1] 毛呢。又读 ne，轻声。泥[1] 土和水混合成的半固体物。又读 nì。怩铌倪猊輗霓齯鲵麑

nǐ 拟你旎薿

nì 伲[2] 代词，我，我们。泥[2] 泥墙。眤逆匿秜坲睨腻溺[1] 淹没在水里；沉迷不悟。又读 niào。

lī 哩[1] 哩哩啦啦。又读 lǐ，li。

lí 丽[1] 丽水。又读 lì。厘狸离骊梨犁鹂喱蓠蜊漓缡璃嫠黎鲡罹篱醨藜樆黧蠡 贝壳做的瓢。又读 lǐ。劙

lǐ 礼李里俚逦哩[2] 英美制长度单位。浬娌理锂鲤澧醴鳢蠡[2] 人名；地名。

lì 力历厉立枥吏坜苈荔苈。丽[2] 美丽；附着。励呖呖呖 砺利沥枥例疠戾隶珕荔栎[1] 落叶乔木。又读 yuè。郦轹俐猁疬琍莉苙鬲[1] 古代炊具。又读 gé。栗砺砾猁涮[1] 涮源，地名。又读 liàn。蛎唳笠粝粒雳跞[1] 跨越。又读 luò。詈傈溧痢溧篥霶篥。鬁 鬎鬁，同"瘌痢"。

li 哩[3] 助词，同"呢"。璃

jī 几[1] 几乎；茶几。又读 jǐ。讥击叽饥玑坄芨机乩肌矶鸡枅奇[1] 奇数。又读 qí。陊剞唧积笫屐姬基锜期[1] 一周年；一整月。又读 qī。赍犄嵇缉[1] 搜捕；捉拿。又读 qì。畸跻镮禨箕稽[1] 查考；计较；停留；姓。又读 qǐ。觭齑畿墼激羁

jí 及伋吉岌汲级极即佶亟[1] 急迫。又读 qì。革[1] 病危。又读 gé。笈急诘[1] 诘屈，同"佶屈"。又读 jié。姞疾聖棘殛戢集湁蒺楫辑崨嫉糺戢瘠鹊藉[1] 践踏；姓。又读 jiè。踖籍

jǐ 几[2] 询问数目或时间。己纪[1] 姓。又读 jì。虮挤济[1] 济济。又读 jì。给[1] 供给；充足。又读 gěi。脊掎麂戟麂

玖 普通话韵谱字汇

jì 计记伎纪[2]纪念。技荠系[1]系，动词，如系鞋带。又读xì。忌际妓季剂垍荠[1]荠菜。又读qí。迹洎到；及。济[2]救济。既觊继偈[1]佛经中的唱词。又读jié。偞祭悸寄寂绩綦墍蓟霁跽鲚漈暨鲫髻冀稷罽鳖骥灛檵

qī 七沏妻[1]男性的配偶。又读qì。柒栖[1]鸟停在树上。又读xī。桤郪郫江。凄萋戚期[2]预定的时间；盼望；约定时日。欺敧[2]同"欹"。欹缉[2]用针密密地缝。喊喊喊喳喳。漆曝蹊[1]蹊跷。又读xī。

qí 亓齐祁圻芪岐其奇[2]特殊；姓。歧祈祇荠[2]荸荠。俟[2]万（mò）俟，复姓。耆颀脐旂埼萁蓍畦跂[1]多长的脚趾。又读qǐ。崎淇骐骑琪琦棋蛴祺锜愭綦蜞旗蕲鬐鳍麒

qǐ 乞芑古书上说的一种谷子或植物。屺岂企玘杞杳[1]明亮的星星。又读mèn。启起跂[2]踮脚站。婍绮棨肯稽[2]稽首。

qì 气讫迄汔弃汽妻[2]以女嫁人。炁坎炁，中药上指干燥的脐带。泣呕[2]屡次。契[1]用刀雕刻；契约。又读xiè。砌涑古水名。葺碛碶槭磜器憩

xī 夕兮西吸汐希昔析矽肸羊舌肸，人名。穸窀穸，墓穴。茜[1]人名。又读qiàn。俙郗姓。旧读chī。依悕唏牺息奚浠莃栖[2]栖栖，忙碌不安定貌。硒晞欷悉烯浙惜腊[1]干肉。又读lù。晰睎稀傒舾翕棲犀晳锡傒溪裼[2]脱去外衣，露出身体的一部分。熙豨蜥僖熄嘻噷厬膝嬉熹樨歙[1]吸气。又读shè。嘻螅羲燨窸蹊[2]小路。蟋谿釐灘醯曦巇鄡燨同"曦"。躛鑴

xí 习席觋袭恴姓。媳骎嶍隰檄鳛

xǐ 洗[1]洗手。又读xiǎn。枲玺铣[1]用旋转的多刃刀具在机床上切削加工金属工件。又读xiǎn。徙喜葸蓰屣蔿禧蟢

xì 戏[1]戏耍。又读hū。饩系[2]太阳系，体系。屃赑屃细盻咥郤给阋烏隙褉潟澙湖。澻

第三 姑苏辙

三、模部

4. u

wū 乌[1]乌鸦。又读wù。圬邬污巫呜於[1]文言叹词，表感叹。又读yū，yú。钨洿诬屋恶[1]文言叹词，表惊讶。又读wù，ě，è。

wú 亡古同"无"。无毋芜吾吴郚唔峿浯珸梧鹀铻蜈鼯

wǔ 五午伍仵迕庑忤怃妩武旿俉捂牾珷鹉舞潕

普通话的分韵及韵谱字汇

wù 兀勿乌² 乌拉，同"靰鞡"。戊务阢坞芴机物误恶² 可恶。悟晤焐靰痦婺鹜雾痸鹙鋈

bū 逋晡申时。

bú 醭

bǔ 卜¹ 占卜。又读 bo。卟补捕哺堡¹ 堡子。又读 pù, bǎo。

bù 不布步怖钚埔¹ 大埔，地名。又读 pǔ。埗部埠瓿蔀簿

pū 仆¹ 向前倒。又读 pú。扑向前冲；拍打。铺 把东西展开或摊平。又读 pù。噗潽

pú 仆² 仆人。匍莆菩脯¹ 胸部。又读 fǔ。葡蒱蒲酺墣璞鏷樸濮

pǔ 朴 朴素。又读 pō, pò, piáo。埔² 黄埔。圃浦普溥谱镨错蹼

pù 铺² 商店；床；古时驿站。堡² 地名。暴¹ 晒。又读 bào。瀑¹ 瀑布。又读 bào。曝¹ 晒。又读 bào。

mú 毪模¹ 模子。又读 mó。

mǔ 母牡亩拇姆姥¹ 老年妇人。又读 lǎo。钅母钴钅母潭。

mù 木目牟¹ 牟平，地名。又读 móu。沐苜牧钼募墓幕睦慕暮霂穆

fū 夫¹ 女子的配偶；成年男子的通称。又读 fú。呋玞肤砆铗麸趺跗稃廊孵敷

fú 夫² 文言发语词。弗伏凫扶芙芾¹ 草木茂盛。又读 fèi。茯苓兰岩，地名。佛¹ 仿佛。又读 fó。孚拂苻莩服¹ 服务，服装。又读 fù。怫绂绋韨莰枎枹¹ 枹罕，地名。又读 bāo。罘氟俘郛洑¹ 旋涡。又读 fú。祓浮莩¹ 芦苇秆中薄膜。又读 piǎo。蚨浮珩菔桴符蔮涪袱匐幅箙罦辐蜉福榑蝠幞襆黻

fǔ 父¹ 老年人。又读 fù。抚甫叝拊斧府俯釜辅脯² 肉干；用糖、蜜等浸制的果品。腑滏腐黼同"釜"。簠黼

fù 父² 父亲；对长辈男子的称呼。讣付负妇氵父 湖汊，地名。附咐阜服² 量词，用于中药。驸赴复洑² 在水中游。副赋傅富腹鲋缚赙蝮鳆覆馥

dū 兺都¹ 大城市，首都；姓。又读 dōu。阇 城门上的台。又读 shé。督嘟

dú 毒独顿¹ 冒顿，汉初匈奴的一位首领。又读 dùn。读¹ 念，阅读。又读 dòu。渎椟犊牍髑黩髑

dǔ 肚¹ 用作食品的动物的胃。又读 dù。笃堵赌睹

dù 芏 莞芏。杜肚² 肚子，腹部。妒度¹ 度量衡，过度。又读 duó。钍渡镀蠹

tū 凸秃突葖瑑瑲。

tú 图荼徒途涂駼 騊駼，古代良马。菟¹ 於菟，老虎的别称。又读 tù。梌屠稌腯酴

tǔ 土吐¹ 使东西从口中出来。又读 tù。钍

玖 普通话韵谱字汇

tù 吐[2] 消化道或呼吸道中的东西不由自主地从嘴里涌出。兔堍菟[2] 菟丝子。

nú 奴孥驽笯

nǔ 努弩砮胬

nù 怒傉

lū 撸噜

lú 卢芦庐垆炉泸栌胪鸬钌颅舻鲈

lǔ 芦卤虏掳硵鲁澛橹镥

lù[1] 六[1] 六安。又读 liù。甪陆[1] 陆地。又读 liù。录辂赂菉彔鹿渌逯姓。骅绿[1] 绿林。又读 lù。琭禄碌[1] 繁忙，平庸。又读 liù。路稑僇盝勠箓漉醁辘戮蓼潞璐簏鹭麓露[1] 露水，露天。又读 lòu。

lu 轳氇

gū 估[1] 大致推算，揣测。又读 gù。呱[1] 呱呱。又读 guā, guǎ。沽孤姑轱骨[1] 骨朵儿。又读 gǔ。鸪菇蛄蝲蛄。菁辜酤觚箍

gǔ 古谷[1] 山谷。又读 yù。汩诂股骨[2] 骨头。牯贾[1] 商人；卖。又读 jiǎ。罟钴羖蛊鹄[1] 射箭的靶子。又读 hú。馉鼓縠榾縠嘏鹘[1] 鹘鹘。又读 hú。鹽臌蓇瀫

gù 估[2] 估衣。固故顾堌梏崮牿雇锢痼鲴

kū 矻刳枯哭圐 圐圙，围起来的草场。窟骷

kǔ 苦

kù 库绔喾裤酷

hū 乎戏[2] 於戏，同"呜呼"。吘呼呷忽轷烀唿滹惚滹糊[1] 用较浓的糊状物涂抹（缝隙、孔洞或平面）。又读 hú, hù。

hú 囫和[1] 和牌。又读 hé, hè, huó, huò, huo。狐弧胡壶核[1] 核儿，用于某些口语词，如"桃核儿"。又读 hé。斛葫鹄[2] 天鹅。鹘[2] 隼。猢湖瑚煳鹕槲蝴糊[2] 稠粥；粘贴用的黏性的东西；用有黏性的东西粘贴。縠醐觳

hǔ 虎浒[1] 水边；水浒。又读 xǔ。唬[1] 虚张声势以吓人或蒙人。又读 xià。琥

hù 互户冱护沪戽枑岵祜笏瓠滬鄠婟糊[3] 像粥一样的食物；欺骗。齉鳠

zhū 朱邾侏诛茱洙珠株诸铢猪蛛槠潴橥

zhú 术[1] 白术。又读 shù。竹竺逐烛舳瘃蠋躅

zhǔ 主伫拄渚煮褚[1] 口袋；丝绵衣服。又读 chǔ。属[1] 连接；（意念）集中在一点。又读 shǔ。嘱麈瞩

zhù 伫苎助住纻杼贮注驻柷[1] 古时打击乐器。又读 chù。柱炷祝砫疰著[1] 著名。

普通话的分韵及韵谱字汇

又读 zhuó。蛀铸筑翥箸

chū　出初邮邮江。貙摴樗

chú　刍除厨锄滁蜍雏篨橱躇蹰

chǔ　处¹ 处罚，独处。又读 chù。杵础楮储楚褚² 姓。濋龃

chù　亍处² 地方；某些机关部门的名称。怵绌柷² 人名。俶² 开始。畜¹ 牲畜。又读 xù。珿搐触滀¹ 水聚积。又读 xù。憷黜腐颜腐，战国时齐国人。矗

shū　殳书抒纾枢叔陈姝殊倏菽梳觎淑舒疏摅输毹疏

shú　秫孰婌赎塾熟¹ 成熟。又读 shóu。

shǔ　暑黍属² 金属。署蜀鼠数¹ 查点；计算或比较起来最突出；责备。又读 shù, shuò。薯曙

shù　术² 策略；学问；姓。戌束述沭树竖俞¹ 同"腧"。又读 yú。钋恕庶喻腧腧穴。数² 数目。裋墅漱澍

rú　如茹鉚儒薷嚅濡孺嬬襦颥蠕

rǔ　汝乳辱擩

rù　入洳蓐溽缛褥

zū　租菹 酸菜。

zú　足卒¹ 古时士兵或差役；死亡。又读 cù。崒族镞

zǔ　诅阻组俎祖

cū　粗

cú　徂殂

cù　卒² 同"猝"。促猝酢¹ 同"醋"。又读 zuò。蔟醋踧簇蹙蹴

sū　苏甦酥稣窣

sú　俗

sù　夙诉素速涑涑宿¹ 过夜，年老的，姓。又读 xiǔ。骕粟傃谡嗉塑溯愫鹔萧僳觫愬缩¹ 缩砂密，草本植物。又读 suō。簌蹜

四、鱼部（可与 u 韵母通）

5. ü

yū　迂纡於² 姓。淤瘀

yú　于与¹ 同"欤"。又读 yǔ, yù。予¹ 文言代词，我。又读 yǔ。邘玗欤余妤孟臾鱼於³ 於陵，地名。禺竽舁 共同抬东西；西南昇，地名。俞² 姓。徐谀娱萸雩渔隅揄喁¹ 低声细语。又读 yóng。嵎崳畲¹ 开垦过两年的地。又读 shē。逾腴渝愉瑜榆虞愚舻觎

玖 普通话韵谱字汇

舆衙翻墙而过。揄蝓髃

yǔ 与² 连词；介词；给。予² 给。屿伛宇羽雨¹ 雨水。又读 yù。俣禹语¹ 说。又读 yù。囹敔圄鄅庾貐㺄。瑀痷齲窳

yù 与³ 参加。玉驭芋吁¹ 为了某种要求而喊叫。又读 xū。聿谷² 吐谷浑，古代西部少数民族。饫妪雨² 下（雨、雪）。郁育昱狱语² (文言中) 对人说。彧峪钰浴预域堉菀¹ 茂盛貌。又读 wǎn。忿欲阈淯谕尉¹ 尉犁，地名。又读 wèi。棫遇喻御鹆寓裕鹬蓣愈煜灏誉奥¹ 薁薁。又读 ào。噢蔚¹ 蔚县。又读 wèi。蜮毓滪熨¹ 熨帖。又读 yùn。遹豫燠鹬鬻鷽

nǚ 女钕

nù 恧朒衄

lú 驴闾橹

lǚ 吕侣捋¹ 用手顺着抹整理，使物体顺溜或干净。又读 luō。梠旅铝稆偻¹ 伛偻。又读 lóu。屡缕膂褛履

lǜ 垏律虑率¹ 比率。又读 shuài。绿² 青草、树叶的颜色。葎氯

jū 车¹ 一种象棋棋子。又读 chē。且¹ 文言助词，相当于"啊"。又读 qiě。拘苴岨狙泃居驹砠俱¹ 姓。又读 jù。疽掬据¹ 拮据。又读 jù。崌婢琚趄¹ 越趄。又读 qiè。椐锔¹ 用锔子把破裂的器物连和起来。又读 jú。腒雎裾鞠鞫锯¹ 同"锔"。又读 jù。

jú 局桔"橘"俗作"桔"。又读 jié。菊焗锔² 金属元素。淍漍河，水名。鵙橘

jǔ 弆 收藏。柜¹ 柜柳。又读 guì。咀 含在嘴里细嚼。又读 zuǐ。沮¹ 消沉，颓丧。又读 jù。莒枸¹ 枸橼。又读 gōu, gǒu。矩举筥蒟榉龃踽

jù 巨句¹ 语句。又读 gōu。讵拒苣² 莴苣。又读 qǔ。岠具炬沮² 沮洳，低湿的地带。钜秬俱² 都、全。倨剧据² 根据。距惧犋飓锯² 用来截断木料、石料等的工具，用许多尖齿的薄钢片制成。聚窭踞屦遽濛醵

qū 区¹ (陆地、水面或空中的) 一定范围；行政区划单位；分别。又读 ōu。曲¹ 弯；偏僻处；不合理；姓。又读 qǔ。岖岐诎（言语）笨拙迟钝；弯曲。驱坥屈袪胠祛蒟蛆躯焌¹ 一种烹饪方法，油热后先放作料，再放菜；将烧着的东西弄灭。又读 jùn。趋蛐麴黢

qú 劬朐鸲渠蕖磲璩瞿鼩蘧灈氍氀。籧籧篨。臞同"癯"。癯瘦。衢蠷蠼蛐。

qǔ 曲² 歌曲。苣² 苣荬菜。取龋娶齲

qù 去阒趣觑

xū 圩圩¹ (闽粤地区的) 村镇集市。又读 wéi。戌吁² 叹气；吁吁。旴旴胥¹ 皮和骨

相离的声音。又读 huā。须胥项虚谞婿欻[1] 忽然。又读 chuā。墟需嘘[2] 慢慢地吐气；叹气；火或热气烫或熏。魖歔

  xú 徐

  xǔ 许诩姁浒[2] 浒墅关，地名。湑栩醑湑[1] 滤过渣滓的酒，即清酒；茂盛。又读 xù。糈醑

  xù 旭序昫叙溆洫恤埰畜[2] 畜牧。酗勖绪续潊湑[2] 湑水。絮婿煦溆[2] 溆仕，越南地名。

  xu 蓿

第四　麻沙辙

五、麻部

6. a

  ā 吖 吖嗪，有机化合物。阿[1] 阿姨。又读 ē。呵[1] 同"啊[1]"。又读 á, ǎ, à, a, hē。啊[1] 叹词，表惊异、赞叹。又读 á, ǎ, à, a。锕腌[1] 腌臜。又读 yān。

  á 啊[2] 叹词，表追问或反问。呵[2] 同"啊[2]"。嗄[1] 同"啊[2]"。又读 shà。

  ǎ 啊[3] 叹词，表疑惑。呵[3] 同"啊[3]"。

  à 啊[4] 叹词，表答应或领悟；表醒悟；表惊异或赞叹。呵[4] 同"啊[4]"。

  a 啊[5] 助词，用于句末，起加强语气或舒缓语气的作用；用于列举的各项之后，强调列举。阿[2] 同"啊[5]"。呵[5] 同"啊[5]"。

  bā 八巴扒[1] 抓住；刨；拨动；剥。又读 pá。叭朳芭吧[1] 吧嗒。又读 ba。岜疤捌蚆笆羓粑魞

  bá 拔茇 草根。妭胈菝跋魃犮

  bǎ 把[1] 把握。又读 bà。钯[1] 金属元素。又读 pá。靶

  bà 坝把[2] 刀把儿。爸耙[1] 用来弄碎土块、平整土地的农具；用耙弄碎土块使地平整。又读 pá。罢 停止；解除。又读 ba。蚆鲃[1] 同"鲅"。又读 bó。鲅耙霸灞

  ba 吧[2] 助词。罢[2] 同"吧"。

  pā 趴妑啪葩

  pá 扒[2] 扒窃。杷爬钯[2] 同"耙"。耙[2] 聚拢谷物或平土地等用的用具；用耙平整土地或聚拢谷物、柴草等。琶筢潖弄

  pà 帕怕

  mā 孖[2] 成对相连，方言词。妈妈[1] 蚂螂。又读 mǎ, mà。抹[1] 抹桌子。又读 mǒ, mò。

玖 普通话韵谱字汇

摩¹ 摩挲。又读 mó。

má 吗¹ 干吗，方言词。又读 mǎ, ma。麻

mǎ 马吗² 吗啡。犸玛码蚂² 蚂蟥。

mà 杩祃蚂³ 蚂蚱。骂

ma 吗³ 助词，用于句末，表疑问或反问。嘛蟆么¹ 同"吗"（ma）。又读 me, yāo。

fā 发¹ 发表。又读 fà。

fá 乏伐罚垡阀筏

fǎ 法砝

fà 发² 头发。珐

dā 咑奓哒搭嗒¹ 嗒嗒。又读 tà。答¹ 答应，答理。又读 dá。锘褡

dá 打¹ 量词。又读 dǎ。达沓¹ 一沓信纸。又读 tà。怛妲莙炟跶 卵石，方言词；跶石，地名。又读 da。鞑笪答² 回答。瘩靼瘩¹ 瘩背，中医指长在背上的痈。又读 da。靾

dǎ 打² 击打。

dà 大¹ 大门。又读 dài。

da 垯圪挞。跶² 蹦跶。瘩² 疙瘩。

tā 他它她趿铊¹ 金属元素。又读 tuó。塌溻踏¹ 踏实。又读 tà。褟

tǎ 磋塔溚獭鳎

tà 拓¹ 拓片。又读 tuò。沓² 重沓。健挞闼嗒² 失意貌。遢阘阘茸。榻漯漯河，古水名，在今山东。踏² 用脚踩。蹋鞜

ta 遢

nā 那¹ 姓。又读 nà, nèi。

ná 拿镎

nǎ 姆哪¹ 哪儿。又读 na, né, něi。

nà 那² 那个事。呐纳朒莯¹ 莯拔林，地名。又读 nuó。钠衲娜¹ 人名用字。又读 nuó。捺

na 哪² 助词，"啊"受前一字的韵母 n 收音影响而发生的变音。

lā 垃拉¹ 拉开。又读 lá。啦¹ 呼啦啦。又读 la。邋

lá 旯拉² 割，切。砬剌¹ 同"拉"（lá），划破。又读 là。

lǎ 喇

là 剌² 奇怪的癖好，违背事理或常情。落¹ 遗漏。又读 luò, lào。腊² 腊月。蜡¹ 蜡烛。又读 zhà。瘌辣蝲鯻鬎 癞痢，同"癞痢"。镴

普通话的分韵及韵谱字汇

la 啦² 助词，"了"与"啊"的合音。鞡

gā 夹¹ 夹肢窝。又读 jiā, jiá。旮伽¹ 伽马射线。又读 jiā, qié。咖¹ 咖喱。又读 kā。戛¹ 戛纳。又读 jiá。嘎¹ 嘎吱。又读 gá, gǎ。

gá 轧¹ 拥挤；结交（朋友）；查对（账目）。又读 zhá, yà。钆尜尜尜，一种两头小中间大的儿童玩具。嘎² 嘎嘎，同"尜尜"。噶

gǎ 玍 同"嘎"。尕 小，方言词。嘎³ 乖僻。

gà 尬

kā 咔¹ 咔嚓。又读 kǎ。咖² 咖啡。喀揩

kǎ 卡¹ 卡车。又读 qiǎ。佧咔² 咔叽。咯¹ 用力咳，使东西从食道或气管里出来。又读 gē, luò。胩

hā 哈¹ 张口呼气；叹词，表得意或惊喜。又读 hǎ, hà。铪

há 虾¹ 虾蟆。又读 xiā。蛤¹ 蛤蟆。又读 gé。

hǎ 哈² 哈达，哈巴狗；姓。

hà 哈³ 哈什蚂

zhā 扎¹ 扎针。又读 zhá, zā。吒咋¹ 咋呼。又读 zé, zǎ。挓查¹ 姓。又读 chá。奓¹ 奓山。又读 zhà。哳喳喳¹ 喳喳，鸟叫声。又读 chā。渣楂¹ 山楂。又读 chá。齄 鼻子上长的红色小疮。劄¹ 旧同"扎"。又读 zhá。

zhá 扎² 挣扎。札轧² 轧钢。闸炸¹ 油炸。又读 zhà。铡喋¹ 喋喋。又读 dié。劄² 目劄，中医指多见于儿童的不停眨眼的病。

zhǎ 拃苲眨砟鲊鲝

zhà 乍诈柞¹ 柞水。又读 zuò。栅¹ 栅栏。又读 shān。咤奓² 张开。炸² 爆炸。痄蚱溠 溠水，水名。榨磲蜡² 古时年终的一种祭祀。霅蛇 海蛇，方言词。

chā 叉¹ 叉子。又读 chá, chǎ, chà。扠杈¹ 一种农具，用来挑柴草。又读 chà。臿差² 差别，差错。插喳² 喳喳，小声说话声。馇 边搅拌边煮。锸嚓 咔嚓。又读 cā。

chá 叉² 挡住；互相卡住。垞茬茶查² 检查。搽嵖猹楂² 同"茬"。槎碴察檫

chǎ 叉³ 分开。衩¹ 裤衩。又读 chà。踏镲

chà 叉⁴ 劈叉；排叉。汊杈² 杈子。衩² 侘刹¹ 佛寺；刹那。又读 shā。衩² 衣服旁边的开口处。诧差³ 不相同；错；缺少；不好。姹

shā 杀杉¹ 义同"杉"（shān）。又读 shān。沙¹ 微小的石粒，像沙的东西；声音嘶哑；姓。又读 shà。纱刹² 刹车。砂莎¹ 莎车，地名。又读 suō。铩痧煞¹ 结束；束紧。又读 shà。裟鲨挲 杂糅。又读 sa, suō。

玖 普通话韵谱字汇

shá 啥

shǎ 傻

shà 沙² 通过摇动把东西里杂物聚到一起，以便清除。嗏嗏喋 厦¹ 高大的房子；房子的后廊，房屋伸出的后檐所遮蔽的地方。又读 xià。嗄² 声音嘶哑。又读 歃煞² 迷信指凶神；表程度很深。箑霎

zā 扎³ 捆；量词。匝咂拶¹ 逼迫。又读 zǎn。

zá 杂砸

zǎ 咋² 怎么。

za 臜

cā 擦嚓² 物体摩擦声。

cǎ 礤

sā 仨挲² 摩挲。手掌轻轻按着慢慢移动。撒¹ 放开；尽量施展出或故意表现出（多为贬义）。又读 sǎ。

sǎ 洒靸撒² 撒播（颗粒或片状物）；分散落下。潵

sà 卅掰侧手击。飒飒飒。脎萨

sa 挲² 摩挲。手掌轻轻按着慢慢移动。

7. ia

yā 丫压¹ 压碎。又读 yà。呀押垭鸦哑¹ 哑哑，乌鸦叫声，小儿学语声。又读 ya。桠鸭

yá 牙伢芽岈玡蚜埡崖涯睚衙

yǎ 哑² 哑巴。雅

yà 轧³ 碾；排挤。亚压² 压根儿。讶迓挜砑娅氩揠猰

ya 呀² 助词，"啊"受前一字收音影响而发生的变音。

diǎ 嗲

liǎ 俩¹ 咱俩。又读 liǎng。

jiā 加夹² 夹击。伽² 伽利略。茄¹ 雪茄。又读 qié。佳泇迦释迦摩尼。珈枷浃袷痂家¹ 家庭。又读 jie。笳袈葭跏嘉镓瘕

jiá 夹³ 双层的（衣物等）。郏荚恝戛² 戛然。铗颊蛱

jiǎ 甲岬胛贾² 姓。钾假¹ 虚假。又读 jià。斝槚瘕 妇女肚中结块的病；泛指人肚中结块的病。

jià 价¹ 价格；价值。又读 jiè, jie。驾架假² 假日。嫁稼

普通话的分韵及韵谱字汇

qiā 掐裌葜

qiá 拤

qiǎ 卡[2] 夹在中间无法活动；用手的虎口紧紧按住；控制；夹东西的工具；设在交通要道的检查站。

qià 洽恰髂

xiā 呷虾[2] 节肢动物。瞎

xiá 匣侠狎柙峡狭叚姓。硖翈遐瑕暇辖霞黠

xià 下吓[1] 使害怕。又读 hè。夏厦[2] 厦门。罅唬[2] 同"吓"。

8. ua

wā 圭朱家圭。挖哇[1] 哭、呕吐等的声音。又读 wa。洼呱窊同"洼"。娲蛙

wá 娃

wǎ 瓦[1] 砖瓦；泛指黏土烧制的东西；量词。又读 wà。佤

wà 瓦[2] 盖（瓦）。袜膃腽肭兽，即海狗。

wa 哇[2] 助词，"啊"受前一字收音的影响而发生的变音。

guā 瓜呱[2] 鸭子、青蛙等的鸣叫声。刮胍栝栝楼。鸹䴰黑嘴的黄马。緺古时青紫色的绶带；比喻妇女盘起的发髻。

guǎ 呱[3] 拉呱儿。剐寡

guà 卦诖挂褂

kuā 夸姱

kuǎ 侉垮

kuà 挎胯跨

huā 化[1] 同"花"，花钱。又读 huà。华[1] 古同"花"，春华秋实。又读 huá, huà。花砉[2] 形容迅速动作的声音，皮肉相离的声音。哗[1] 拟声词，物体撞击声、水流声等。又读 huá。

huá 划[1] 划火柴。又读 huà, huai。华[2] 光彩；繁盛；事物最好的部分；时光；敬辞；指中国；指汉语。哗[2] 嘈杂。骅骅骝。铧猾滑搳

huà 化[2] 变化，美化，潜移默化，有伤风化，消化，化缘，数理化，简化。划[2] 划分，划拨，计划。华[3] 姓；华山。画话桦婳姽。舙

zhuā 抓挝[1] 打。又读 wō。髽

zhuǎ 爪[1] 同"爪"（zhǎo），某些禽兽的脚，趾甲；某些器物下端像爪的部分。又读 zhǎo。

chuā 欻[2] 形容短促迅速的声音。

shuā 刷 刷子；（用刷子等）清洗；淘汰。又读 shuà。唰

shuǎ 耍

shuà 刷² 刷白，指色白而略微发青。

第五 梭波辙

六、波部

9. o

ō 噢 叹词，表了解。

ó 哦¹ 叹词，表疑问、惊奇等。又读 ò，é。

ǒ 嚄¹ 叹词，表惊讶。又读 huō。

ò 哦² 叹词，表领会、醒悟。

bō 拨波玻砵哱西哱罗寨，地名。钵饽剥¹ 同"剥"（bāo），剥离。又读 bāo。菠鲼播蕃 吐蕃。又读 fān，fán。嶓

bó 伯¹ 伯伯。又读 bāi。驳帛泊¹ 停泊。又读 pō。柏¹ 柏林。又读 bò，bǎi。勃钹铂浡袯桲舶脖艴艴然，生气貌。博鹁渤搏馎鲌² 鱼名。僰古代西南的少数民族。箔膊踣镈薄¹ 薄弱；姓。又读 bò，báo。醇欂礴

bǒ 跛簸¹ 用簸箕颠动米粮，扬去糠秕和灰尘；上下颠动、震荡。又读 bò。

bò 柏² 黄柏，即黄檗。薄² 薄荷。檗擘¹ 分开；大拇指。又读 bāi。簸² 簸箕。

bo 卜² 萝卜。啵 助词，相当于"吧"。

pō 朴² 朴刀。钋陂² 陂陀，不平坦。坡泺¹ 同"泊"（pō）。又读 luò。泊² 湖；罗布泊。泼钹颇酦

pó 婆鄱繁¹ 姓。又读 fán。皤

pǒ 叵钷笸

pò 朴³ 朴树。迫¹ 强逼；逼近；急促。又读 pǎi。珀破粕魄

po 桲

mō 摸

mó 谟馍嫫摹模¹ 模范。膜麽幺麽；姓。摩² 摩擦；抚摸；探求；量词。磨¹ 摩擦；使受痛苦；纠缠；消失；耗时间。又读 mò。嬷攠劘蘑魔

mǒ 抹² 涂；擦；除去；量词。

mò 万¹ 万俟，复姓。又读 wàn。末没¹ 沉没。又读 méi。抹³ 把和好的泥、灰等涂上并弄平。茉殁沫陌妹冒¹ 冒顿，汉初匈奴的一个首领名。又读 mào。脉¹ 含情脉脉。又读 mài。

普通话的分韵及韵谱字汇

莫秣蓦貊漠寞靺墨镆嘿[1] 同"默"。又读 hēi。瘼默磨[2] 石磨；用磨把粮食磨成粉。獏繹礳餹

  fó 佛[2] 佛教。

10. e

  ē 阿[2] 阿谀逢迎。屙婀

  é 讹囮俄莪哦[3] 吟哦。峨涐娥锇鹅蛾额

  ě 恶[3] 恶心。

  è 厄扼苊呝[1] 呃逆，打嗝儿。又读 e。轭垩姶恶[4] 恶毒。饿鄂谔堨萼遏崿愕噁腭硆鹗锷颚噩颊鼻梁。鳄

  e 呃[2] 助词，用于句末，表赞叹或惊异的语气。

  me 么[2] 这么。

  dē 嘚

  dé 得[1] 得到。又读 de, děi。锝德

  de 地[2] 助词，附在某些词后，使带"地"的词语修饰某种动作或状态。的[4] 助词，附在某些词后，使带"的"的词语代替或修饰所指的人或事物；用在句末，表确定的语气。底[2] 助词，旧同"的"。得[2] 助词，附在动词、形容词后，之后的词语表结果、可能、状态、程度等。膱肋膱，（衣服）不整洁，方言词。

  tè 忒忑[1] 差错。又读 tuī。特铽慝

  te 膱

  né 哪[3] 哪吒。

  nè 讷

  ne 呢[2] 助词，用于句末，表疑问、确定、强调等语气；用在句中某些词语之后，表短暂停顿。

  lē 肋[1] 肋膱，形容衣裳肥大，不整洁。又读 lèi。

  lè 仂叻乐[1] 快乐。又读 yuè。泐勒[1] 勒令。又读 lèi。簕鰳

  le 了[1] 助词，用于动词、形容词后，表动作或变化已经实现；用于句末，表变化或出现了新情况。又读 liǎo。饹饸饹，一种多用荞面轧成的条状食品。

  gē 戈仡[2] 仡佬族。圪纥[2] 纥继。又读 hé。疙咯[2] 咯噔。哥胳鸽袼搁[1] 搁置。又读 gé。割歌镉

  gé 革[2] 去毛后加工过的兽皮；改变；除掉。阁阁格空格。鬲[2] 鬲津，水名。搁[2] 禁受。蛤[2] 蛤蜊。颌[1] 姓。又读 hé。隔塥嗝滆膈骼镉葛[1] 藤本植物。又读 gě。

玖 普通话韵谱字汇

gē 个¹自个儿。又读 gè。合¹市制容量单位,一升的十分之一。又读 hé。哿舸盖¹姓。又读 gài。葛²姓。各¹与众不同。又读 gè。

gè 个²一个人。各²每个;表分别做某事或分别具有。龁硌¹碰到凸起的硬物感觉不适或受伤。又读 luò。铬

kē 坷¹坷垃。又读 kě。苛匼珂柯轲人名。科牁疴棵颏¹下巴。又读 ké。搕嗑¹话。又读 kè。稞窠颗榼磕瞌蝌髁

ké 壳¹壳儿,贝壳儿。又读 qiào。咳¹咳嗽。又读 hāi。颏²红点颏,鸟名。揢

kě 可¹可以。又读 kè。坷²坎坷。岢炣渴

kè 可²可汗。克刻恪客课氪骒缂嗑²用牙对着咬(带壳的或硬的物体)。锞溘

hē 诃呵⁶怒责。喝¹喝水。又读 hè。嗬叹词,表惊讶。

hé 禾合²合拢;聚在一起;符合;相当于;民乐音阶的一级,相当于简谱的"5";全。纥²回纥。何和²谐调;平和;结束战事或平息争端;比赛不分胜负;连带;介词;连词;加法运算的结果;姓。邰劾河曷饸阂盍荷¹荷花。又读 hè。核²核心。袷盉菏龁盒涸颌²构成口腔上下部的骨头和肌肉等组织。貉¹哺乳动物。又读 háo。阖鹖翮鞨靺鞨鰄

hè 吓²吓唬;叹词,表不满。和³唱和。垎贺荷²背;承受;客套话,承受恩惠。翟喝²喝令。赫熇褐鹤鹫壑

zhē 折¹翻转;倒腾。又读 zhé, shé。蜇¹被蝎子蜇了。又读 zhé。遮

zhé 折²骨折。哲蜇箦¹一种粗竹席,方言词。辄喆蛰耆蜇²海蜇。谪摺磔辙

zhě 者啫锗赭褶

zhè 这柘浙蔗鹧鹧䗪 䗪虫,即土鳖。

zhe 着¹助词,用于动词后表进行时,或持续某种状态。又读 zhuó, zhāo, zháo。

chē 车²火车。砗

chě 尺²工尺,旧时民乐乐谱上的记音符号,相当于简谱中的"2"。扯

chè 彻坼掣撤澈瞮

shē 畲同"畲",地名。奢赊猞畲畲²播种前,焚烧田地里的草木,用草木灰做肥料下种耕种。

shé 舌折³断;亏损。佘姓。蛇²爬行动物。阇²阇梨,高僧,泛指僧人。

shě 舍¹放弃;送给出家人或穷人财物。又读 shè。

shè 库村庄;地名。设社舍²房舍,舍妹,寒舍,鸡舍,退避三舍。拾²轻步登上。射涉赦摄滠潲水,水名。慑歙²歙县。麝

rě 喏¹古代表示敬意的呼喊,唱喏。又读 nuò。惹

普通话的分韵及韵谱字汇

rè　热

zé　则责择[1] 挑选。又读 zhái。咋[3] 咬住。迮姓。泽啧帻笮[1] 姓。又读 zuó。苲簀床席赜深奥，精微。

zè　仄昃

cè　册厕侧测恻策

sè　色[1] 颜色。又读 shǎi。涩啬铯瑟塞[1] 闭塞。又读 sāi, sài。穑璱

11. ie

yē　耶[1] 耶稣。又读 yé。掖[1] 把东西塞进衣袋或缝隙里。又读 yè。椰喝噎

yé　爷邪[1] 莫邪，见"镆铘"。又读 xié。耶[2] 助词，表疑问。揶铘

yě　也冶野

yè　业叶[1] 叶子。又读 xié。页曳邺夜咽[1] 哽咽。又读 yān, yàn。晔烨掖[2] 用手扶着别人的胳膊。液谒腋馌 往田里送饭。靥

biē　瘪[1] 瘪三，方言词。又读 biě。憋鳖

bié　凹 凹藏，地名。别[1] 分别，别人，天渊之别，性别，把门别上，别着急。又读 biè。蹩

biě　瘪[2] 物体表面凹陷。

biè　别[2] 别扭。

piē　氕撇[1] 撇开。又读 piě。瞥

piě　苤撇[2] 平着扔出去；向下或向外倾斜；汉字笔画之一。镼

miē　乜[1] 乜斜。又读 niè。咩

miè　灭蔑篾蠛

diē　爹跌

dié　迭垤昳[2] 日过午偏西。咥咬。经叠谍堞耋喋[2] 喋喋不休。嵽楪牒叠碟蝶蹀鲽

tiē　帖[1] 服从。又读 tiě, tiè。怗贴萜

tiě　帖[2] 请帖。铁

tiè　帖[3] 字帖。餮

niē　捏

nié　苶

niè　乜[2] 姓。陧聂臬涅苶啮嗫嵲闑镊镍颞蹑孽蘖糵

liē　咧[1] 大大咧咧。又读 liě, lie。

玖 普通话韵谱字汇

liě 咧² 嘴向旁边斜着张开。裂¹ 裂着怀。又读 liè。

liè 列劣冽冱 岜屿，地名。洌埒烈挒鸷挈猎² 裂开。趔躐鱲鬣

lie 咧³ 助词，相当于"了""啦"，方言词。

jiē 节¹ 节骨眼儿；节子。又读 jié。阶疖皆结¹ 开花结果。又读 jié。接秸揭喈喈喈，鸟鸣声，钟鼓和谐声。嗟街湝楷¹ 楷树，即黄连木。又读 kǎi。痎

jié 子节² 环节。讦劫岊刦杰诘² 反诘。颉拮洁结² 结论。桔² 桔梗。桀亥捷偈² 勇武，跑得快。婕絜¹ 姓。又读 xié。颉 仓颉。又读 xié。楬睫袺蜐截碣鲒竭羯

jiě 姐解¹ 解除。又读 jiè, xiè。檞

jiè 介价² 旧时对派遣传送东西或传达事情的人的称呼。戒芥玠阶届界疥诫蚧蛤蚧。借恝唶骱犗解² 押送。褯藉² 垫，安慰。

jie 价³ 副词词尾，别价。家² 同"价"，整天家。

qiē 切¹ 用刀从上往下割。又读 qiè。

qié 伽³ 伽蓝。茄² 茄子。

qiě 且² 且慢。

qiè 切² 确切。郄妾怯窃挈惬趄² 倾斜；趔趄。慊¹ 满足。又读 qiàn。愒锲箧

xiē 些撧楔歇蝎

xié² 协调。协邪² 不正派。胁挟偕斜谐絜² 量度物体周围的长度。颉² 鸟往上飞。携垫撷鞋鰓缬

xiě 写血¹ 流血，口语。又读 xuè。

xiè 炧泄泻继契² 商朝的祖先。卨卸屑械偰齘亵渫谢解³ 姓。榍薢薤獬獬豸。邂廨澥懈燮蟹瀣瓛躞跲跲。

12. uo

wō 挝² 老挝。莴倭涡¹ 旋涡。又读 guō。喔窝蜗踒

wǒ 我

wò 肟沃卧偓握幄渥龌涴¹ 弄脏，泥、油等脏物沾在衣服、器物上，方言词。又读 yuān。硪斡

duō 多咄哆剟堁掇敠裰

duó 夺度² 揣度。铎踱

duǒ 朵垛¹ 墙或某些建筑物凸出的部分，由泥土、砖石等筑成，起到支撑或掩蔽作用。又读 duǒ。哚埵躲亸下垂。

duò 驮¹ 骡马等背上成捆的货物。又读 tuó。柁² 同"舵"。剁饳垛² 整齐地堆积；整

普通话的分韵及韵谱字汇

齐地堆积成的堆；量词。柮柁¹ 同"舵"。又读 tuó。舵堕惰跥

tuō　乇托饦馎饦，面食。拖侂脱

tuó　驮² 驮着。佗陀坨沱驼柁² 房柁。砣铊² 秤锤。鸵酡跎鮀鴕橐橐橐，物体撞击声。鼍鼉龙，即扬子鳄。

tuǒ　妥庹椭

tuò　拓² 拓展。柝跅萚箨唾

nuó　挪² 那滩溪，地名。娜² 婀娜。傩

nuò　诺喏² 叹词，表让人注意自己所指示的事物。搦锘懦糯

luō　捋² 用手握着东西，顺着东西移动。啰¹ 啰嗦。又读 luó, luo。

luó　罗萝啰² 啰唣，吵闹寻事。逻脶猡椤锣箩觎觊缕，逐条地详细陈述。骡螺

luǒ　倮蓏裸瘰赢

luò　泺² 泺水，古水名；泺口，地名。荦咯³ 呲咯，有机化合物。洛骆络¹ 脉络。又读 lào。珞烙¹ 炮烙。又读 lào。硌² 山上的大石。落² 落后。跞² 卓跞。摞雒伊洛（伊河和洛河，水名，在河南）的"洛"字古作"雒"。漯

luo　偻偻偻，旧同"喽啰"。啰³ 助词，用于句末，表肯定语气；喽啰。

guō　过¹ 姓。又读 guò。呙埚郭涡² 涡阳。崞唡唡唡，蛙叫声。聒锅蝈

guó　国掴"掴"（guāi）的又读，打耳光。帼膕虢馘

guǒ　果馃椁蜾裹粿

guò　过² 经过；从一方转移到另一方；超出；失误；助词。

kuò　扩括蛞阔廓适² 迅疾。

huō　耠锪劐嚄² 叹词，表惊讶。豁¹ 豁出去。又读 huò。攉

huó　和⁴ 和面。佸活

huǒ　火伙钬漷夥

huò　或和⁵ 和药。货获祸惑漷霍濩豁² 豁达。镬藿嚯蠖煋

huo　和⁶ 掺和。

zhuō　拙捉桌倬焯¹ 明白。又读 chāo。棁涿镩

zhuó　汋灼茁卓叕斫浊酌浞诼著² 执著。啄着² 穿衣；接触；把力量或注意力集中在某一方面；指望；派遣。琢¹ 精雕细琢。又读 zuó。椓晫禚姓。鷟擢濯镯

chuō　逴踔戳

chuò　娖啜¹ 饮；哭泣时抽噎的样子。又读 chuài。惙绰¹ 宽裕。又读 chāo。辍龊歠

shuō　说¹ 说话。又读 yuè, shuì。

玖　普通话韵谱字汇

shuò　妁烁铄朔硕搠蒴数[3] 屡次。槊

ruó　挼

ruò　若都偌弱婼 婼羌，地名。 蒻箬爇

zuō　作[1] 作坊，作死。又读 zuò。嘬[1] 用力用嘴唇吸吮。又读 chuài。

zuó　昨捽笮[2] 用竹子做成的绳索。琢[2] 琢磨。

zuǒ　左佐撮[1] 量词。又读 cuō。

zuò　作[2] 作孽，制作，作声。坐阼岝怍柞[2] 柞树。胙祚唑座做酢[2] 客人用酒回敬主人。

cuō　搓瑳磋撮[2] 聚拢后用手指捏取；摘取。蹉

cuó　嵯矬痤瘥[1] 病。又读 chài。醝鄌[1] 鄌阳，地名（又读 cuán）。又读 zàn。

cuǒ　脞

cuò　挫埑厝措楉锉错

suō　莎[2] 莎草。唆娑桫梭挲[3] 摩挲，用手抚摩。睃蓑嗍羧缩[2] 收缩。趖

suǒ　所索唢琐葰[1] 姓。又读 jùn。锁溹

suo　嗦啰嗦。

13. üe

yuē　曰约[1] 约定。又读 yāo。 矱彠

yuě　哕[1] 呕吐。又读 huì。

yuè　月乐[2] 音乐。刖轧玥岳栎[2] 栎阳，地名。钥[1] 锁钥。又读 yào。说[2] 古同"悦"。钺阅悦娧跃越粤樾龠瀹爚籥

nüè　疟[1] 疟疾。又读 yào。虐

lüè　掠略铞圙 圐圙。

juē　撅噘

jué　孓决诀抉角[1] 角色。又读 jiǎo。駃玦珏觉[1] 听觉。又读 jiào。绝倔[1] 倔强。又读 juè。掘桷崛觖厥僪谲蕨獗潏橛蹶镢爵蹶[1] 一蹶不振。又读 juě。矍嚼[1] 同"嚼"（jiáo）。又读 jiáo，jiào。爝攫玃 大猕猴。

juě　蹶[2]。

juè　倔[2] 性情直，言语强硬。

quē　炔缺阙[1] 过失。又读 què。

qué　瘸

què　却埆岚慤雀[1] 鸟名。又读 qiāo，qiǎo。确阕搉 敲击。鹊碏阙[2] 皇宫门前两边供

普通话的分韵及韵谱字汇

瞭望的楼，泛指帝王的住所；祠庙、陵墓前所立的石雕。榷

xuē   削[1] 削。又读 xiāo。靴薛

xué   穴茓学鸴趹噱笑

xuě   雪鳕

xuè   血[2] 血液；同一祖先的。谑

七、儿部

14. er

ér   儿而陑鲕[1] 面颊上的胡须。又读 nài。洏鸸鲡

ěr   尔耳迩饵洱鸸鵌騂, 古代骏马名。珥铒

èr   二弍佴[1] 停留。又读 nài。贰咡

第六　怀来辙

八、开部

15. ai

āi   哎哀埃挨[1] 靠；顺着（次序）。又读 ái。唉[1] 叹词，表应答或叹息。又读 ài。锿

ái   挨[2] 遭受；艰难地度过；拖延。騃傻。皑癌

ǎi   毐欸[1] 摇橹声。又读 ê阴, ê阳, ê上, ê去。嗳[1] 叹词，表否定。又读 ài。矮蔼霭

ài   艾[2] 多年生草本植物；停止；姓。砹唉[2] 叹词，表伤感。爱隘碍嗳[2] 叹词，表悔恨。嗌[2] 咽喉被阻塞。媛瑷瑷暧餲

bāi   刐伯[2] 大伯子。掰擘[2] 同"掰"。

bái   白拜[1] 拜拜，再见。又读 bài。

bǎi   百佰柏[3] 柏树。捭摆

bài   呗[1] 梵呗。又读 bei。败拜[2] 旧时表敬意的礼节。稗

bai   嚌

pāi   拍

pái   俳排[1] 排队。又读 pǎi。徘簰同"箄"。牌簰

pǎi   迫[2] 迫击炮。排[2] 排子车。

pài   哌派溾湃

mái   埋[1] 用土盖上；隐藏。又读 mán。霾

mǎi   买荬

mài   劢迈麦卖脉[2] 脉搏。唛铹霢

dāi 呆呔待[1] 停留。又读dài。

dǎi 歹逮[1] 捉、捕。又读dài。傣

dài 大[2] 大夫。代轪贷垈岱迨骀[1] 骀荡。又读tái。绐玳带殆贷待[2] 等候。怠埭袋逮[2] 到；逮捕。碫戴黛襶

tāi 台[1] 台州。又读tái。苔[1] 舌苔。又读tái。胎

tái 台[2] 阳台。邰姓。抬苔[2] 苔藓。骀[2] 跑不快的马。炱跆鲐臺

tài 太汰态肽钛泰酞

nǎi 乃艿奶氖迺

nài 奈佴[2] 姓。柰耐耏[2] 古代一种刑法，剃除犯人的颊须。萘鼐褦

lái 来俫崃徕涞梾铼

lài 赉睐赖濑癞籁

gāi 该陔垓荄咳赅

gǎi 改

gài 丐匄芥陔钙盖[2] 缸盖；姓。溉概戤

kāi 开揩铠

kǎi 剀凯垲闿恺铠锴慨楷[2] 标准的格式；楷书。锴

kài 忾炌欬

hāi 哈咳[2] 叹息。嗨[1] 嗨哟。又读hēi。

hái 还[1] 还在唱。又读huán。孩骸

hǎi 胲海醢

hài 亥骇氦害嗐叹

zhāi 斋摘

zhái 宅择[2] 择菜。翟[2] 姓。

zhǎi 窄鉙

zhài 豸[2] 冠豸山。债砦姓；同"寨"。寨瘵瘵病，多指痨病。

chāi 拆钗差[4] 派遣。

chái 侪柴豺

chǎI 茝

chài 虿瘥[2] 病愈。

shāi 筛酾[2] 滤酒，斟酒，疏导河渠。

shǎi 色[2]。

普通话的分韵及韵谱字汇

shài　晒

zāi　灾甾哉栽

zǎi　仔³ 儿子；年轻男子。载¹ 下载。又读 zài。宰崽

zài　再在载² 搭载。

cāi　偲² 有才能。猜

cái　才材财裁

cǎi　采¹ 摘取；选取；搜集；挖掘（矿藏）；神色，精神。彩睬踩

cài　采² 古代卿大夫的封地。菜

sāi　摋同"塞"。腮塞² 堵住（空隙）；塞子。噻鳃

sài　塞³ 可作屏障的险要之地。赛

16. uai

wāi　歪

wǎi　崴¹（脚）扭伤；海参崴。又读 wēi。

wài　外

guāi　乖

guǎi　拐

guài　夬 坚决。怪

kuǎi　扩蒯

kuài　会¹ 会计。又读 huì。块快侩郐哙狯浍¹ 田间的水沟。又读 huì。脍筷鲙

huái　怀徊淮槐踝糇

huài　坏

huai　划³ 刓划。

zhuāi　拽¹ 用力扔；胳膊不灵活。又读 zhuài。

zhuǎi　跩 走路像鸭子似的摇摆。

zhuài　拽² 拉。

chuāi　揣¹ 藏在衣服里。又读 chuǎi, chuài。搋

chuái　膗

chuǎi　揣² 估量。

chuài　啜 姓氏。揣³ 挣揣。踹嘬² 咬、吃。膪

shuāi　衰¹ 由强变弱。又读 cuī。摔

shuǎi　甩

shuài 帅率² 率领。蟀

第七 灰堆辙

九、灰部

17. ê

ê阴　欸² 叹词,表招呼。诶同欸²。

ê阳　欸³ 叹词,表诧异。诶同欸³。

ê上　欸⁴ 叹词,表必以为然。诶同欸⁴。

ê去　欸⁵ 叹词,表应声或同意。诶同欸⁵。

18. ei

éi　哎 叹词,表诧异或忽然想起。

bēi　陂³ 池塘;池塘的岸;山坡。杯卑背¹（人）用脊驮东西。又读bèi。椑悲碑鹎 鸟名。

běi　北

bèi　贝孛邶狈备背² 脊背,背影。钡倍悖被琲棓辈惫焙蓓碚鞁褙糒鞴鐾

bei　呗² 助词,表情况显而易见,不言自明;表无可奈何勉强同意。臂² 胳膊。

pēi　呸胚怀醅

péi　陪培赔锫裴

pèi　沛帔佩配旆辔霈

méi　没² 没有。玫枚眉莓梅脢郿嵋猸湄媒瑂楣煤酶锸鹛霉穈² 穈子,一年生草本植物。

měi　每美浼渼媺镁

mèi　妹昧袂寐媚魅

fēi　飞妃非菲¹ 花草茂盛貌。又读fěi。啡䬱绯扉蜚¹ 虫声。又读fěi。霏鲱

féi　肥淝蜰腓

fěi　朏匪诽菲² 菲薄。悱棐斐榧蜚² 虫蠛。翡篚

fèi　芾² 蔽芾,树干、树叶微小貌。吠肺狒废沸费捐痱镄

děi　得³ 需要。

něi　哪⁴ "哪"（nǎ）和"一"的合音馁

nèi　内那³ "那"（nà）和"一"的合音。

lēi　勒² 用绳子等捆住或套住,再用力拉紧。

普通话的分韵及韵谱字汇

léi 累¹ 累赘。又读 lěi, lèi。雷嫘缧擂¹ 研磨，敲，打。櫑礌镭蠃罍

lěi 耒诔垒累² 累积。磊蕾儡藟癗

lèi 肋² 胸腔两侧。泪眼泪。类累³ 劳累。酹擂² 擂台，为比武而搭的台子。颣

lei 嘞

gěi 给² 交给。

kēi 尅

hēi 黑嗨² 叹词，招呼，提醒。嘿² 叹词，表得意或赞叹；表招呼或提醒；表出乎意料。

shéi 谁

zéi 贼鲗

19. uei

wēi 危委¹ 委蛇。又读 wěi。威逶偎隈葳崴² 崴嵬。微煨溦薇鳂巍

wéi 韦为¹ 作为。又读 wèi。圩² 圩子。违围帏闱沩洈峗桅湋砽磈。又读 wèi。唯帷惟维瑈嵬潍

wěi 伟伪苇芛尾² 尾巴。纬玮玮委² 委员。炜洧桦诿娓萎痏隗¹ 姓。又读 kuí。颇猥廆 人名用字。又读 guī。韪腲痿鲔薳亹¹ 人名用字。又读 mén。

wèi 卫为² 介词，替；介词，表目的。未位味畏胃磑² 石磨。谓尉² 军衔名，在校之下、士之上。遗² 赠与。喂猬渭煟光蔚² 茂盛；弥漫；姓。硙慰魏蝟罻鳚

duī 堆

duì 队对怼兑役敦¹ 古时盛黍稷的器皿。又读 dūn。镦¹ 矛戟柄末端的金属套。又读 chún。憞镦¹ 同"镦¹"。又读 dūn。碓

tuī 忒² 太。推

tuí 颓魋

tuǐ 腿

tuì 退蜕煺褪¹ 褪去。又读 tùn。

guī 归圭龟¹ 爬行动物。又读 qiū, jūn。妫规邦皈闺珪硅鲑鳜廆² 古山名。

guǐ 氿¹ 氿泉，指从侧面流出的泉。又读 jiǔ。宄轨庋甂诡鬼姽癸晷簋

guì 柜² 柜子。炅¹ 姓。又读 jiǒng。刿刽贵桂桧¹ 常绿乔木。又读 huì。匮¹ 同"柜"，如《金匮要略》。又读 kuì。筀筀竹。跪鳜

kuī 亏刲岿悝盔窥

kuí 奎逵馗揆葵喹隗² 姓。骙睽魁骸睽蝰櫆夔

kuǐ 傀跬煃

kuì 匮² 缺乏。蒉喟馈溃¹ 溃败。又读 huì。愦愧禐聩篑

huī 灰抲诙挥虺¹ 虺虺，疲劳生病。又读 huǐ。咴恢豗晖珲¹ 瑷珲。又读 hún。辉翚麾徽隳

huí 回茴洄烠蛔

huǐ 虺² 古书上说的一种蛇，有毒。悔毁

huì 卉汇会² 会谈。讳荟哕² 哕哕，铃声。浍² 浍河。诲绘恚桧² 人名用字。贿烩彗硊晦秽惠喙翙阓溃² 疮；溃烂。蕙慧槥蟪櫘蟪

zhuī 佳追骓椎¹ 椎骨。又读 chuí。锥

zhuì 坠缀惴缒腏赘醊

chuī 吹炊

chuí 垂倕陲捶椎² 敲打东西的器物；敲打椎鞭子；短木棍。圌槌锤

shuí 谁 "谁"（shéi）的又读。

shuǐ 水

shuì 说³ 游说。帨税睡

ruí 蕤

ruǐ 蕊橤

ruì 芮汭枘蚋锐瑞睿

zuǐ 咀² 尖沙咀。觜² 同 "嘴"。嘴

zuì 最晬罪槜蕞醉

cuī 衰² 等差，等次，等级。崔催缞摧榱

cuǐ 漼璀

cuì 脆萃啐淬悴毳瘁粹翠膵

suī 尿¹ 同 "尿"（niào），小便。又读 niào。虽荽眭睢濉

suí 绥隋随遂¹ 半身不遂。又读 suì。

suǐ 髓

suì 岁谇祟遂² 如愿；于是。碎隧璲鐩燧鐩穗穟邃檖旞

普通话的分韵及韵谱字汇

第八 遥迢辙

十、豪部

20. ao

āo 凹熬[1] 把蔬菜等加上作料在锅里煮。áo 爊

áo 敖熬遨嗷廒璈鏊熬[2] 长时间地煮；忍受（艰难苦痛）。聱螯翱謷鳌鏖

ǎo 拗[1] 弯曲使断，方言词。又读 ào, niù。袄媪

ào 岙圫坳拗[2] 不顺。鏊傲奥骜澳奡[2] 有机化合物。懊鳌

bāo 包苞抱枹[2] 枹树。胞炮[1] 用大火急炒肉片等；烘干物品。又读 páo, pào。剥[2] 去掉表皮。龅煲褒

báo 雹薄[3] 厚薄。

bǎo 饱宝保鸨葆堡[3] 堡垒。褓

bào 报刨[1] 推刮木料等，使其平滑的一种工具；用刨子或刨床刮平。又读 páo。抱趵豹鲍暴[2] 暴躁。瀑[2] 瀑河。曝[2] 曝光。爆

pāo 抛泡[1] 松软而鼓起的东西；量词。又读 pào。脬胱。

páo 刨[2] 挖掘；减掉。咆狍庖炮[2] 制作中药的方法，把生药放在热锅里急炒，使焦黄爆裂。袍匏跑

pǎo 跑

pào 奅泡[2] 气体在液体内部使液体鼓起来形成的球状或半球状体；形状像泡的东西；浸在液体里；较长时间待在某处，故意消磨或拖延时间。炮[3] 重型射击武器；爆竹。疱

māo 猫

máo 毛矛茆茅牦旄酕猫锚髦蟊蝥

mǎo 卯峁泖昴铆

mào 芼皃 同"貌"。茂眊 眼睛昏花。冒[2] 冒充。贸耄袤郙帽瑁楙貌瞀懋

dāo 刀叨[1] 叨唠。又读 dáo, tāo。忉忉忉，忧愁。氘舠魛

dáo 叨[2] 叨咕。捯

dǎo 导岛捣倒[1] 推倒。又读 dào。祷蹈

dào 到帱[1] 覆盖。又读 chóu。倒[2] 倒立。焘盗悼道稻纛

tāo 叨[3] 谦辞，表自己受到别人的好处。弢 同"韬"。涛绦焘掏滔慆韬饕

táo 咷逃洮桃陶[1] 用黏土烧制的器物；制造陶器；喜悦；姓。又读 yáo。萄梼啕淘绹酶鼗

tǎo 讨

tào 套

nāo 孬

náo 呶挠猱㺑猱，地名。硇铙蛲峱

nǎo 垴恼脑瑙

nào 闹淖臑

lāo 捞

láo 劳牢崂圪崂，角落；周家崂。唠[1] 唠叨。又读 lào。崂铹痨醪

lǎo 老佬荖姥[2] 姥姥。栳铑潦[1] 雨水大；积水。又读 liáo。

lào 络[2] 络子。唠[2] 闲聊。烙[2] 在烧热的铛或锅上加热生的面食，使其变熟；用烧热的金属器物烫，使衣物平整或在物体上留下标记。涝落[3] 落色，落枕。耢酪嫪

gāo 皋高羔糕睾膏[1] 油脂；浓稠的糊状物。又读 gào。篙糕

gǎo 杲搞缟槁镐[1] 刨土等用的工具。又读 hào。稿藁

gào 告郜诰锆䇈膏[2] 把油加在车轴或机器的转动部位，使其润滑；毛笔蘸墨后在砚台上单向滑动，以便理顺笔毛并去掉多余的墨汁。

kāo 尻

kǎo 考拷洘栲烤

kào 铐犒靠鲓

hāo 蒿薅嚆

háo 号[1] 呼喊；大声哭。又读 hào。蚝毫嗥貉[2] 同 "貉"（hé）。豪壕嚎濠

hǎo 好[1] 好人。又读 hào。郝。

hào 号[2] 老字号。好[2] 喜爱。昊耗浩淏皓鄗滈镐[2] 镐京。皞颢灏

zhāo 钊招昭钊啁[1] 啁哳。又读 zhōu。着[3] 下棋时将棋子挪动一次叫一着。朝[1] 早晨。又读 cháo。嘲[1] 嘲哳，啁哳，声音杂乱而细碎。又读 cháo。

zháo 着[4] 接触；感受（某种刺激），处在（某种状态）；入睡；燃烧。

zhǎo 爪[2] 某些动物的脚趾。找沼

zhào 召[1] 呼唤。又读 shào。兆诏赵笊棹旐照罩肇曌

chāo 抄吵[1] 吵吵。又读 chǎo。怊弨钞绰[2] 抓，拿。超焯 焯水。剿[1] 因袭套用别人的语言文句作为自己的。又读 jiǎo。

cháo 晁巢朝[2] 朝廷。嘲[2] 讥笑。潮

chǎo 吵[2] 声音大而杂乱；拌嘴。炒

普通话的分韵及韵谱字汇

chào　耖

shāo　捎烧梢稍[1] 略微。又读 shào。蛸 螵蛸。又读 xiāo。筲艄鞘[1] 鞭鞘。又读 qiào。

sháo　勺芍茖[1] 甘薯。又读 tiáo。玿招韶杓[1] 一种舀东西的器具，同"勺"。又读 biāo。

shǎo　少[1] 数量小。又读 shào。

shào　少[2] 年纪轻。召[2] 周朝诸侯国，故地在今陕西凤翔一带；姓。邵劭绍哨睄稍[2] 稍息。潲

ráo　荛饶娆[1] 妖娆。又读 rǎo。桡

rǎo　扰娆[2] 烦扰。

rào　绕

zāo　遭糟

záo　凿

zǎo　早枣蚤澡璪藻

zào　皂灶唣造懆噪簉燥躁

cāo　操糙

cáo　曹嘈漕槽蝤艚

cǎo　草

sāo　搔溞骚缫繅[1] 同"缫"。又读 qiāo。臊[1] 像尿那样难闻的气味。又读 sào。

sǎo　扫[1] 用笤帚、扫帚等清除尘土、垃圾；清除；迅速向左右移动；所有的。又读 sào。嫂

sào　扫[2] 扫帚。埽瘙臊[2] 害羞。

21. iao

yāo　幺[3] 同"幺"。幺夭吆约[2] 用秤称。妖要[1] 要求。又读 yào。腰邀

yáo　爻尧侥[1] 僬侥，传说中的矮人。又读 jiáo。肴垚轺峣姚珧陶[2] 皋陶，传说中上古人名。铫[1] 古代一种大锄；姓。又读 diào。窑谣摇徭遥猺媱瑶飖鳐[1] 同"徭"。又读 zhòu, yóu。鳐

yǎo　杳咬舀窅 眼睛深陷貌；深远。窈

yào　疟[2] 疟子，即疟疾。药要[2] 要闻。钥[2] 钥匙。崾勒鹞曜耀

biāo　杓[2] 古代指北斗七星柄部的三颗星，也叫斗柄。标飑骉彪膘骠[1] 黄毛夹杂白点的马。又读 piào。膘瘭飙镖瘭瘭疤。儦藨濂镳

biǎo　表婊脿裱

biào　俵摽鳔

piāo 漂[1] 浮在液体上面不沉下去；顺着液体流向或风向移动。又读 piǎo，piào。缥[1] 缥缈。又读 piǎo。飘螵

piáo 朴[4] 姓。剽嫖瓢藨浮萍。

piǎo 莩[2] 同"殍"。殍漂[2] 用水冲洗；漂白。缥[2] 青白色；青白色丝织品。瞟

piào 票剽嘌漂[3] 漂亮。骠[2] 马快跑貌；勇猛。

miāo 喵

miáo 苗描鹋瞄

miǎo 杪眇秒淼渺缈藐邈

miào 妙庙缪[1] 姓。又读 móu，miù。

diāo 刁叼汈凋貂碉雕鲷

diǎo 屌

diào 吊钓鸢调[1] 调动。又读 tiáo。掉锦铫[2] 铫子，一种烧水、煎药用的器具。蓧

tiāo 佻挑[1] 用肩担；挑子。又读 tiǎo。祧

tiáo 条苕[2] 古书上指凌霄花；苕子，草本植物。岧调[2] 风调雨顺笤蓨鲦蜩髫鲦

tiǎo 挑[2] 挑刺。朓窕

tiào 眺粜跳

niǎo 鸟茑袅嬲

niào 尿[2] 小便。脲溺[2] 同"尿"。

liāo 撩[1] 掀起。又读 liáo。蹽

liáo 辽疗窌聊僚漻寥撩[2] 挑逗。嘹獠潦[2] 潦草。寮嫽缭憭燎[1] 蔓延燃烧。又读 liǎo。鹩簝髎

liǎo 了[2] 完毕；完全；姓。钌[1] 金属元素。又读 liào。蓼憭燎[2] 烘烤；烧焦。

liào 尥钌[2] 钌铞儿。料撂廖瞭镣

jiāo 艽交郊茭峧浇娇姣骄胶教[1] 向人传授知识、技能。又读 jiào。鹪椒蛟焦跤僬鲛蕉燋礁鷦

jiáo 矫[1] 矫情。又读 jiǎo。嚼[2] 用牙齿磨碎食物。

jiǎo 角[2] 犄角；星宿名。侥[2] 侥幸。佼挢狡饺佼[1] 聪明。又读 xiǎo。绞铰矫[2] 纠正。皎脚搅湫[1]（地势）低洼。又读 qiū。敫姓。剿[2] 讨伐。徼[1] 徼幸，同"侥幸"。又读 jiào。缴璬皦

jiào 叫峤[1] 山道。又读 qiáo。觉[2] 睡眠。校[1] 校对。又读 xiào。轿较教[2] 培养；宗教；使。窖滘斠古代量谷物时刮平斛的工具；公平。酵漖噍徼[2] 边界；巡察；姓。藠醮

嚼³ 倒嚼。嚼

qiāo　悄¹ 悄悄。又读 qiǎo。硗雀² 雀斑。跷锹劁敲橇缲² 做衣服边儿或带子时藏着针脚的缝纫方法。

qiáo　乔侨荞荞峤² 高而尖的山。桥硚翘¹ 抬起；木板等因由湿变干而不平。又读 qiào。谯鞒憔樵瞧

qiǎo　巧悄² 没有声音或声音很小。雀³ 同"雀"（què）。愀

qiào　壳² 地壳。俏诮峭窍翘² 物体的一头儿向上扬起。撬鞘² 装刀、剑的套。

xiāo　肖¹ 姓。又读 xiào。枭枵削² 斜着刀切去物体的表层。哓骁逍鸮虓消宵绡萧猇硝销儵蛸² 螵蛸，螳螂的卵块。箫潇霄魈蟏嚣

xiáo　洨崤淆

xiǎo　小晓谋筱皛

xiào　孝肖² 像。恔² 畅快。校² 学校。哮笑效涍啸敩 教导。

第九 由求辙

十一、侯部

22. ou

ōu　区² 姓。讴沤¹ 水泡。又读 òu。瓯欧殴鸥

ǒu　呕 呕山。呕偶耦藕

òu　沤² 长时间浸泡怄

pōu　剖

póu　抔掊¹ 搜刮；用手挖土。又读 pǒu。裒

pǒu　掊² 打击。

mōu　哞

móu　牟² 设法取得；姓。侔眸谋蛑缪² 绸缪。鍪

mǒu　某

fǒu　缶否² 否定。

dōu　都² 表总括；表强调语气。啫兜蔸篼

dǒu　斗¹ 市制容量单位，10 升为 1 斗。又读 dòu。枓抖钭¹ 钭家山。又读 tǒu。陡蚪

dòu　斗² 搏斗。豆逗饾脰读² 句读。痘窦

tōu　偷

tóu　头投骰

tǒu	斜² 姓。敨	
tòu	透	
nòu	耨	
lōu	搂¹ 用手或工具把东西聚起来。又读 lǒu。䁖	
lóu	刐娄偻² 佝偻。楼蒌喽¹ 喽啰。又读 lou, 轻声。溇楼耧蝼髅	
lǒu	搂² 两臂合抱；用胳膊拢着。嵝篓	
lòu	陋镂瘘漏露² 义同"露"（lù），用于口语词。	
lou	喽² 助词，表提醒注意的语气。	
gōu	勾¹ 勾销。又读 gòu。句² 勾践；高句丽。佝沟枸² 枸橘。钩缑篝鞲	
gǒu	芶苟岣狗者枸³ 枸杞。笱	
gòu	勾² 勾当。构购诟垢姤够遘彀雊媾觏	
kōu	抠芤 芤脉。眍 眼珠深陷在眼眶里的样子。	
kǒu	口	
kòu	叩扣寇筘蔻彀 初生的小鸟。	
hōu	齁	
hóu	侯¹ 古代贵族五等爵位的第二等；泛指达官贵人；姓。又读 hòu。喉猴锞瘊骺篌糇	
hǒu	吼	
hòu	后郈厚茩侯² 闽侯。垕逅候堠鲎鲘	
zhōu	舟州诌侏 侏张。周洲诪辀啁² 啁啾。鸼婤赒粥	
zhóu	妯轴¹ 轴承。又读 zhòu。碡	
zhǒu	肘帚	
zhòu	纣伣咒㤘宙绉荮轴² 轴子，指每次戏曲演出节目中最末的一出戏。胄昼酎皱甃 井壁；用砖砌。骤籀² 古代占卜的文辞。箒	
chōu	抽紬¹ 引出。又读 chóu。瘳犨	
chóu	仇¹ 仇恨。又读 qiú。紬² 同"绸"。俦帱² 帐子。惆绸椆畴酬稠愁筹踌雠	
chǒu	丑杽¹ 古代刑具。又读 niǔ。俞 姓。瞅	
chòu	臭¹ 臭味。又读 xiù。	
shōu	收	
shóu	熟² 同"熟"（shú），用于口语。	
shǒu	手守首艏	

普通话的分韵及韵谱字汇

shòu　寿受狩授售兽绶瘦

róu　柔揉糅烾糅蹂鞣

ròu　肉

zōu　邹驺诹陬缁鄹鲰

zǒu　走

zòu　奏揍

còu　凑辏腠

sōu　搜蒐鄋嗖馊廀溲颼锼螋艘

sǒu　叟瞍嗾擞¹ 抖擞，振作。又读 sòu。薮

sòu　嗽擞² 用通条插到火炉里把灰抖掉。

23. iou

yōu　优攸忧呦幽悠麀 母鹿。耰

yóu　尤¹ 同"尤"；姓。又读 wāng。尢由邮犹油柚¹ 柚木。又读 yòu。疣莜莸铀
浟蚰蚘游辀鲉猷蝣蝤¹ 蝤蛴。又读 qiú。繇³ 人名用字。

yǒu　友有酉卣羑莠銪槱 焚烧柴草祭天。牖黝

yòu　又右幼佑侑狖柚² 柚子。囿宥祐诱蚴釉鼬

miù　谬缪³ 纰缪。

diū　丢铥

niū　妞

niú　牛

niǔ　扭狃忸纽杻² 古书上说的一种树。钮

niù　拗³ 固执；不随和。

liū　溜¹ 溜走。又读 liù。熘蹓 滑行；悄悄走开。又读 liù。

liú　刘浏留流琉硫馏¹ 蒸馏。又读 liù。旒骝榴飗飀。镏¹ 镏金。又读 liù。鹠瘤瑬嚠镠鎏

liǔ　珋柳绺锍罶

liù　六² 数目字；民乐音阶的一级，乐谱上用作记音符号。陆² 数目"六"的大写。碌² 碌碡，农具。遛馏² 把凉了的熟食再篜热。溜² 湍急的水流；顺房檐流下来的雨水；房檐下横向的排雨水用的沟槽；填充或堵住缝隙；量词。镏² 金镏子。鹨蹓² 同"遛"。

jiū　纠鸠究赳阄揪啾鬏

jiǔ　九久沈² 西沈，湖名。玖灸韭酒

jiù 旧臼咎疚柩柏救廐舅僦就鹫

qiū 丘邱龟² 龟兹,汉代西域国名。秋蚯萩湫² 水池;大龙湫,瀑布。楸鹙鳅鳍鞦

qiú 仇² 姓。囚犰求虬泅俅酋酋述球赇球逑巯裘璆蝤² 蝤蛴,天牛的幼虫。觩

qiǔ 糗

xiū 休咻修庥脩羞鸺貅馐髹鳅

xiǔ 朽宿² 量词,一夜为一宿。潃

xiù 秀岫琇臭² 气味。袖绣琇宿² 古代天文学指某些星的集合体。锈嗅溴

第十 言前辙

十二、寒部

24. an

ān 安垵曾厝垵,地名。桉氨庵谙鹌鞍盦

án 玵

ǎn 俺埯唵铵揞

àn 犴¹ 狴犴,传说中的猛兽。又读 hān。岸按胺案暗黯

bān 扳攽班般颁斑搬瘢癍舨

bǎn 阪坂板昄版钣粄

bàn 办半扮伴拌绊桦湴靽瓣

pān 番¹ 番禺。又读 fān。潘攀

pán 爿胖¹ 心广体胖(安舒义)。又读 pàng。盘槃磐磻蹒蟠

pàn 判拚舍弃。泮盼叛畔袢鋬襻

mān 嫚¹ 女孩子。又读 màn。颟颟顸。

mán 埋² 埋怨。蛮漫¹ 欺骗。又读 màn。蔓馒瞒鞔鳗鬘

mǎn 满螨

màn 曼漫² 轻慢,没有礼貌。墁蔓¹ 义同"蔓"(wàn)。又读 wàn。幔漫慢嫚² 轻视。缦镘

fān 帆番² 外国的或外族的;量词,相当于"种、样""次、遍、倍"。幡蕃² 篱笆;封建王朝的属国或属地。翻

fán 凡氾矾钒烦墦坟墓。蕃³ 草木茂盛。樊璠燔镭膰繁² 多;滋生。蹯蘩

普通话的分韵及韵谱字汇

fǎn　　反返

fàn　　犯饭泛范贩畈梵

dān　　丹担[1]用肩挑；承当。又读 dàn。单[1]单独。又读 chán, shàn。眈耽郸聃殚瘅[1]瘅疟，一种疟疾。又读 dàn。箪儋

dǎn　　胆疸掸[1]轻轻地抽打或扫。又读 shàn。赕奉献。亶

dàn　　石[2]市制容量单位，1石是10斗。旦但担[2]担子；量词。诞疍萏啖淡惮弹[1]弹子，弹丸；枪弹，炸弹。又读 tán。蛋氮瘅[2]因劳累而得病。澹[1]澹澹，水波微微摇动。又读 tán。憺膻[1]胸腹间的膈。又读 shān。

tān　　坍贪怹啴[1]啴啴，牲畜喘息貌。又读 chǎn。摊滩瘫

tán　　坛昙倓郯谈惔弹[2]弹射起飞。覃[1]姓。又读 qín。錟铁长矛。痰谭潭澹[2]澹台，复姓。檀磹镡[1]姓。又读 chán, xín。

tǎn　　忐坦钽袒菼毯醓

tàn　　叹炭探碳

nān　　囝同"囡"。囡

nán　　男南难[1]困难。又读 nàn。葻草细长柔软貌。喃楠

nǎn　　赧腩蝻

nàn　　难[2]不幸的遭遇。婻

lán　　兰岚拦栏婪阑蓝谰澜褴篮斓镧襕

lǎn　　览揽缆榄罱漤懒

làn　　烂滥

gān　　干[1]相干；干旱。又读 gàn。甘玕杆肝坩苷矸泔柑虷[1]冒犯。又读 hán。竿酐疳尴

gǎn　　杆秆赶敢感澉橄擀鳡

gàn　　干[2]树干。旰绀淦骭赣

kān　　刊看[1]看护。又读 kàn。勘龛堪嵌戡

kǎn　　坎侃砍莰槛[1]门槛。又读 jiàn。顑颟颔，形容面黄肌瘦。

kàn　　看[2]看书衎崁崁顶，地名。墈阚[1]姓。又读 hǎn。磡瞰

hān　　犴[2]驼鹿。预蚶酣憨鼾

hán　　邗汗[1]可汗的简称。又读 hàn。邯含函虷[2]虷蟹。浛琀崡焓涵韩崴[1]崴山，山名。又读 dǎng。寒

hǎn　　罕喊豃"豃"（hàn）的又读。阚[2]虎叫声。㘎同"阚"。

玖 普通话韵谱字汇

hàn 汉扞扦格，互相抵触。闬汗² 汗流浃背。旱垾捍悍菡焊颔撖 姓。蔊蔊菜。暵干枯；干旱。撼翰憾瀚

zhān 占¹ 占卜；姓。又读 zhàn。沾毡栴 人名用字。旃粘¹ 用黏物把东西互相连接或附着在别的物体上。又读 nián。詹谵邅瞻鹯鳣

zhǎn 斩飐盏展崭搌辗黵 染上了污点。

zhàn 占² 占有；占居。栈战站偡 齐整。绽湛蘸颤¹ 颤栗。又读 chàn。

chān 辿 龙王辿，地名。觇偷梴掺搀襜

chán 单² 单于，匈奴君主的称号。谗婵馋禅¹ 佛教用语。又读 shàn。孱¹ 瘦弱。又读 càn。缠蝉廛潺澶镡² 姓。瀍蟾儳巉躔镵

chǎn 产刬¹ 用锹或铲子削平或取出来。又读 chàn。冟冟冲，地名。浐谄啴² 宽舒。铲闸崴骣辗

chàn 忏划² 全部，方言词。颤² 振动。羼韂

shān 山芟杉² 常绿乔木。删苫¹ 草垫子。又读 shàn。钐¹ 金属元素。又读 shàn。衫姗珊埏栅² 栅极，电极的一种。舢店烻¹ 闪光貌。又读 yàn。扇¹ 扇动。又读 shàn。跚煽潸膻² 膻味，膻气。

shǎn 闪陕睒

shàn 讪汕苫² 用席、布等遮盖起来。钐² 长柄大镰刀；大片地除去。疝单³ 姓；地名用字，单县，在山东。赸剡¹ 剡溪，水名。又读 yǎn。扇² 扇子。掸 史书上对傣族的称呼；掸族。掞善禅² 帝王让位给别人。骟鄯墡缮擅嬗膳嬗赡蟮鳝

rán 蚺然髯燃

rǎn 冉苒染翢

zān 糌簪

zán 咱

zǎn 拶² 压紧。昝寁噆攒¹ 积聚，积蓄。又读 cuán。趱

zàn 暂錾赞鄼² 古地名。又读 cuán, cuó。瓒

cān 参¹ 参加。又读 shēn, cēn。骖餐

cán 残蚕惭

cǎn 惨穇黪

càn 灿孱² 孱头，软弱无能的人，方言词。粲璨

sān 三叁毵

sǎn 伞散¹ 懒散。又读 sàn。糁¹ 谷类制成的小渣。又读 shēn。馓

普通话的分韵及韵谱字汇

sàn 散² 散开。

25. ian

yān 咽² 咽头。恹殷¹ 暗红。又读 yīn。胭烟焉崦阉阏阏氏。淹腌² 用盐等浸渍食品。湮¹ 沉没；淤塞。又读 yīn。鄢墕² 梁家墕，地名。又读 yàn。漹嫣燕¹ 姓。又读 yàn。

yán 延闫芫¹ 芫荽。又读 yuán。严言妍岩炎沿研埏盐菅铅¹ 铅山，地名。又读 qiān。阎蜒筵颜鼽檐

yǎn 沇奄兖龚俨衍弇剡² 尖；遮蔽；合上。郾厣眼偃埯棪渷炭㒰廖，门闩。罨演魇蝘戭䶒魇甗鼹

yàn 厌贋砚咽³ 使嘴里的食物等通过咽头进入食道。彦艳晏唁宴验掞㷲² 光炽烈貌。谚堰较低的堤坝。墕² 两山之间的山地，方言词。雁焰焱滟酽餍讌燕² 鸟名。赝谦嬿

biān 边砭笾萹编煸蝙鳊鞭

biǎn 贬窆扁¹ 物体平而较薄。又读 piān。匾碥褊藊藊豆。

biàn 卞弁抃鼓掌。苄汴忭邘变昪光明。便¹ 方便。又读 pián。遍辨辩辫

piān 片¹ 相片儿。又读 piàn。扁² 扁舟。偏猵篇翩

pián 便² 大腹便便。骈胼媥楩蹁

piǎn 谝

piàn 片² 图片。骗

mián 眠绵棉

miǎn 丏免沔勉娩勔冕偭渑¹ 渑池。又读 shéng。湎愐缅腼

miàn 面眄

diān 掂滇颠攧巅癫

diǎn 典点碘踮

diàn 佃¹ 租种土地。又读 tián。甸阽坫店坫垫店钿¹ 用金银珠贝等镶嵌成的花朵形装饰。又读 tián。淀惦琔奠殿靛簟癜

tiān 天添黇

tián 田佃² 佃作。沺畑畋畑钿² 钱，方言词。恬甜湉填阗

tiǎn 忝殄捵¹ 撑；拨。又读 chēn。悿淟睍明亮。腆舔

tiàn 掭瑱¹ 古代冠冕上垂在两侧的装饰品，用玉、石、贝等制成；美玉。又读 zhèn。

niān 拈蔫

nián 年粘² 姓。鲇黏

玖 普通话韵谱字汇

niǎn 捻辇撵碾

niàn 廿念埝

lián 奁连怜帘莲涟梿联裢廉鲢濂臁磏[1] 一种磨刀石。又读 qiān。镰蠊

liǎn 琏敛脸裣蔹

liàn 练炼恋浰[2] 浰浰, 地名。殓链楝栋潋鰊

jiān 戋戋戋。奸歼坚间[1] 中间。又读 jiàn。浅[1] 浅浅, 水声。又读 qiān。肩艰监[1] 从旁察看；牢狱。又读 jiàn。兼菅笺渐[1] 浸；流入。又读 jiàn。犍[1] 阉割过的公牛。又读 qián。湔缄搛瑊蒹煎缣鲣鹣牋鞯韉鰜櫼

jiǎn 拣枧茧柬俭捡笕检趼减剪睑铜[1] 古代兵器。又读 jiàn。裥睷简谫戬碱蕑寋謇潋

jiàn 见[1] 常见。又读 xiàn。件间[2] 空隙。讦善言辞。饯建荐贱牮剑监[2] 帝王时代的官名或官府名。健舰涧渐[2] 逐步；事物发展的开端。谏槛践铜[2] 嵌在车轴上的铁条, 用来保护车轴并减少摩擦力。毽腱溅鉴键槛[2] 栏杆。僭踺箭

qiān 千仟阡圲扦芊迁杄岍金汧铅牵铅[2] 金属元素。悭谦签愆鹐骞搴磏[2] 大磏, 地名。褰

qián 荨荨麻（今统读 xún）。钤前虔钱钳掮乾軒犍[2] 犍为。墘潜黔

qiǎn 肷浅[2] 浅水区。嗛遣谴缱

qiàn 欠伣纤[1] 拉船用的绳子。又读 xiān。芡茜[1] 深红；茜草。倩堑绪椠嵌蒨慊[2] 不满。歉

xiān 仙先纤[2] 细小。氙忺祅籼苫枮掀铦酰跹锨鲜[1] 鲜卑族。又读 xiǎn。暹骞孅

xián 伭闲贤弦玹[1] 姓。又读 xuán, xuàn。挦咸涎娴衔舷诚痫鹇嫌

xiǎn 狝冼显洗[2] 姓。险蚬崄猃筅跣铣[2] 有光泽的金属。燹顕明显。鲜[2] 鲜为人知。藓燹櫶

xiàn 见[2] 同"见"(jiàn), 图穷匕首见。苋岘现睍限线觋宪陷馅羡线献腺霰

26. uɑn

wān 弯剜帵婠塆湾蜿豌

wán 丸汍纨完玩顽烷

wǎn 宛挽莞[1] 莞尔, 微笑的样子。又读 guǎn。菀[2] 紫菀。晚脘悗婉绾琬椀皖碗踠

普通话的分韵及韵谱字汇

wàn　　万² 数目字,十个一千;形容很多;很。沕 白沙沕,地名。妧¹ 形容女子美好。又读 yuán。腕蔓² 植物细长而不能直立的茎。

duān　　耑端

duǎn　　短

duàn　　段断塅缎瑕椴煅锻籪

tuān　　猯湍煓

tuán　　团抟

tuǎn　　疃

tuàn　　彖

nuǎn　　暖

luán　　峦挛娈栾挛鸾脔滦銮

luǎn　　卵

luàn　　乱

guān　　关观¹ 仔细看;看到的景象;对事物的看法。又读 guàn。纶¹ 纶巾。又读 lún。官冠¹ 帽子。又读 guàn。矜¹ 同"鳏"。又读 jīn, qín。倌蒄棺瘝鳏

guǎn　　莞² 东莞。馆琯筦管鳤

guàn　　毌观² 道教的庙宇。贯冠² 戴帽子;居第一位;第一名;在前面加上(某种名号或文字)。掼涫惯祼盥灌瓘爟鹳罐

kuān　　宽髋

kuǎn　　款窾空。

huān　　欢獾

huán　　还² 返回。环郇萑峘洹桓绕萑貆镮圜¹ 围绕。又读 yuán。阛澴寰嬛缳瓛鹮镮鬟

huǎn　　缓昄

huàn　　幻奂宦换唤涣浣患焕逭痪睆豢漶鲩擐轘

zhuān　　专䏝砖颛

zhuān　　转¹ 改变(方向、位置、情势等);(把物品、信息等)经一方传到另一方。又读 zhuàn。

zhuàn　　传¹ 人物传记;古代揭示儒家经文的著作;叙述历史故事的作品。又读 chuán。沌¹ 用于地名。又读 dùn。转² 旋转;闲逛;量词。啭瑑赚僎才具。撰篆馔

chuān　　川氚穿

玖　普通话韵谱字汇

chuán 传² 传达。船遄椽篅

chuǎn 舛喘

chuàn 串钏

shuān 闩拴栓

shuàn 涮腨

ruán 堧

ruǎn 阮朊软媆瓀

zuān 钻¹ 钻孔，从孔穴中通过。又读 zuàn。躜

zuǎn 缵纂

zuàn 钻² 钻孔。赚攥

cuān 汆撺镩蹿

cuán 攒² 聚拢。巑³ 巑阳，地名（又读 cuó）。

cuàn 窜篡爨。

suān 狻酸

suàn 蒜筭算

27. üan

yuān 鸢眢鸳冤渊涴² 涴市，地名。蜎鹓箢

yuán 元芫² 芫花。园员¹ 官员。又读 yún, yùn。沅沅江，水名。妧² 人名用字。垣爰袁原圆鼋援湲媛¹ 婵媛。又读 yuàn。缘塬猿源嫄辕橼螈圜² 天体；圆。羱

yuǎn 远

yuàn 苑怨院垸掾媛² 美女。瑗愿

juān 捐涓娟圈¹ 用栅栏等围起来。又读 juàn, quān。焆鹃朘镌蠲

juǎn 卷¹ 卷心菜。又读 juàn。锩

juàn 卷² 开卷有益。隽¹ 意味深长。又读 jùn。倦狷桊绢鄄圈² 饲养猪、羊等家畜的场所，有棚有栏。眷胃挂。

quān 悛圈³ 圆圈。桊鄟

quán 权全佺诠荃泉辁牷拳铨痊蜷筌琼蜷醛鳈鬈颧

quǎn 犬甽绻

quàn 劝券¹ 奖券。又读 xuàn。

xuān 轩宣谖萱喧揎铦愃瑄暄煊儇禤谖翾

xuán 玄玹² 玉的色泽。痃悬旋¹ 旋转。又读 xuàn。漩璇暶

213

普通话的分韵及韵谱字汇

xuǎn 选咺烜烜癣

xuàn 券² 拱券。泫玹³ 一种玉。眩炫绚昡铉琄衔旋² 转着圈的。渲楦碹

第十一 人辰摄

十三、痕部

28. en

ēn 恩蒽

èn 摁

bēn 奔¹ 奔驰。又读 bèn。贲² 贲门，胃与食管相连的部分。栟¹ 栟茶，地名。又读 bīng。犇锛

běn 本苯畚

bèn 坌奔² 为某事忙碌；接近（某个年龄段）；朝。偾笨夯¹ 同"笨"。又读 hāng。

pēn 喷¹（液体、气体、粉末等）受压力而冲射出来。又读 pèn。

pén 盆溢

pèn 喷² 香气扑鼻。

mēn 闷¹ 闷热。又读 mèn。

mén 门们¹ 图们江。又读 men。扪钉璊亹² 亹源，回族自治县。

mèn 沕沕塘，地名。闷² 不畅快；密闭。焖懑

men 们² 用在代词或指人的名词后，表复数。

fēn 分¹ 分割。又读 fèn。芬吩纷玢¹ 赛璐玢，玻璃纸的一种。又读 bīn。氛翂棻酚雰

fén 坟汾棼焚濆 水边，水边高地。豮 阉割的猪；公猪，泛指雄性牲畜。鼢

fěn 粉

fèn 分² 水分。份坋 古坋，地名。奋忿偾粪愤鲼瀵

dèn 扽

nèn 恁嫩 同"嫩"。嫩

gēn 根跟

gén 哏

gěn 艮¹ 食物韧而不脆。又读 gèn。

gèn 亘艮² 八卦之一，代表山。茛

kěn 肯垦恳啃龈¹ 同"啃"。又读 yín。

玖 普通话韵谱字汇

kèn　掯裉

hén　痕

hěn　𧤦（言语）古怪，不合情理。很狠

hèn　恨

zhēn　贞针侦珍帧胗浈真桢砧祯吉祥。葴马蓝。蓁斟椹[1]同"砧"。又读shèn。溱[1]溱头河。又读qín。甄瑧榛禛箴臻

zhěn　诊枕轸畛畛田间小路。疹袗华美；单衣。缜稹鬒

zhèn　圳阵纼鸩振朕赈揕用刀、剑等刺。震瑱[2]瑱圭，古代帝王朝会时所拿的一种圭。镇

chēn　抻郴綝[1]善良。又读lín。琛棽[1]棽棽，（枝条）茂密参垂。又读shēn。捵[2]同"抻"。嗔瞋

chén　臣尘辰沉沈[1]同"沉"。又读shěn。忱情意。陈宸梣晨谌相信；确然；姓。煁

chěn　碜

chèn　衬疢中医指热病，泛指疾病。龀称[1]合适。又读chēng, chèng。趁榇棺材。讖

chen　伧[1]寒伧，同"寒碜"；使人没面子。又读cāng。

shēn　申屾伸身呻佚诜参[2]人参。绅珅莘[1]莘县。又读xīn。砷牲娠深棽[2]同"棽[1]"。糁[2]谷物磨成的碎粒。鲹槮旺盛。

shén　什[2]什么。神钟甚[1]同"什"(shén)。又读shèn。

shěn　沈[2]沈阳；姓。审哂微笑。矧谂婶瞫

shèn　肾甚[2]过分；表示程度高；超过。胂渗葚[1]桑葚。又读rèn。椹[2]椹涧，地名。蜃瘆慎

rén　人壬仁任[1]周代国名；姓。又读rèn。

rěn　忍荏稔

rèn　刃认仞讱任[2]任命。纫韧轫牣饪妊纴衽

zěn　怎

zèn　谮

cēn　参[3]参差。

cén　岑涔

sēn　森

普通话的分韵及韵谱字汇

29. in

yīn　因阴茵荫[1] 树荫；姓。又读 yìn。音洇 液体落在纸、布等物体上向四周散开。姻駰絪氤殷[2] 丰盛；深厚；朝代名；姓。铟諲 恭敬。垔喑闉湮[2] 同"洇"。愔歅瘂裀

yín　吟垠珢狺闉硍鋈银淫夤訢鄞龈[2] 牙龈。寅 敬重；深。蟫嚚霪

yǐn　尹引吲饮[1] 喝。又读 yìn。蚓隐瘾

yìn　印饮[2] 给牲畜水喝。茚荫[2] 庇荫。胤鮣窨[1] 地窖，地下室。又读 xūn。憗

bīn　邠玢[2] 一种玉。宾彬傧斌滨缤槟[1] 槟子。又读 bīng。镔濒豳 古地名。

bìn　摈殡膑髌鬓

pīn　拼姘

pín　毗蚌珠。贫频嫔颦

pǐn　品榀

pìn　牝聘

mín　民苠旻岷玟[1] 同"珉"。又读 wén。忞珉缗

mǐn　皿闵抿黾泯闽悯敏愍憨鳘 鳕鱼。

nín　您

līn　拎

lín　邻林临啉淋[1] 浇。又读 lìn。綝[2] 綝縭，盛装的样子。琳笒粼嶙遴潾璘霖辚磷瞵鏻翷鳞麟

lǐn　凛廪懔檩

lìn　吝赁淋[2] 过滤。蔺膦躏

jīn　巾斤今金釿津衿矜[2] 自尊自；庄重。珒筋禁[1] 承受；忍住。又读 jìn。襟

jǐn　仅[1] 副词，只。又读 jìn。尽[1] 副词，极，最（用在方位词组前）；介词，以某个范围为界限；介词，放在最先。又读 jìn。巹紧堇锦谨馑廑[1] 人名用字。又读 qín。瑾槿

jìn　仅[2] 将近。尽[2] 完；死亡；达到极限；全部用出；全；"都"。进近妗劲[1] 力气；效力；精神；神情；趣味。又读 jìng。荩泾晋赆烬浸琎搢靳搢揼。禁[2] 禁区。溍缙瑨墐觐殣噤

qīn　钦侵亲[1] 亲娘。又读 qìng。衾駸駸駸，马跑得很快的样子。嶔嵚嵁，山势高峻貌。

qín　芹芩矜[3] 矛、戟的柄。秦桙桙（chén）的又读。琴覃[2] 姓。禽勤廑[2] 同"勤"。嗪溱[2] 溱潼，地名。懃擒噙檎螓

qǐn　梫锓寝

玖　普通话韵谱字汇

qìn　呇沁揿

xīn　心䚡芯[1] 灯芯。又读 xìn。辛忻昕欣炘莘[2] 莘庄。锌廞焮新歆薪馨鑫

xín　镡[3] 古代剑身与剑柄连接处凸出的部分；古代兵器。

xǐn　伈。

xìn　囟芯[2] 装在器物中心的捻子；蛇、羊的舌头。信衅

30. un

wēn　温榅辒瘟薀鰛

wén　文芠纹[1] 丝织品上的花纹，泛指所有纹路。又读 wèn。玟[2] 玉的纹理。炆闻蚊阌雯

wěn　刎吻抆紊稳

wèn　问汶纹[2] 器物上的裂痕。搵璺

dūn　吨惇敦[2] 宽厚诚恳。墩撴礅镦[2] 冲压金属板，使变成所需要的形状。蹾蹲[1] 蹲着。又读 cún。

dǔn　盹趸

dùn　囤[1] 用竹篾、荆条等编成或用席箔等围成的器皿，用来储存粮食的器物，又读 tún。沌[2] 混沌。炖砘钝盾顿[2] 停顿。遁楯[1] 同"盾"。又读 shǔn。

tūn　吞啍暾

tún　屯[1] 聚集；（军队）驻扎；村庄。又读 zhūn。坉囤[2] 储存。饨忳豚鲀臀

tǔn　氽

tùn　褪[2] 使套着或穿着的东西脱离；缩回去不外露。

lūn　抡[1] 用力挥动。又读 lún。

lún　仑伦论[1] 论语。又读 lùn。抡[2] 选择。囵沦纶[2] 合成纤维商品名用字。轮

lùn　论[2] 讨论。

gǔn　衮绲辊滚磙鲧

gùn　棍

kūn　坤昆堃裈 有裆的裤子。媕琨焜 明亮。髡鹍锟醌鲲

kǔn　捆阃悃壸

kùn　困

hūn　昏荤阍惛婚

hún　浑珲[2] 珲春，地名。混[1] 水不清；糊涂。又读 hùn。馄魂

hùn　浑混[2] 掺杂；冒充；苟且度日；胡乱（行事）。圂溷

普通话的分韵及韵谱字汇

zhūn 屯[2] 困难。迍肫窀谆衡

zhǔn 准埻

chūn 春堾瑃椿蝽鰆

chún 纯莼唇淳鹑醇

chǔn 蠢

shǔn 吮楯[2] 栏杆。

shùn 顺舜瞬

rùn 闰润

zūn 尊嶟遵樽镎鳟

zǔn 僔撙噂

cūn 邨村皴

cún 存蹲[2] 脚、腿猛然着地，使腿或脚受伤，方言词。

cǔn 忖

cùn 寸吋

sūn 孙荪狲飧

sǔn 损笋隼榫

31．ün

yūn 晕[1] 晕倒。又读yùn。氲缊[1] 又读yùn。煴赟韫

yún 云匀芸员[2] 人名用字。沄妘纭昀畇郧耘涢筠[1] 竹子的青皮；竹子的别称。又读jūn。篔鋆

yǔn 允狁陨殒

yùn 孕运员[3] 姓。郓恽晕[2] 月晕。酝愠缊[2] 乱麻，旧丝絮。韫韵蕴熨[2] 用熨斗、烙铁等把衣物或布烫平。

jūn 军均龟[3] 龟裂。君钧莙菌[1] 菌菇。又读jùn。皲筠[2] 筠连，地名。鲪麇[1] 古书上指獐。又读qún。

jùn 俊郡捃拾取。峻隽[2] 同"俊"，才智过人。浚[1] 疏通水道。又读xùn。馂骏珺菌[2] 蕈（xùn），生长在树林里或草地上的某些菌类。晙焌[2] 用火烧。葰[2] 大。畯竣

qūn 困逡

qún 裙群麇[2] 成群。

xūn 勋埙熏[1] 烟熏。又读xùn。薰窨[2] 同"熏"，用于窨茶叶。獯纁曛醺

xún 旬寻巡郇询荀荨[2] 荨麻疹。峋洵浔恂珣栒循鲟

xùn 训讯汛迅驯徇逊殉浚 浚²浚县。巽熏² 煤气使人窒息中毒，今统读 xūn。蕈噀

第十二　江阳辙

十四、唐部

32. ɑng

āng 肮

áng 卬昂

àng 盎

bāng 邦帮梆榔浜

bǎng 绑榜膀¹ 膀子。又读 pāng，páng。

bàng 玤蚌¹ 水中的一种软体动物。又读 bèng。棒傍谤塝搒¹ 划船。又读 péng。旁磅¹ 量词。又读 páng。镑

pāng 乓雱滂膀² 浮肿。

páng 彷¹ 彷徨。又读 fǎng。庞逢旁嗙膀³ 膀胱。磅² 磅礴。螃鳑

pǎng 耪

pàng 胖² 脂肪多。

māng 牤

máng 邙芒忙杧龙¹ 人名用字。又读 méng。盲氓¹ 流氓。又读 méng。茫厖硭铓牻

mǎng 莽漭蟒

fāng 方邡坊¹ 街坊。又读 fáng。芳枋牥钫蚄

fáng 防坊² 作坊。妨肪房魴

fǎng 仿访彷² 彷佛。纺昉舫

fàng 放

dāng 当¹ 门当户对。又读 dàng。珰铛¹ 银铛。又读 chēng。裆筜

dǎng 挡 阻挡。又读 dàng。党¹ 崴² 崴村，地名。谠戃簜欓。

dàng 当² 适当。又读 dàng。氹 同"凼"。凼塘，水坑，方言词。砀挡宕挡² 摒挡，料理，收拾。荡档菪莨筜。

tāng 汤¹ 汤汁。又读 shāng。铴璗² 人名用字。耥嘡羰铴² 铴鞳，钟鼓等的声音。又读 táng。蹚

普通话的分韵及韵谱字汇

táng 唐堂棠郞塘搪鄧溏瑭樘[1] 门框，窗框；量词，用于门或窗。又读 chēng。膛蟷镗[2] 用刀在零件已有的孔眼中旋转切削。糖餹赤色。螳

tǎng 帑倘[1] 如果。又读 cháng。塮淌惝傥镋躺耥

tàng 烫趟

nāng 囊[1] 囊揣，猪胸腹部松软的肥肉。又读 náng。嚢

náng 囊[2] 口袋。馕[1] 烤制的面饼。又读 nǎng。

nǎng 曩攮馕[2] 拼命地往嘴里塞食物。

nàng 儾软弱。齉

lāng 啷

láng 郞[1] 郞中。又读 làng。狼琅阆[1] 阆阆。又读 làng。根廊螂嫏嬢。榔锒银铛 稂筤螂

lǎng 朗烺萌塱河塱，地名。㮾㮾梨，地名。

làng 郞[2] 屎壳郞。埌茛茛苕。崀阆[2] 阆中，地名。浪眼蒗

gāng 冈江姓。扛[1] 双手举物。又读 káng。刚㓺同"扛"（gāng）。岗[1] 花岗岩。又读 gǎng。肛纲杠矼钢[1] 钢铁。又读 gàng。缸罡堽

gǎng 岗[2] 高起的山坡；平面上凸起的条状物；守卫的位置；职位。港

gàng 杠钢[2] 把刀在布、皮、石头或缸沿上摩擦，使其锋利。筻筻口，地名。戆[1] 鲁莽。又读 zhuàng。

kāng 闶[1] 闶阆，方言词。又读 kàng。康慷糠

káng 扛[2] 用肩膀承载物；承担，承当。

kàng 亢伉抗闶[2] 人名用字。炕钪

hāng 夯[2] 砸实地基用的工具；用夯砸。

háng 行[1] 行列。又读 xíng。吭[1] 喉咙。又读 kēng。远杭绗航颃

hàng 沆巷[1] 巷道。又读 xiàng。

zhāng 张章鄣獐彰漳嫜璋樟暲蟑 障嶂幛瘴

zhǎng 长[1] 年长。又读 cháng。仉姓。涨[1] 水位或价格的升高。又读 zhàng。掌礃

zhàng 丈仗杖帐账胀涨[2] 水浸泡后物体体积变大；头部充血；多出（原来的数目）。

chāng 伥昌菖猖闾阊阊。娼鲳

cháng 长[2] 擅长。场[1] 翻晒粮食的平坦空地；集市。又读 chǎng。苌肠尝倘[2] 倘佯，同"徜佯"。常偿徜嫦裳[1] 古代指遮蔽下体的衣裙。又读 shang。鲿

玖 普通话韵谱字汇

chǎng 厂场² 场合。铱锋利。昶惝敞氅

chàng 怅帐古代盛弓的袋子。畅倡鬯唱

shāng 伤汤² 汤汤,水大而急。殇商觞墒熵

shǎng 上¹ 上声。又读 shàng。垧晌赏

shàng 上² 上面。尚绱

shang 裳² 衣裳。

rāng 嚷 嚷嚷。又读 rǎng。

ráng 儴勷励勷,急促不安。瀼瀼¹ 水名,瀼河。又读 ràng。禳穰瓤

rǎng 壤攘嚷² 喊叫。

ràng 让瀼 瀼渡河,水名,在重庆。

zāng 赃脏¹ 肮脏。又读 zàng。牂母羊。臧

zǎng 駔好马,壮马。

zàng 脏² 内脏。奘¹ 玄奘。又读 zhuǎng。葬藏¹ 宝藏。又读 cáng。

cāng 仓伧² 粗野。苍沧鸧舱

cáng 藏² 收藏。

sāng 丧¹ 丧事。又读 sàng。桑

sǎng 搡嗓磉颡额头。

sàng 丧² 丧失。

33. iang

yāng 央映¹ 人名用字。又读 yǎng。泱殃鸯秧鞅¹ 古代用马拉车时套在马颈上的皮套子。又读 yàng。

yáng 扬羊阳场杨旸飏炀钖佯疡垟徉洋烊¹ 熔化,溶化。又读 yàng。蛘

yǎng 卬仰映² 映咽,水流阻滞貌。养氧痒

yàng 怏样恙疾病。烊² 打烊。漾水流长长的样子。鞅² 牛鞅,牛拉东西时架在脖子上的器具。様

niáng 娘

niàng 酿

liáng 良俍善,完美。莨凉¹ 凉水。又读 liàng。梁綡帽子上的丝带。椋辌辒辌,古代一种车,可以躺卧。量¹ 测量。又读 liàng。粮粱樑踉¹ 跳踉。又读 liàng。

liǎng 两俩² 伎俩。蒗靠近水的平缓高地;蒗塘,地名用字。緉一双,古代计量鞋、袜的单位。魉

普通话的分韵及韵谱字汇

liàng　　亮惊凉² 把热的东西放一段时间，使其温度下降。悢谅辆靓¹ 美丽。又读 jìng。量² 数量。踉跟² 跟跄，走路不稳的样子。

jiāng　　江茳 茳芏，草本植物。将¹ 将军。又读 jiàng。姜豇浆¹ 米浆。又读 jiàng。僵缰鳉礓疆

jiǎng　　讲奖桨蒋耩 用耧播种或施肥。膙 膙子，茧子。

jiàng　　匠降¹ 降低。又读 xiáng。虹¹ 义同"虹"（hóng），口语。又读 hóng。将² 将领。洚绛浆² 浆糊，同"糨糊"。强¹ 倔强。又读 qiáng，qiǎng。酱犟糨

qiāng　　抢¹ 碰，撞。又读 qiǎng。呛¹ 呛水。又读 qiàng。羌玱枪戗¹ 逆着，反方向；（言语）冲突。又读 qiàng。戕斨腔蜣锖锵跄 跄跄，形容行走合乎礼节。又读 qiàng。镪¹ 镪水。又读 qiǎng。

qiáng　　强² 强大。墙蔷嫱蘠樯

qiǎng　　抢² 抢夺。羟强³ 勉强。镪² 古代指成串的钱。襁褓裸

qiàng　　呛² 呛鼻。戗² 支撑；支撑柱子或墙使不倾倒的木头。炝跄踉² 踉跄，同"踉跄"。

xiāng　　乡芗 古书上指用来调味的香草。相¹ 相信。又读 xiàng。香厢葙湘缃箱襄骧缰瓖镶

xiáng　　详降² 降服。庠祥翔

xiǎng　　享响饷鲞 鲞虫。飨想鲞

xiàng　　向巷² 狭窄的街道。相² 照相。珦象像橡

34. uang

wāng　　尪² 人名用字。尫 胸、脊等部位弯曲的病。汪

wáng　　亡王¹ 君主；姓。又读 wàng。

wǎng　　网柱冈往惘辋魍

wàng　　王² 统一天下；统治。妄忘旺望

guāng　　光垙 上垙，地名。咣洸桄¹ 桄榔，常绿乔木。又读 guàng。 軞胱

guǎng　　广犷

guàng　　桄² 桄子，用竹木制成的绕线器具；量词，计量线。逛

kuāng　　匡劻 劻勷，急促不安。诓哐洭筐

kuáng　　狂诳鵟 鸟名，外形像鹰而略大。

kuǎng　　夼 刘家夼，地名。

kuàng　　邝圹纩旷况矿贶 赠送。框眶

玖 普通话韵谱字汇

huāng　肓荒塃慌

huáng　皇黄凰隍喤遑徨凰惶媓瑝煌明亮。锽潢璜蝗篁艎磺大钟。癀蟥簧鳇

huǎng　恍晃[1] 明晃晃。又读 huàng。谎幌

huàng　晃[2] 摇摆。皝脸色苍白的病。滉水深而广。兣

zhuāng　妆庄桩装

zhuǎng　奘[2] 粗大。

zhuàng　壮状僮[1] 壮族,旧作"僮"。又读 tóng。撞幢[1] 量词,用于房屋。chuáng。戆[2] 刚直。

chuāng　创[1] 创伤。又读 chuàng。疮窗

chuáng　床噇幢[2] 刻着佛号或经文的石柱。

chuǎng　闯

chuàng　创[2] 创造。怆悲伤。

shuāng　双泷[1] 泷水,水名。又读 lóng。漺漺缺,地名。霜孀骦礵鹴

shuǎng　爽

第十三　中东辙

十五、东部

35. eng

ēng　鞥

bēng　伻祊崩绷[1] 紧绷。又读 běng,bèng。嘣

béng　甭

běng　绷[2] 绷着脸。琫

bèng　泵迸蚌[2] 蚌埠。绷[3] 裂开。镚锛蹦

pēng　抨怦砰烹嘭澎[1] 溅,方言词。又读 péng。

péng　芃朋堋淜弸彭棚搒[2] 拷打。蓬硼鹏澎[2] 澎湃。篷膨蟛

pěng　捧

pèng　椪碰撞

mēng　蒙[1] 发蒙。又读 méng,měng。

méng　尨[2] 尨茸,蓬松。氓[2] 古代指民(特指外来的)。虻萌蒙[2] 蒙蔽。盟甍瞢嵘幪檬朦曚鹲礞艨

普通话的分韵及韵谱字汇

měng 勐猛蒙³ 蒙古族。锰蜢艋獴懵蠓

mèng 孟梦

fēng 丰风沣沨枫封砜疯峰烽葑¹ 芜菁。又读 fèng。䒷锋蜂酆鄷都（今作丰都），地名。

féng 冯姓。逢浲缝

fěng 讽唪

fèng 凤奉俸赗葑² 古书上指菰的根。缝

dēng 灯登噔璒簦蹬¹ 踏、踩。又读 dèng。

děng 等戥

dèng 邓僜凳嶝澄¹ 使液体里的杂质沉淀。又读 chéng。磴瞪镫蹬² 蹭蹬，遭遇挫折。

tēng 熥鼟

téng 疼腾誊滕縢藤䕊

néng 能

léng 崚塄棱¹ 物体上不同方向的两个平面相连接的部分；物体表面的条状凸起部分。又读 líng。楞

lěng 冷

lèng 堎睖愣

gēng 更¹ 更改。又读 gèng。庚耕浭粳赓鹒羹

gěng 埂耿哽绠梗颈¹ 义同"颈"，脖颈子。又读 jǐng。鲠

gèng 更² 更好。暅

kēng 坑吭² 出声。硁铿

hēng 亨哼脝啈

héng 恒姮珩桁鸻横¹ 横竖。又读 hèng。衡蘅

hèng 堼横² 蛮横。

zhēng 丁¹ 丁丁，伐木、弹琴等声。又读 dīng。正¹ 正月。又读 zhèng。争征怔¹ 怔松，心悸。又读 zhèng。挣¹ 挣扎。又读 zhèng。峥狰钲症¹ 症结。又读 zhèng。烝睁铮筝蒸

zhěng 拯整

zhèng 正² 正前方。证郑怔² 发愣。诤政挣² 挣钱。阐阐闱，挣扎，今作"挣揣"（zhèngzhuài）。症² 多动症。

chēng 柽琤称² 称重。蛏铛² 平底浅锅。偁赪撑瞠樘² 用于人名。

224

玖 普通话韵谱字汇

chéng 成丞呈枨诚承城宬珹埕晟[1] 姓。又读 shèng。乘[1] 乘客。又读 shèng。珵盛[1] 把东西放进容器里。又读 shèng。铖程惩裎 裸露身体。又读 chéng。塍醒澂澄[2] 水清；使清明。憕枰。橙

chěng 逞骋庱裎[2] 古代一种对襟单衣。

chèng 秤掌称[3] 同"秤"。

shēng 升生声昇牲陞笙甥

shéng 渑[2] 古水名。绳

shěng 省[1] 节省。又读 xǐng。眚

shèng 圣胜晟[2] 姓。盛[2] 兴盛。乘[2] 千乘之国。剩嵊

rēng 扔

réng 仍礽

zēng 曾[1] 曾祖；姓。又读 céng。鄫增憎缯[1] 丝织品。又读 zèng。罾矰

zèng 综[1] 织布机上带着经线上下分开形成梭口的装置。又读 zōng。锃缯[2] 捆、扎。赠甑

cēng 噌

céng 层曾[2] 曾经。嶒

cèng 蹭

sēng 僧

36. ing

yīng 应[1] 应该。又读 yìng。英莺婴媖瑛锳撄蘡嘤罂缨璎樱鹦膺鹰

yíng 迎茔荥[1] 荥经，地名，在四川。又读 xíng。荧盈莹萤营萦溁滢楹滢蝇溋嬴赢瀛籝

yǐng 郢颍颖影瘿

yìng 应[2] 应答。映硬媵

bīng 冰并[1] 并州，地名。又读 bìng。兵栟[2] 栟榈，古书上指棕榈。槟[2] 槟榔，热带常绿乔木。

bǐng 丙邴秉柄昺饼炳屏[1] 屏弃不用。又读 píng。蛃禀鞞 刀鞘。

bìng 并[2] 兼并。病摒

pīng 乒俜涄娉

píng 平评坪苹凭泙玶荓帡洴屏[2] 画屏。瓶萍䓱鲆

míng 名明鸣茗洺冥铭覭[2] 冪冥。溟暝瞑螟

普通话的分韵及韵谱字汇

mǐng 酩

mìng 命

dīng 丁² 姓。仃叮玎耵町¹ 畹町，地名。又读 tīng。钉¹ 钉子。又读 dìng。疔耵酊¹ 酊剂。又读 dǐng。

dǐng 顶酊² 酩酊。鼎

dìng 订饤钉² 钉马掌。定椗啶腚碇锭

tīng 厅汀听烃綎 古人系佩玉的丝带。桯鞓

tíng 廷莛亭庭停葶 葶苈，草本植物。蜓淳婷霆蝏

tǐng 圢町² 田界；田地。侹挺珽梃¹ 梃子。又读 tìng。烶铤颋艇

tìng 梃² 杀猪后，在猪后腿末端割开一个口子，往里吹气，使猪皮绷紧，以便去毛；梃猪用的铁棍。

níng 宁¹ 安宁。又读 nìng。拧¹ 拧毛巾。又读 nǐng, nìng。苧咛狞柠聍凝

nǐng 拧² 控制住物体的一部分并用力向某个方向转动，拧扳手。

nìng 宁² 宁可；姓。佞拧³ 倔强。泞甯

líng 令¹ 令狐，姓。又读 lǐng，lìng。伶灵坽苓囹泠姈玲柃昤瓴铃鸰凌陵聆菱棂蛉舲翎羚㥄绫棱² 穆棱，地名。稜福。零龄鲮澪酃醽醾酸，古代的一种美酒。

lǐng 令² 量词，计量纸张，500 张为 1 令。岭领

lìng 另令³ 三令五申。呤

jīng 茎京泾经¹ 经纬。又读 jìng。荆菁猄旌惊晶腈鹒睛粳兢精鲸麖䴖

jǐng 井阱汫到肼颈² 脖子；器物上像颈的部位。景儆憬璥璟警

jìng 劲² 坚强有力。径净迳经² 经纱。胫俓强。痉竞竟靖婧靓² 妆饰。敬靖静境獍镜

qīng 青轻氢倾卿圊清蜻鲭

qíng 勍情晴赒氰檠擎黥

qǐng 苘顷请顈謦

qìng 庆亲² 亲家。碃箐綮磬罄

xīng 兴¹ 兴建。又读 xìng。星骍猩惺瑆腥煋

xíng 行² 行走。刑邢饧形陉娙 女子身材修长美丽。型荥² 荥阳。钘䤴铏

xǐng 省² 内省。醒擤

xìng 兴² 兴趣。杏幸性姓荇悻婞

玖 普通话韵谱字汇

37. ueng

wēng 翁嗡滃[1] 滃江，水名。鎓鹟

wěng 蓊滃[2] 形容盛水；形容云起。

wèng 瓮蕹齆

38. ong

dōng 东冬咚崠氡鸫

dǒng 董懂

dòng 动冻侗[1] 侗族。又读 tóng。峒[1] 麻峒，地名。又读 tóng。栋峂[1] 山洞。又读 tóng。胨洞[1] 洞穴。又读 tóng。恫[1] 恐惧，吓唬。又读 tōng。胴硐

tōng 恫[2] 病痛。通[1] 通过。又读 tòng。嗵樋

tóng 仝同[1] 同等。又读 tòng。佟彤岽侗[2] 幼稚；无知。峒[2] 峒冢，地名。莔峂峒[2] 崆峒。洞[2] 洪洞，地名。桐砼炯铜童酮僮[2] 仆人。鮦潼橦曈瞳穜翀

tǒng 统捅媪桶筒

tòng 同[2] 胡同。恸通[2] 量词，计量动作。痛

nóng 农侬哝浓脓秾醲

nòng 弄[1] 摆弄。又读 lòng。

lóng 龙茏咙泷[2] 湍急的水流。珑栊昽胧砻眬聋笼[1] 笼子。又读 lǒng。隆癃窿窿

lǒng 陇拢垄笼[2] 遮盖；较大的箱子。篢织篢，地名。

lòng 弄[2] 弄堂。哢哢村，地名。

gōng 工弓公功红[1] 女红，同"女工"。又读 hóng。攻邛供[1] 供给。又读 gòng。肱宫恭蚣躬龚塨觥

gǒng 巩汞拱珙

gòng 共贡供[2] 供佛。

kōng 空[1] 空谈。又读 kòng。崆箜

kǒng 孔恐倥悾

kòng 空[2] 腾空。控硿硿南，地名。鞚

hōng 吽佛教咒语用字。轰哄[1] 哄堂大笑。又读 hǒng, hòng。訇烘薨

hóng 弘红[2] 红色。玒闳宏纮泓荭虹[2] 彩虹。竑洪翃鈜鸿谹蕻[1] 雪里蕻。又读 hòng。黉

hǒng 哄[2] 哄骗。嗊

普通话的分韵及韵谱字汇

hòng 讧哄³ 起哄。 澒蕻² 茂盛。

zhōng 中¹ 中间。又读 zhòng。 忪¹ 怔忪。又读 sōng。 忠终柊盅钟舯衷锺姓。螽

zhǒng 肿种¹ 种类；种子。又读 zhòng, chóng。 冢踵

zhòng 中² 命中目标。 仲众茽种² 种植。 重¹ 重量。又读 chóng。

chōng 冲¹ 冲击。又读 chòng。 充忡茺浺玒涌¹ 河汉。又读 yǒng。 翀舂椿憧艟

chóng 虫种³ 姓。 重² 重复。 崇漴

chǒng 宠

chòng 冲² 劲头足；对着；根据。 铳

róng 戎肜茸荣狨绒容嵘蓉溶瑢榕熔蝾镕融

rǒng 冗

zōng 枞¹ 枞阳，地名。又读 cōng。 宗偬综² 综合。 棕腙踪鬃鬷

zǒng 总偬

zòng 纵疭粽

cōng 匆苁囱玜瑽瑢，形容佩玉相碰的声音。 枞² 冷杉。又读 zōng。 葱骢璁聪熜

cóng 从丛淙悰琮賨

sōng 松² 惺松。 松娀凇菘枀淞嵩

sǒng 扨㧐。 怂耸悚竦

sòng 讼宋送诵颂

39. iong

yōng 佣¹ 雇佣。 拥痈邕庸鄘雍墉慵镛壅灉臃鳙饔

yóng 喁² 鱼嘴向上，露出水面呼吸。 颙

yǒng 永甬咏泳栐俑勇埇涌² 汹涌。 恿蛹踊鲬

yòng 用佣² 佣人。 烱

jiōng 坰驲骏马。 扃

jiǒng 冏迥泂绢炯炅² 火光。 焽颎窘

qióng 邛穷茕穹劳筇琼蛩蛬銎

xiōng 凶兄芎匈讻洶胸

xióng 雄熊

xiòng 诇夐

拾　普通话的儿化韵及儿化韵音节

一　北京话儿化的形成及普通话儿化词的规范

儿化是汉语发展过程中发生的重要音变之一，在官话方言中比较普遍，北京话尤其突出。儿化首先是词汇现象，它总是跟词语相关联；儿化又是语法现象，它可以改变一些词的词性或语法功能；儿化还是语音现象，它是音节里韵母的卷舌化，发生了儿化的音节里的韵母经过重新组合，可以形成不同于平舌（舌面）韵母及舌尖韵母的儿化韵母系统。

从汉语发展史看，大约在中古时期，"儿"是作为语缀出现有关名词的后面的，具有构词作用，可以表示小称或类属等意义。这时的"儿"是独立的词尾，也是独立的音节，不属于儿化的范畴，①如：

1. 宋明帝嫌狗儿名鄙，改为敬儿，故猪儿亦改名恭儿。（《南史·张敬儿传》）。
2. 细雨鱼儿出，微风燕子斜。（杜甫《水槛遣心二首》）
3. 山儿矗矗水儿清，船儿似叶儿轻，风儿更没人情。月儿明，厮合造，送行人，眼儿蔌蔌泪儿倾。（刘仙伦《系裙腰·山儿矗矗水儿清》）

近代以来，"儿"尾不仅继续充当名词性语缀，更泛化为数量结构、谓词性词语（动词、形容词和副词等）等的语缀。大约在元代开始发生

---

① 讨论儿化史的论著也有一些，如李思敬（1986）、龙国富（2017）等，可参见。

普通话的分韵及韵谱字汇

"儿化",并在明代形成了系统的儿化韵。如:

1. 眼见一家儿烧的光光儿了也。教俺怎生过活咱。(张国宾《元曲选·合汗衫》第二折)
2. 着墙板当着墙头拴的牢着,着石杵慢慢儿打,不要忙,着他下工夫打。(《朴通事上》)

"儿化"演进的历史过程需要进行全面而深入的研究,到目前为止,我们做得还不够。就现代汉民族共同语——普通话的标准音系——北京话而言,除了"儿二而耳饵"等几个常用的儿韵母字和表叹词的ê外,其他韵母都可以卷舌为儿化韵,由此产生的儿化词也特别多,尤其是名词,如猪儿、狗儿、饭儿、桌儿、手儿等。北京话里的儿化大多数是由名词性儿尾语缀演化来的,是儿尾前的音节的韵母发生卷舌而形成的,如"边儿""范儿"。非名词的儿化,也可以有表达功能,是儿化的泛化或类推,如"一会儿""好儿""论儿"。但是,也有的儿化不一定是儿语素(儿韵母er)加在别的音节后面致其发生卷舌。北京话里的儿化现象比较复杂,有的是构词现象,有的是构形现象,有的则完全没有表达价值,纯属语流音变,诸如"宽儿""敞开儿""一般儿""撺儿""呲儿""死不了儿""撂摸儿"等词,其卷舌就很难判定跟儿语缀有关。因此,构形的儿化和语流性的儿化,就不一定跟语素"儿"有关,很可能是语音性的卷舌泛化或类推,如"今儿""慢慢儿""晕高儿"等。北京话里许多词可以儿化也可以不儿化,这说明儿化多数时候并不具有强制性,这也说明很多词的卷舌并不是表达时必需的成分。

北京话里的儿化韵就是平舌韵母的卷舌化,常常跟词语紧密相连,一般来说没有脱离词(语素)的儿化,因此,从词汇层面说,可以叫儿化词(字)。单音节的词儿化,就是本音节的韵母卷舌,如"草儿""云儿";多音节词的儿化,一般是最后一个音节儿化,如"小狗儿""纸本儿"。当然,多音节词也有不是后一音节儿化的词,但比较少,如"份儿饭""燕儿窝"等。

由于北京话里的儿化词特别多,是否都能进入普通话,是一个重大学术课题。普通话毕竟不是北京话,而是全国人民学习和使用的工具,虽然不少汉语方言发生了儿化,但是也有不少方言没有或很少有类似北京话的

拾　普通话的儿化韵及儿化韵音节

儿化现象，因此，那些没有表达价值的儿化词进入普通话，会对推广普通话不利。普通话如何有选择性地汲取北京话的儿化词呢？以下几点原则可以参照：

1. 没有别义功能的儿化词，可以不进入普通话

儿化现象是后起的语言现象，多数没有别义作用，只是一种语流音变。从全国各大方言区的人们接受程度着眼，那些没有区别意义的儿化词就没必要在普通话中出现。如：

门口：门口儿　　跟头：跟头儿
书本：书本儿　　小门：小门儿
花朵：花朵儿　　红包：红包儿
脚印：脚印儿　　米粒：米粒儿
趁热：趁热儿　　玩：玩儿

这些儿化词，大多数没有别义功能，其色彩价值也不突出，普通话是否要吸收值得考虑。

2. 普通话里有传统的儿化读法，应照顾习惯，可以进入普通话，也可以不进入普通话。如：

腊八儿　刘海儿　玩艺儿　太阳地儿　压根儿　包圆儿　壶底儿
冰棍儿　腰板儿　门槛儿　今儿　心窝儿　烟嘴儿　嗓门儿

3. 儿化有时候是一种构词方式，是语言构成的有机部分，可以增强表现力，这些儿化词应该吸收进普通话。区别词义的儿化大致有三种情况：

①意义相关，但是两个概念，可以看作是两个词，如：

头（脑袋）：头儿（领头的）；眼：眼儿；火星：火星儿；一块：一块儿

②意义相同，色彩不同。一般儿化后表示亲切可爱细小的感情因素。如：

狗：狗儿；老头：老头儿

③儿化后区分词性，语法功能也发生改变，可以看作是两个词，如：

画：画儿；盖：盖儿；唱：唱儿；尖：尖儿

二　普通话儿化韵的读音规则及儿化韵母系统

从押韵和韵书编纂的视角看，当儿化词里的儿化音节用于押韵，就构成了儿化韵。任何音节发生儿化后，其原韵母就发生卷舌。因此，普通话的原平舌韵母系统卷舌后会发生新的组合，形成不同于原平舌韵母体系的卷舌韵母系统。

普通话的语音系统里的 39 个韵母，除了韵母 er 自成基本音节，其本身就是卷舌元音以及 ê 韵母表示的词都是叹词不卷舌外，其他的韵母都有相应的儿化韵母。平舌韵母发生儿化后，由于舌尖翘起后卷，就会使得原韵母发生相应音变，因为韵母的结构不尽相同，音变方式就会有差异，对此，学术界已经有成系统的研究，归纳起来，主要有以下几种音变情况：

（1）韵尾为 -i, -n 的韵母，其卷舌时，丢掉韵尾，韵腹卷舌。如：

灯台：灯台儿 ai：ar

考卷：考卷儿 üan：üar

（2）无韵尾或有 -u 韵尾的韵母，其韵腹或韵尾 u 卷舌。如：

小车：小车儿 ə：ər

小高：小高儿 ɑu：ɑur

（3）舌尖韵母卷舌后，卷舌元音会央化，如：

拾　普通话的儿化韵及儿化韵音节

字：字儿　-ʅ（前）：-ɚ
枝：枝儿　-ʅ（后）：-ɚ

（4）韵腹是 i、ü 的韵母，卷舌时，韵腹后衍生央元音 ə。如：

溪：溪儿　-i：iɚ
鱼：鱼儿　-y：yɚ

（5）后鼻音韵母儿化时，除了直接去掉韵尾-ng 外，韵腹通常鼻化。

响：响儿　　　ɑng：ɑ̃r
风：风儿　　　eng：ə̃r
样：样儿　　　iɑng：iɑ̃r
影：影儿　　　ing：iə̃r
框：框儿　　　uɑng：uɑ̃r
虫：虫儿　　　ong：ũr（uə̃r）
熊：熊儿　　　iong：yə̃r

普通话儿化后会产生多少个儿化韵母呢？赵元任（1923）在《国音新诗韵》里分儿化韵为 7 个韵部，但没有系统分析有多少儿化韵母。钱玄同（1934）在《与黎锦熙论"儿化韵"书》中则分析出 9 个韵部、23 个儿化韵母，其体系如下：

表 10-1　　　　　　　　钱玄同（1934）所分儿化韵

韵序	韵目	开口	齐齿	合口	撮口
1	虾儿	al	ial	ual	iual
2	蝈儿	ol		uol	
3	鸽儿	el	iel	uel	iuel
4	雕儿	aul	iau		
5	牛儿	oul	ioul		
6	羊儿	angl	iangl	uangl	

233

普通话的分韵及韵谱字汇

续表

韵序	韵目	开口	齐齿	合口	撮口
7	蜂儿	engl	ingl	uengl	
8	虫儿	ongl	iongl		
9	蛛儿			ul	

张洵如（1947）承用了这23个韵母，没有另立其他儿化韵母。

王辅世（1963）分北京话的儿化韵母为24个：鹅儿、安儿、恩儿、熬儿、欧儿、昂儿、僧儿、因儿、耶儿、腰儿、优儿、烟儿、央儿、英儿、乌儿、窝儿、弯儿、温儿、汪儿、翁儿、晕儿、约儿、冤儿、雍儿。这些韵母的组织如下表：

表10-2　　　　王辅世（1963）所定北京话卷舌韵母四呼关系

韵尾		四呼	开口呼	齐齿呼	合口呼	撮口呼
开尾	口音	乙			乌儿 ur	
		甲	鹅儿 ɤr	耶儿 iɤr	窝儿 uɤr	约儿 yɤr
			安儿 ar	烟儿 iar	弯儿 uar	冤儿 yar
		乙	恩儿 ər	因儿 iər	温儿 uər	晕儿 yər
	鼻化音	甲	昂儿 ãr	央儿 iãr	汪儿 uãr	
		乙	僧儿 ə̃r	英儿 iə̃r	翁儿 uə̃r	雍儿 yə̃r
ur 尾		甲	熬儿 aur	腰儿 iaur		
		乙	欧儿 ɤur	优儿 iɤur		

王辅世（1963）的儿化韵母跟钱玄同相比，有分有合，主要差异是：1. 王辅世将钱玄同的蝈儿和鸽儿两韵合并，即 ɤr/ol、uɤr/uol 相并，形成新的 ɤr（ol）、uɤr（uol）、iɤr、iuɤr 一组韵母。2. 王辅世将鹅儿 ɤr 与恩儿 ər 对立，耶儿 iɤr 与因儿 iər 对立。3. 王辅世将恩儿 ər、因儿 iər、温儿 uər、晕儿 yər 独立，跟 ɤr（ol）、uɤr（uol）、iɤr、iuɤr 形成对立。4. 王辅世又将蜂儿的 engl、ingl、uengl 和虫儿 ongl、iongl 的合并，形成 ə̃r、iə̃r、uə̃r（ongl）、yə̃r（iongl）一组新韵母。这样一来，王辅世跟钱玄同相比，合并了3个韵母，分出了4个韵母，共24个韵母。

王理嘉（1985）在《北京话儿化韵的听辨实验和声学分析》里系统分析并实验了北京话儿化后韵母的变化情况，从37个平舌韵母（er 和 ê 未分析）的儿化中，得出26个儿化韵母，如表10-3：

表10-3　　王理嘉（1985）所分析北京话儿化韵母的读音

例词	原韵母	儿化韵	例词	原韵母	儿化韵	例词	原韵母	儿化韵	例词	原韵母	儿化韵
丝儿	ɿ										
枝儿	ʅ	ər	鸡儿	i	iər				鱼儿	y	yər
碑儿	ei					柜儿	uei	uər			
根儿	ən		今儿	in		棍儿	uən		裙儿	yn	
歌儿	ɣ	ɣr									
			街儿	iɛ	iɛr				月儿	yɛ	yɛr
婆儿	o	or				窝儿	uo	uor			
						屋儿	u	ur			
把儿	a		芽儿	ia		花儿	ua				
牌儿	ai	ar			iar	拐儿	uai	uar			yar
盘儿	an		尖儿	ian		罐儿	uan		院儿	yan	
刀儿	au	aur	票儿	iau	iaur						
钩儿	ou	our	球儿	iou	iour						
缸儿	aŋ		亮儿	iaŋ	iãr	筐儿	uaŋ	uãr			
灯儿	əŋ	ə̃r	影儿	iŋ	iə̃r	瓮儿	uəŋ	uə̃r	熊儿	yŋ	yə̃r
						空儿	uŋ	(ũr)			

王理嘉跟钱玄同相比，有两点不同：1. 王理嘉的 ɣr、iɛr、yɛr 三个韵母，钱先生合并进了 el（ɣr）、iel（iɛr）、iue（yɛr）里了，也就是说王理嘉多了 ɣr、iɛr、yɛr 3 个韵母。2. 王理嘉将钱玄同虫儿韵里的 iongl 排在了蜂行，作 yə̃r，而 ongl 则保持了独立一行，作 ũr。

王理嘉与王辅世相比，有如下不同：1. 王理嘉将王辅世的 ɣr、iɣr、yɣr 标写作 ɣr、iɛr、yɛr，也就是 iɣr、yɣr 的韵腹是 ɛ。王理嘉的 ɣr、iɛr、yɛr 三个韵母的韵腹不同，不能构成四呼关系。2. 将王辅世 ɣr 里的平舌韵母 o 的儿化韵母写作 or，uɣr 写作 uor，也就是钱玄同的 or、uor 重新独立，uɣr 取消。3. 将王辅世的翁儿 uə̃r 韵里的平舌 uŋ 韵母的儿化韵母独立为 ũr。

普通话的分韵及韵谱字汇

另外,贾采珠(2019)也归纳出了26个韵母,如表10-4。

表10-4　　　　贾采珠所分析北京话儿化韵母的读音

例词	原韵母	儿化韵	例词	原韵母	儿化韵	例词	原韵母	儿化韵	例词	原韵母	儿化韵
字儿	ɿ										
枝儿	ʅ	ər	鼻儿	i	iɛr				驹儿	y	yɛr
泪儿	ei					灰儿	uei	uər			
根儿	ən		印儿	in		魂儿	uən		裙儿	yn	
歌儿	e (ɤ)	er (ɤr)	叶儿	ie (iɤ)	ier (iɤr)				月儿	ye (yɤ)	yer(yɤr)
婆儿	o	or				火儿	uo	uor			
						珠儿	u	ur			
马儿	a		家儿	ia		瓜儿	ua				
拍儿	ai	ar			iar	块儿	uai	uar			yar
板儿	an		边儿	ian		碗儿	uan		院儿	yan	
包儿	au	aur	膘儿	iau	iaur						
兜儿	ou	our	油儿	iou	iour						
棒儿	aŋ	ãr	秧儿	iaŋ	iãr	光儿	uaŋ	uãr			
坑儿	əŋ	ə̃r	星儿	iŋ	iə̃r	瓮儿	uəŋ	uə̃r			
						笼儿	uŋ	õr	熊儿	yŋ	iõr

贾采珠虽然也是26个儿化韵母,但与王理嘉的26个儿化韵并不完全相同。两者之间的主要差异是:1. 王理嘉将歌儿 ɤr 与叶儿 iɛr、月儿 yɛr 别为不同的韵腹,而贾采珠则将 ɤr 与 iɛr、yɛr 视作韵腹相同,统一写作 eɪ、ieɪ、yeɪ,贾采珠的 e 大致等于王辅世的 ɤ,在贾采珠的描写中是半高的元音 [e],不是 [ɛ]。从北京话的实际发音的情况观察,贾采珠描写的 e,舌位过高,不如王辅世的 ɤ 更合适。2. 王理嘉将灯儿(坑儿)ə̃r、影儿(星儿)iə̃r、uə̃r 瓮儿、yə̃r 熊儿处理作韵腹相同,空儿(笼儿)作 ũr。贾采珠则将熊儿、空儿(笼儿)处理作另一组,标写为 õr、iõ。

贾采珠(2019)指出,她的26个韵母和钱玄同、张洵如的23个韵母差异在于以下1、2两组的儿化词是否同音:

表 10-5　　　　　　　　贾采珠与张洵如所列儿化韵母

例词1组	贾采珠	张洵如	例词2组	贾采珠	张洵如
乐儿	ler [lɤr] 或 [ler]	ler [lɤr]	泪儿	[lər]	ler [lɤr]
老爷儿太阳	ier [iɤr] 或 [ier]	ier [iɤr]	老姨儿最小的姨妈	[yər]	ier [iɤr]
肉月儿汉字偏旁	yuer [yɤr] 或 [yer]	yuer [yɤr]	一块玉儿天阴的没有浮云	[yuər]	yuer [yɤr]

综合以上几家关于儿化韵母的分析，可以看出，学界对儿化韵母音位的描写大部分大同小异，存在的分歧主要集中在以下三个方面：

一是 ər/iər/uər/yər 与 /ɤr/iɤ（王辅世）（王理嘉的 iɛ）uɤr（王辅世）yɤr（王理嘉的 yɛ）是否对立；二是 or 与 ər、uor 与 uər 是否对立；三是 ong 的儿化韵是独立的 õr（ũr）还是跟 ueng 的儿化韵母 uə̃r 合并，以及 iong 韵母的儿化韵是否可以作 eng 的儿化韵的撮口呼 yə̃r。

先说第一个方面。陈保亚（2010：522—523）分析普通话里的平舌韵母里的音位分布时指出，中元音的 ɤ（勒）、e（北）、ɛ（街）、ə（本）、o（波）都能找到互补对象，只设一个中元音 ɤ 即可。这也是我们在本书"普通话韵母系统的审音"一节中主张的（我们设定为 ə）。但是，到了儿化韵中，中元音音位出现了如"乐儿：泪儿""老爷儿：老姨儿"的对立。这样的对立就会动摇平舌主要元音的格局。林焘（1982）在《北京话儿化韵个人读音差异问题》中指出儿化韵在实际使用中存在语音分歧，其中就存在表 10-5 所示贾采珠描写的对立现象在相当比例的人口中不对立，而是爷儿＝姨儿。读成对立的老年人多，不对立的青年人多。这说明，er、ier、yer 与 [ɤ]、[iɛ]、[yɛ] 的对立应是滞古成分。北京话的早期，ie、ye 的韵腹是 ɛ，许多字来自《中原音韵》的车遮韵（ɛ 韵腹），这或许说明，儿化词的 [iɛr]、[yɛr] 读音比较滞古。有的人的儿化韵母与平舌韵母的元音格局不一致，是正常现象，各有其音变历史和音系选择，不必强此就彼，可以各自为政。但是，从历史音变的视角来看，钱玄同（张洵如）的 23 字母体系可以采纳，因为 e、ie、ye 与 [ɤ]、[iɛ]、[yɛ] 合并是历史的潮流。

再说第二个方面。赵元任（1979）《汉语口语语法》里曾说，or 和 ər，即果儿跟滚儿/鬼儿，在老年人的儿化韵母里不同，青年人则相同。王理嘉等（1985）通过比较婆儿和盆儿/末儿和闷儿、活儿和魂儿/朵儿和盹儿

普通话的分韵及韵谱字汇

的读音，发现 or 和 ər 在青年中也严格保持着。林焘（1995）在《北京话儿化韵的语音分歧》中通过果儿/滚儿的 449 人的听辨实验，得出超过四分之一的人两者相似，一些人在语势较强时不合并，在漫不经心时合并，还有的人不管什么情况都合并。

最后说一下第三方面。我们论述过平舌的 ong 与 ueng 互补，iong 是 eng 的撮口呼，因此这两个韵母的儿化韵母与 weng 的 ũə 互补毫无问题，没必要独立；iong 的儿化韵母作 eng 的儿化韵母 ə̃r 的撮口呼 yə̃r 也顺理成章。因此，ong、iong 的儿化韵母没必要独立。

综上，我们在综合各家关于普通话的儿化韵母分析描写的基础上，将普通话的儿化韵母音位审定为表 10-6。

表 10-6　　　　　　　　本书所定普通话儿化韵母音位

韵尾	四呼		开口呼	齐齿呼	合口呼	撮口呼
开尾	口音	乙			乌儿 ur	
		甲	安儿 ar	烟儿 iar	弯儿 uar	冤儿 yar
		乙	恩儿 ər（ɤr/or）	因儿 iər（iɤr/iɛr）	温儿 uər(uɤr/uor)	晕儿 yər(yɤr/yɛr)
	鼻化音	乙	昂儿 ãr	央儿 iãr	汪儿 uãr	
		甲	僧儿 ə̃r	英儿 iə̃r	翁儿 uə̃r(õ/ũ)	雍儿 yə̃r(iõ)
ur 尾		甲	熬儿 aur	腰儿 iaur		
		乙	欧儿 əur	忧儿 iəur		

表 10-6 内的韵母共 20 个。这个韵母表跟钱玄同 23 个韵母相比，少了 ol/uol/ongl，其中 ol 并进了 ər，uol 并进了 uər，ongl 并进了 uə̃r；另外 iongl 写作了 yə̃r。本韵母表跟王辅世 24 个韵母相比，少了他单列的 ɤr、iɤr、uɤr、yɤr。本韵母表相比王理嘉、贾采珠的 26 个韵母，少了 or、uor、ɤr、iɛr、yɛr 和 ũr 或 õ（原韵母 ong）。即 ɤr 与 ər、iɤr（iɛr）与 iər、uɤr 与 uər、yɤr（yɛr）与 yər 合并，or 与 ər（ɤr）、uo 与 uər（uɤr）、ũr 与 uə̃r 合并。如此一来，儿化韵母内，除了 ur 外，所有儿化韵母的主要元音跟平舌韵母一样，只剩下了 a 跟 ə 对立，亦即跟平舌韵母的主要元音的格局相同。

三 普通话儿化韵的押韵

黎锦熙（1934）说："所谓儿化韵者，即卷舌韵，乃北语的特征，国语标准语中的重要分子也。"赵元任（1935）说："卷舌韵就是 el 韵跟上字相连成为一个音节的韵。"赵元任（1935）还说："卷舌韵的用法，不但是为说漂亮北平话用它，在文法上，连词上，都是很重要的……"赵、黎两位前辈的论述基本阐明了儿化韵的作用，今不赘。

白话新诗很少押儿化韵，而在一些儿歌和绕口令中可见押儿化韵的情况，比如《小马驹儿》①：

枣红马，白头心儿，生了一个小马驹儿。小马驹，咳咳咳儿，围着爷爷兜圈子儿。爷爷筛草又拌料，我给小马驹端豆汁儿。小马小马快快长呀，长上一身好力气儿。拉车种地送公粮，建设祖国新农村儿。

我们曾经分析过清代北京 74 首儿歌的辙口，② 发现该份儿歌里的儿化韵较为丰富，可以单押儿化韵，也可跟其他辙口相押，可归纳为"小人辰辙、小言前辙"等。儿化韵一般单押，也可与非儿化韵押韵，习惯上称儿化韵为小辙。小辙儿的押韵比较宽，不像张洵如先生归纳的儿化韵那么严。分析 74 首儿歌的小辙，可发现儿化韵可以分为两种押韵类型。

一是单独押儿化韵：

[例1] 小五儿，小六儿，一块冰糖，一包豆儿。

[例2] 红葫芦轧腰儿，我是爷爷的肉姣儿，我是哥哥的亲妹子，我是嫂子的气包儿。

例 1 是油求辙的儿化，例 2 是遥条辙的儿化，它们不跟非儿化的字押韵，说明儿化韵有较强的独立性。

二是跟其他字押韵：

[例] 花椒树，红骨朵儿，十七八的姑娘做媳妇。

---

① 赵秀环：《汉语普通话绕口令集锦》，知识出版社 1993 年版，第 29 页。
② 张玉来等：《从清代北京儿歌用韵看十三辙》，《山东师范大学学报》1997 年第 1 期。

普通话的分韵及韵谱字汇

"树、妇"属姑苏辙，应读 u。"朵"属梭波辙，读 uo，儿化后就读成了 ur，跟 u 就十分相近，故能押韵。

归纳起来，这份儿歌主要有两个儿化韵部。

1. 小人辰辙

[**例**] 说了一个二，道了一个二，什么开花一根棍儿。

庙门儿对庙门儿，里头住着小妞人儿。白脸蛋儿，红嘴儿，扭扭捏捏，爱死人儿。

小眼儿看景致儿，小鼻子闻香气儿，小耳朵听好音儿，小嘴儿吃玫瑰儿。

一抓金儿，二抓银儿，三不笑，是好人儿。

货郎担卖裤腿，俺家有个小婶儿。

小妞儿，坐椅子儿，锥帮子儿，衲底子儿，挣了二升小米子儿。

如果归纳一下的话，小人辰辙包括以下几个辙口：

$$\begin{cases} 人辰 & ən\ iən\ uən \\ 一七 & ï\ i\ er\ ər\ iər\ uər \\ 灰堆 & ei\ uei \end{cases}$$

这是小人辰辙形成的语音根据。也就是说这三个韵辙的韵母儿化以后主要元音混同为 ə 并卷舌，其读音情况如下：

二 ər→ər	棍儿 kuənr→kuər
门儿 mənr→mər	人儿 ʐənr→ʐər
嘴儿 tsueir→tsuər	致儿 tʂɻr→tʂər
气儿 tɕʰir→tɕʰiər	音儿 iənr→iər
瑰儿 kueir→kuər	金儿 tɕiənr→tɕiər
银儿 iənr→iər	腿儿 tʰueir→tʰuər
婶儿 ʂuənr→ʂər	子儿 tsɻr→tsər

2. 小言前辙

[**例**] 小孩儿，小孩儿，上井台儿，摔了个跟头捡了个钱儿。又打醋，又买盐儿；又娶媳妇，又过年儿。

出了门儿，阴了天儿，抱着肩儿，进茶馆儿，找个朋友寻两钱儿。出了茶馆儿，飞雨花儿，老天爷！竟和穷人闹着玩儿。

穷太太儿，抱着个肩儿，吃完了饭儿，绕了个湾儿，又买槟榔，又买烟儿。

小淘气儿，跳钻钻儿，脑瓜儿上，梳着个小蜡千儿。

如果归纳一下，那么小言前辙包括的辙口应是：

$$\left\{\begin{array}{l}怀来\quad ai\\ 言前\quad an\ uan\ ian\ yan\ ar\ uar\ iar\ yar\\ 发花\quad a\ ua\end{array}\right.$$

这就是小言前辙形成的语音基础。怀来、言前、发花三辙儿化后主要元音为 a 卷舌，有韵尾的韵母全部丢掉韵尾。这些字的读音如下：

孩儿 xair→xar　　　　　台儿 tʰair→tʰar
钱儿 tɕʰianr→tɕʰiar　　盐儿 ianr→iar
年儿 nianr→niar　　　　天儿 tʰianr→tʰiar
肩儿 tɕianr→tɕiar　　　馆儿 kuanr→kuar
花儿 xuar→xuar　　　　玩儿 uanr→uar
太儿 tʰair→tʰar　　　　饭儿 fanr→far
湾儿 uanr→uar　　　　　烟儿 ianr→iar
钻儿 tsuanr→tsuar　　　千儿 tɕʰianr→tɕʰiar

在这份儿歌材料里，江阳、中东、姑苏、乜斜、梭波、由求、遥条几个辙的儿化韵不多，无法具体归纳其押韵的具体情况。

四　普通话儿化韵部的归纳

如上所述，讨论儿化韵母的论著较多，如钱玄同（1934）、王辅世（1963）、李思敬（1986/1988）、林焘（1982）、王理嘉（1985）、贾采珠（2019）等，但是，讨论儿化韵部如何划分的不多。现见新诗韵书中，编

普通话的分韵及韵谱字汇

有儿化韵的较少，只有赵元任（1923）的《国音新诗韵》、钱玄同（1934）《与黎锦熙论"儿化韵"书》、张洵如（1949）的《北平音系小辙编》、高元白（1984）《新诗韵十道辙儿》等有过讨论。他们所分儿化韵也各不相同，描写韵值也有差异。今将有关儿化韵分韵列表如下。

表 10-7　　　　　　　　赵元任所分 7 个儿化韵

24（8）	枝儿	儿	耳	貳	侄儿	儿 ɚ	而
1	花儿	华儿	海儿	画儿	匣儿	ㄚ儿 ar	阿儿
2	锅儿	罗儿	火儿	座儿	鸽儿	ㄛ儿 or	哦儿
3	刀儿	桃儿	岛儿	道儿	—	ㄠ儿 aur	凹儿
4	钩儿	猴儿	狗儿	后儿	—	ㄡ儿 əur	欧儿
5	张儿	肠儿	掌儿	唱儿	—	ㄤ儿 ãr	肮儿
6	灯儿	藤儿	等儿	凳儿	—	ㄥ儿 ə̃r	鞥儿
7	弓儿	红儿	孔儿	贡儿	—	ㄨㄥ儿 uə̃r	翁儿

赵元任所分儿化韵实际是 8 个，因为他在《国音新诗韵》里所分的第 24 韵是儿韵，不仅包含了儿韵母的字，也包括了 zhi、chi、shi、zi、ci、si 等音节的儿化字（词），如枝儿、侄儿等，因此，这个韵应该也计入儿化韵。《国音新诗韵》没有原韵母与儿化韵母的完整对应，其每个儿化韵包括了多少个儿化韵母不是很清楚，表中仅列出一共 8 个儿化韵母（含基本韵母 ɚ）。其中 ə̃r 和 uə̃r 韵基相同，应为同韵。

钱玄同（1934）在《与黎锦熙论"儿化韵"书》中拟定儿化韵 9 个韵部，已见表 10-1。钱先生标注的儿化韵母音标不是国际音标，el 大概可以写作 [ɣr] 或 [ər]，撮口呼用的是 iu，实际是 [y]。张洵如在钱先生的基础上，合并蜂儿和虫儿，得 8 个儿化韵部，其儿化韵母写法也同钱先生，如表 10-8。

表 10-8　　　　　　　　张洵如所分 8 个儿化韵部

1	2	3	4	5	6	7	8
小言前儿	小人辰儿	小遥条儿	小油求儿	小江阳儿	小中东儿	小姑苏儿	小梭坡儿
儿化韵母	儿化韵母	儿化韵母	儿化韵母	儿化韵母	儿化韵母	儿化韵母	儿化韵母

续表

1	2	3	4	5	6	7	8
al	el	aull	oul	angl	engl		ol
ial	iel	iaul	ioul	iangl	ingl		uol
ual	uel			uangl	ongl/uengl	ul	
üal	üel				iongl		

高元白（1984）分出了4个儿化韵部，其儿化韵母没有列全，仅列了儿化韵基，共7个韵基，其音标也没用国际音标，如表10-9：

表10-9　　　　　高元白的4个儿化韵部

普通话韵母	韵部	儿化韵	儿化小辙名	例词
a/ia/ua	发	ɑr	言小辙儿	腊八儿、脚丫儿、浪花儿
ai/uai	来	ɑr	言小辙儿	瓶塞儿、乖乖儿
an/ian/uan/üan	战	ɑr	言小辙儿	打扮儿、笔尖儿、转弯儿
ang/iang/uang	唱	ãr	言小辙儿	药方儿、图样儿、鸡蛋黄儿
i/ɿ(ɿ)/ʅ(ʅ)	诗	er	人小辙儿	柳枝儿、棋子儿、玩艺儿
ü	诗	er	人小辙儿	金鱼儿
er	诗	er	人小辙儿	小二儿
ei/uei	诗	er	人小辙儿	抹黑儿、机灵鬼儿
e/o/uo	歌	or	人小辙儿	唱歌儿、斜坡儿、花朵儿
ê/ie/üe	写	or	人小辙儿	叶儿、月儿
en/in/un/ün	风	ẽr	人小辙儿	书本儿、干劲儿、条文儿、合群儿
eng ing ueng	风	ẽr	人小辙儿	刮风儿、螺丝钉儿、小瓮儿
ong/iong	风	ẽr	人小辙儿	酒盅儿、小狗熊儿
u/ou/iu	斗	ur	斗小辙儿	半路儿、兜儿、妞儿
ao/iao	高	ɑor	高小辙儿	问好儿、小鸟儿

这几家儿化读法和所分韵部多寡各不相同，今列为表10-10。

普通话的分韵及韵谱字汇

表 10-10　　　赵元任等三家韵书儿化韵读法和韵部数比较

原韵母	赵元任 儿化韵	韵名	张洵如（钱玄同）儿化韵	韵名	高元白 儿化韵	韵名
a/ia/ua			ar/iar/uar			
ai/uai	ar	阿儿	ar/iar/uar	小言前	ar	言小辙儿
an/ian/uan/üan			ar/iar/uar/üar			
ang/iang/uang	ãr	肮儿	ãr/iãr/uãr	小江阳	ãr	
i			ier			
ï(ㄭ)/ï(ㄭ)			er			
ü			üer			
er			er			
ei/uei	ər	而儿	er/uer	小人辰	er [ər]	人小辙儿
ie/üe						
e			er			
ê			er/ier/üer			
en/in/un/ün			er/ier/uer/üer			
o/uo	or	哦儿	or/uor	小梭波	or	
eng ing ueng	ə̃r	鞥儿	ẽr/iẽr/uẽr	小中东	ẽr [ə̃r]	
ong/iong	uə̃r	翁儿	uõ			
u			ur	小姑苏	ur	斗小辙儿
ou/iu	əur	欧儿	our/iour	小油求		
ao/iao	ɑor	凹儿	ɑor/iɑor	小遥条	ɑur	高小辙儿

在上述三家的儿化韵中，少的 4 部，多的 8 部，其中的主要差异是后鼻音尾 ng（-ŋ）韵母儿化后，其鼻化成分是否与非鼻化韵有无区别的问题。由于后鼻音韵母的音节（词）卷舌后，原来的鼻音韵母的韵腹鼻化。韵腹鼻化并卷舌后，韵腹元音的鼻化比较含混，如何把握鼻化的程度就有了分歧。比如 ar 与 ãr，如果突出强调鼻化成分，就是两个韵，如果含混 ãr 鼻化成分，ar 与 ãr 就是一个韵。

从表 10-8 还可以看出，由于对儿化韵母的认识不同，韵部归纳也会产生差异。比如，高元白认为 ur 和 our [əur] 是一个韵部，因此他就将其合并为一个韵部；而赵元任、张洵如则视其为不同的韵母，就归纳为两个韵部。

根据上文分析和非儿化韵的韵部划分经验，我们将表 10-6 所确定的 20 个儿化韵母进行韵部归纳，也将儿化韵分作三个层级，即儿化韵母韵、儿化严韵 A 式和 B 式、儿化通韵，形成了表 10-11 的体系：

表 10-11　　　　　　　　儿化韵分级分韵

原韵母	儿化韵母韵（20）	儿化严韵 A 式	儿化严韵 B 式	儿化通韵	
a/ia/ua	ar/iar/uar				
ai/uai	ar/iar/uar	小言前	小言前	小言高儿	ar
an/ian/uan/üan	ar/iar/uar/yar				
ang/iang/uang	ãr/iãr/uãr	小江阳			
ao/iao	aor/iaor	小遥条	小遥条		
i	iər				
ï (ʅ) /ï (ʅ)	ər				
ü	yər				
er	ər (ɚ)	小人辰			
ei/uei	ər/uər		人小辙	小人斗儿	ər
e/ie/üe	ər/iər/yər				
en/in/un/ün	ər/iər/uər/yər				
o/uo	ər/uər	小梭波			
eng ing ueng	ə̃r/iə̃r/uə̃r		小中东		
ong/iong	uə̃r/yə̃r				
u	ur	小姑苏	小油求		
ou/iu	əur/iəur	小油求			

表 10-11 的儿化韵部的划分，跟平舌韵母的韵部划分的原则是一致的。普通话的平舌韵母除了单元音的韵母外，鼻音韵母和复韵母其实只有两个元音音位：a/ə。20 个儿化韵母的韵基其实也只有 ar（含 ãr）和 ər（含 ə̃r）两大类了。儿化后的平舌韵母的读音发生了变化，原来韵母间的界限混淆，新的儿化韵母经过重新组合，形成了新的韵基系列，平舌韵母

里的单元音韵母的韵基也混淆进了 ar（含 ãr）和 ər（含 ə̃r）两大类。黎锦熙（1984）在《诗歌新韵辙的"通押"总说》里说，北京音系的儿化卷舌韵由于儿化之后，照"十三辙"只分为小言前辙和小人辰辙，大部分韵母的押韵界限不存在了；小言前辙和小人辰辙虽然有界限，但实际押韵中，也有打破了混在一起押韵的。

总之，因为新诗押儿化韵的不多，其实践不如平舌韵丰富，儿化韵部的划分尚需进一步分析归纳。

五　普通话儿化韵音节表

编写儿化韵音节表的材料不多，张洵如（1949）的《北平音系小辙编》所编儿化词虽不是音节表的方式，但却是按音节编排，实际上就是一套音节表，共 258 个基本音节。贾采珠（2019）在《北京话儿化词典》中（收词 7400 条）编有《北京话儿化音节表》，但没有例词，共有基本儿化韵音节 289 个，没有区别声调。本《儿化韵字音节表》参照了张洵如（1949）《北平音系小辙编》8 个儿化韵部的排列方式编制，并参考了贾采珠（2019）的音节分析。当然，本表也可以合并为 4 个韵部，更可以进一步合并为 2 个韵部。读者可以参照前面表 10-11 的儿化韵分级分韵表灵活押韵。

因为儿化韵母音值的描写学术界还有分歧，表内的音标标写是我们确定的 20 个儿化韵母写法，容许有认识和使用上的变通。本表的作用有二：一、显示北京话儿化的规则，从表中可以看出每个韵母儿化后的音变；二、显示北京话的儿化的音节，表明每个音节的读法。

表 10-12　　　　　　　　　　　小言前辙音节

辙名	1. 小言前辙							
儿化韵	ar			iar		uar		üar
原韵母	a	an	ai	ia	ian	ua	uan	uai	üan
p（b）	把儿	班儿			边儿				
pʰ（p）	帕儿	盘儿			篇儿				
m（m）	马儿	慢儿			棉儿				

拾 普通话的儿化韵及儿化韵音节

续表

辙名		1. 小言前辙							
儿化韵		ar			iar		uar		üar
原韵母	a	an	ai	ia	ian	ua	uan	uai	üan
f（f）	法儿	翻儿							
t（d）	褡儿	丹儿			踮儿		短儿		
tʰ（t）	塔儿	摊儿			天儿		团儿		
n（n）	捺儿	拿儿			蔫儿		暖儿		
l（l）	腊儿	拉儿			连儿		乱儿		
ts（z）	匝儿	簪儿					钻儿		
tsʰ（c）	擦儿	参儿					氽儿		
s（s）	仨儿	三儿					算儿		
tʂ（zh）	扎儿	渣儿					砖儿		
tʂʰ（ch）	碴儿	掺儿					穿儿		
ʂ（sh）	纱儿	山儿			刷儿				
ʐ（r）							软儿		
tɕ（j）					肩儿		捲儿		
tɕʰ（q）					千儿		圈儿		
ɕ（x）					鲜儿		旋儿		
k（g）	嘎儿	杆儿					官儿		
kʰ（k）	卡儿	龛儿					宽儿		
x（h）							欢儿		
∅（0）		安儿			烟儿		弯儿		远儿

表10-13　　　　　　　　　　　小人辰辙音节

辙名		2. 小人辰辙								
儿化韵		ər				iər		uər		yər
原韵母	e	en	ei	ɿ	ʅ	ie	i	in	un	ui	ü	üe	ün
p（b）		锛儿					鼻儿					
pʰ（p）		喷儿					纰儿					
m（m）		迷儿					米儿					
f（f）		分儿										

247

普通话的分韵及韵谱字汇

续表

辙名		2. 小人辰辙									
儿化韵		ər				iər		uər		yər	
原韵母	e	en	ei	ʅ	ɿ	ie	i	in	un	ui	ü	üe	ün
t (d)	得儿					碟儿			墩儿	腿儿			
tʰ (t)	忒儿					贴儿				堆儿			
n (n)							腻儿						
l (l)	乐儿						哩儿		轮儿		驴儿		
ts (z)					嗞儿								
tsʰ (c)					呲儿				村儿				
s (s)					私儿				孙儿				
tʂ (zh)				针儿					锥儿				
tʂʰ (ch)				车儿					春儿				
ʂ (sh)				身儿					水儿				
ʐ (r)				热儿					蕊儿				
tɕ (j)							今儿				驹儿		
tɕʰ (q)							亲儿					缺儿	
ɕ (x)							心儿				须儿		
k (g)		跟儿							滚儿				
kʰ (k)	科儿								盔儿				
x (h)	喝儿								婚儿				
∅ (0)	蛾儿						音儿		威儿				云儿

表10-14   小遥条儿/小油求儿/小江阳儿音节

辙名	3. 小遥条儿		4. 小油求儿		5. 小江阳儿		
儿化韵	aur	iaur	our	iour	ɑ̃r	iɑ̃r	uɑ̃r
原韵母	ao	iao	ou	iou	ang	iang	uang
p (b)	包儿	膘儿			帮儿		
pʰ (p)	泡儿	漂儿			胖儿		
m (m)	猫儿	喵儿			芒儿		
f (f)					方儿		
t (d)	刀儿	叼儿	兜儿		当儿		凼儿

拾　普通话的儿化韵及儿化韵音节

续表

辙名	3. 小遥条儿		4. 小油求儿		5. 小江阳儿		
儿化韵	aur	iaur	our	iour	ãr	iãr	uãr
原韵母	ao	iao	ou	iou	ang	iang	uang
tʰ (t)	掏儿	挑儿	偷儿		汤儿		
n (n)	挠儿	鸟儿		妞儿	囊儿	娘儿	
l (l)	老儿	撩儿	搂儿	溜儿	狼儿	量儿	
ts (z)	遭儿		走儿		葬儿		
tsʰ (c)	糙儿		凑儿		仓儿		
s (s)	臊儿		飕儿		嗓儿		
tʂ (zh)	招儿		週儿		章儿		莊儿
tʂʰ (ch)	抄儿		仇儿		常儿		窗儿
ʂ (sh)	梢儿		熟儿		晌儿		双儿
ʐ (r)	饶儿		喇儿		瓤儿		
tɕ (j)		娇儿		阄儿		浆儿	
tɕʰ (q)		锹儿		瞅儿		腔儿	
ɕ (x)		销儿		宿儿		香儿	
k (g)	羔儿		勾儿		缸儿		光儿
kʰ (k)	靠儿		扣儿		炕儿		筐儿
x (h)	好儿		齁儿		行儿		荒儿
∅ (0)	嗷儿	腰儿		邮儿		秧儿	汪儿

表 10-15　小中东儿/小姑苏儿/小梭坡儿

辙名	6. 小中东儿				7. 小姑苏儿	8. 小梭坡儿	
儿化韵	ə̃r	iə̃r	uə̃r	yə̃r	ur	or [ər]	uor [uər]
原韵母	eng	ing	ong	ueng	u	o	uo
p (b)	绷儿	冰儿			醭儿	饽儿	
pʰ (p)	澎儿	乒儿			撲儿	坡儿	
m (m)	猛儿	明儿			母儿	摸儿	
f (f)	蜂儿				福儿	佛儿	
t (d)	灯儿	丁儿	东儿		毒儿		多儿

普通话的分韵及韵谱字汇

续表

辙名	6. 小中东儿				7. 小姑苏儿	8. 小梭坡儿	
儿化韵	ə̃r	iə̃r	uə̃r	yə̃r	ur	or [ər]	uor [uər]
原韵母	eng	ing	ong	ueng	iong	u	o	uo
tʰ (t)	鼟儿	厅儿	童儿		秃儿		托儿
n (n)	狞儿	拧儿			奴儿		挪儿
l (l)	愣儿	零儿	龙儿		炉儿		罗儿
ts (z)	甑儿		宗儿		租儿		
tsʰ (c)	曾儿		葱儿		粗儿		作儿
s (s)			松儿		酥儿		索儿
tʂ (zh)	蒸儿		中儿		珠儿		桌儿
tʂʰ (ch)	称儿		虫儿		蹰儿		戳儿
ʂ (sh)	声儿				梳儿		说儿
ʐ (r)	扔儿		容儿				
tɕ (j)		茎儿					
tɕʰ (q)		轻儿		穹儿			
ɕ (x)		星儿		熊儿			
k (g)	更儿		工儿		姑儿		锅儿
kʰ (k)	坑儿		空儿		苦儿		
x (h)	横儿		轰儿		唿儿		活儿
ø (0)	英儿		翁儿	用儿	呜儿		窝儿

六 普通话常用儿化词例表

本表据常用和必不可少两条原则编选了部分儿化词。编选过程中，参考了《现代汉语词典》（第7版）（商务印书馆2016年版）、鲁允中《轻声和儿化》（商务印书馆2001年版）、刘照雄《说儿化》（《语言文字应用》2003年第3期）、彭宗平《北京儿化词研究》（中国传媒大学出版社2005年版）等文献。

A

挨肩儿 āijiānr 暗号儿 ànhàor 熬头儿 áotour

B

八哥儿 bāgēr 八仙桌儿 bāxiānzhuōr 巴儿狗儿 bārgǒur 白班儿（日班）báibānr 摆谱儿 bǎipǔr 败家子儿 bàijiāzǐr 班底儿 bāndǐr 半道儿 bàndàor 伴儿（名词）bànr 宝贝儿 bǎobèir（对小孩的爱称）北边儿 běibiānr 本主儿（本人）běnzhǔr 鼻子眼儿 bíziyǎnr 笔头儿 bǐtóur 便门儿 biànménr 别针儿 biézhēnr 冰棍儿 bīnggùnr 拨浪鼓儿 bōlànggǔr 不起眼儿 bùqǐyǎnr

C

擦黑儿 cāhēir 藏猫儿 cángmāor（捉迷藏）草底儿 cǎodǐr 侧刀儿 cèdāor 叉儿 chār 岔儿 chàr（名词，岔子）长法儿 chángfǎr（长远的办法）肠儿 chángr 唱本儿 chàngběnr 趁早儿 chènzǎor 尺码儿 chǐmǎr 虫儿 chóngr 抽筋儿 chōujīnr（肌肉痉挛）出门儿 chūménr 出头儿 chūtóur 穿堂儿 chuāntángr 窗台儿 chuāngtáir 床单儿 chuángdānr 春卷儿 chūnjuǎnr 葱花儿 cōnghuār 搓板儿 cuōbǎnr

D

搭伴儿 dābànr 褡裢儿 dālianr（长方形的小口袋儿，通常挂在腰带上）打盹儿 dǎdǔnr 打鸣儿 dǎmíngr 大伙儿 dàhuǒr 大杂院儿 dàzáyuànr 单调儿 dāndiàor 旦角儿 dànjuér 刀把儿 dāobàr 倒影儿 dàoyǐngr 得劲儿 déjìnr 底座儿 dǐzuòr 地摊儿 dìtānr 掉过儿 diàoguòr（互换位置）碟儿 diér 顶牛儿 dǐngniúr 动画片儿 dònghuàpiānr 兜儿 dōur 逗趣儿 dòuqùr 短命鬼儿 duǎnmìngguǐr 对半儿 duìbànr 多半儿 duōbànr 朵儿 duǒr

E

摁扣儿 ènkòur 耳垂儿 ěrchuír 耳朵眼儿 ěrduōyǎnr

F

发火儿 fāhuǒr（发脾气）反面儿 fǎnmiànr 房帖儿 fángtiěr 飞轮儿 fēilúnr 坟头儿 féntóur 粉末儿 fěnmòr 风车儿 fēngchēr 浮面儿 fúmiànr 负号儿 fùhàor

普通话的分韵及韵谱字汇

G

旮旮晃晃儿 gāgālálár（所有的角落）嘎渣儿 gāzhar 杆儿 gānr 高手儿 gāoshǒur 哥儿们 gērmen 个头儿 gètóur 跟手儿 gēnshǒur（随手）工头儿 gōngtóur 沟儿 gōur 瓜子儿 guāzǐr 挂零儿 guàlíngr 拐棍儿 guǎigùnr 光杆儿 guānggǎnr 鬼脸儿 guǐliǎnr 棍儿 gùnr 过堂风儿 guòtángfēngr

H

哈巴狗儿 hābāgǒur 行当儿 hángdàngr 号码儿 hàomǎr 禾木旁儿 hémùpángr 黑道儿 hēidàor 红果儿 hóngguǒr 后半晌儿 hòubànshǎngr 后手儿 hòushǒur 胡同儿 hútòngr 花边儿 huābiānr 花生豆儿 huāshēngdòur 话把儿 huàbàr 黄花儿 huánghuār 回话儿 huíhuàr 魂儿 húnr 活扣儿 huókòur 火候儿 huǒhour

J

犄角儿 jījiaor（角儿）加塞儿 jiāsāir 夹道儿 jiādàor 家雀儿 jiāqiǎor 价码儿 jiàmǎr 肩膀儿 jiānbǎngr 见天儿 jiàntiānr 讲稿儿 jiǎnggǎor 叫好儿 jiàohǎor 揭底儿 jiēdǐr 今儿 jīnr 劲头儿 jìntóur 景儿 jǐngr 就手儿 jiùshǒur 角儿 juér

K

开春儿 kāichūnr 坎肩儿 kǎnjiānr 靠边儿 kàobiānr 科班儿 kēbānr 磕膝盖儿 kēxīgàir 可怜见儿 kěliánjiànr 吭气儿 kēnqìr 抠门儿 kōuménr 口袋儿 kǒudàir 苦头儿 kǔtóur（稍苦的味道）挎包儿 kuàbāor 快手儿 kuàishǒur 筐儿 kuāngr 盔儿 kuīr 坤角儿 kūnjuér

L

拉链儿 lāliànr 腊八儿 làbār 来劲儿 láijìnr 滥调儿 làndiàor 老伴儿 lǎobànr 老头儿 lǎotóur 里边儿 lǐbiānr 脸蛋儿 liǎndànr 两点水儿 liǎngdiǎnshuǐr 钌铞儿 liàodiàor 领口儿 lǐngkǒur 刘海儿 liúhǎir 篓儿 lǒur 露水珠儿 lùshuǐzhūr 轮儿 lúnr 罗圈儿 luóquānr 落款儿 luòkuǎnr

拾　普通话的儿化韵及儿化韵音节

M

麻花儿 máhuār（油炸食品）马褂儿 mǎguàr 迈方步儿 màifāngbùr 麦芒儿 màimángr 冒尖儿 màojiānr 帽儿 màor 没门儿 méiménr 媒婆儿 méipór 门房儿 ménfángr 蜜枣儿 mìzǎor 面条儿 miàntiáor 名单儿 míngdānr 末了儿 mòliǎor 木头人儿 mùtóurénr

N

哪样儿 nǎyàngr 纳闷儿 nàmènr 南边儿 nánbiānr 脑瓜儿 nǎoguār 妮儿 nīr 年根儿 niángēnr 娘儿们 niángménr 牛劲儿 niújìnr 挪窝儿 nuówōr

O

藕节儿 ǒujiér

P

牌儿 páir（牌子）派头儿 pàitóur 旁门儿 pángménr 跑腿儿 pǎotuǐr 配对儿 pèiduìr 盆景儿 pénjǐngr 皮猴儿 píhóur 偏旁儿 piānpángr 瓢儿菜 piáorcài 拼盘儿 pīnpánr 平手儿 píngshǒur 破烂儿 pòlànr（名词）谱儿 pǔr（把握）

Q

棋子儿 qízǐr 起根儿 qǐgēnr 汽水儿 qìshuǐr 前半晌儿 qiánbànshǎngr 前脚儿 qiánjiǎor 墙头儿 qiángtóur 俏皮话儿 qiàopíhuàr 亲嘴儿 qīnzuǐr 轻活儿 qīnghuór 曲里拐弯儿 qūlǐguǎiwānr 趣儿 qùr 缺口儿 quēkǒur

R

瓤儿 rángr 绕远儿 ràoyuǎnr 人影儿 rényǐngr 绒花儿 rónghuār 肉皮儿 ròupír 入味儿 rùwèir 褥单儿 rùdānr

S

撒欢儿 sāhuānr 三不管儿 sānbùguǎnr 嗓门儿 sǎngménr 沙瓤儿 shārángr 山根儿 shāngēnr 上半天儿 shàngbàntiānr 身子骨儿 shēnzigǔr 绳儿 shéngr 十

普通话的分韵及韵谱字汇

字路口儿 shízìlùkǒur 使劲儿 shǐjìnr 市面儿 shìmiànr 收摊儿 shōutānr 手边儿 shǒubiānr 书本儿 shūběnr 书签儿 shūqiānr 竖心旁儿 shùxīnpángr 耍心眼儿 shuǎxīnyǎnr 水饺儿 shuǐjiǎor 顺口儿 shùnkǒur 说闲话儿 shuōxiánhuàr（闲谈）俗话儿 súhuàr 蒜毫儿 suànháor 碎步儿 suìbùr 孙女儿 sūnnür

T

趿拉板儿 tālabǎnr 台阶儿 táijiēr 痰盂儿 tányúr 糖葫芦儿 tánghúlur 套间儿 tàojiānr 替身儿 tìshēnr 天边儿 tiānbiānr 贴身儿 tiēshēnr 听信儿 tīngxìnr（等候消息）偷空儿 tōukòngr 头绳儿 tóushéngr 图钉儿 túdīngr 兔儿 tùr 腿带儿 tuǐdàir

W

娃儿 wár 外号儿 wàihàor 丸儿 wánr 玩命儿 wánmìngr 围嘴儿 wéizuǐr 卫生球儿 wèishēngqiúr 纹路儿 wénlùr 卧果儿 wòguǒr 物件儿 wùjiànr

X

西边儿 xībiānr 媳妇儿 xífur（妻子）戏本儿 xìběnr 下巴颏儿 xiàbakēr 闲工夫儿 xiángōngfur 险些儿 xiǎnxiēr 香肠儿 xiāngchángr 像样儿 xiàngyàngr 小不点儿 xiǎobùdiǎnr 小心眼儿 xiǎoxīnyǎnr 歇腿儿 xiētuǐr 鞋帮儿 xiébāngr 心坎儿 xīnkǎnr 兴头上儿 xìngtóushangr 胸脯儿 xiōngpúr 绣花儿 xiùhuār 漩涡儿 xuánwōr 雪人儿 xuěrénr

Y

鸭儿广梨 yārguǎnglí 牙签儿 yáqiānr 烟卷儿 yānjuǎnr 沿边儿 yánbiānr 咬舌儿 yǎoshér 药水儿 yàoshuǐr 爷们儿 yémenr 一半儿 yībànr 姨儿 yír 印花儿 yìnhuār 鹦哥儿 yīnggēr 迎面儿 yíngmiànr 油门儿 yóuménr 鱼虫儿 yúchóngr 约数儿 yuēshùr 月份儿 yuèfènr

Z

咂嘴儿 zāzuǐr 早早儿 zǎozāor 栅栏儿 zhàlánr 掌勺儿 zhǎngsháor 辙儿 zhér 针鼻儿 zhēnbír 整个儿 zhěnggèr 支嘴儿 zhīzuǐr 纸钱儿 zhǐqiánr 钟点儿

zhōngdiǎnr 竹竿儿 zhúgānr 爪尖儿 zhuǎjiānr 庄稼活儿 zhuāngjiāhuór 桌儿 zhuōr（名词）滋味儿 zīwèir 字帖儿 zìtièr 左边儿 zuǒbiānr 做伴儿 zuòbànr 作声儿 zuòshēngr

附 录

壹 《汉语拼音方案》

汉语拼音方案

（1957年11月1日国务院全体会议第60次会议通过）
（1958年2月11日第一届全国人民代表大会第五次会议批准）

一 字母表

字母	Aa	Bb	Cc	Dd	Ee	Ff	Gg
名称	ㄚ	ㄅㄝ	ㄘㄝ	ㄉㄝ	ㄜ	ㄝㄈ	ㄍㄝ

	Hh	Ii	Jj	Kk	Ll	Mm	Nn
	ㄏㄚ	ㄧ	ㄐㄧㄝ	ㄎㄝ	ㄝㄌ	ㄝㄇ	ㄋㄝ

	Oo	Pp	Qq	Rr	Ss	Tt	
	ㄛ	ㄆㄝ	ㄑㄧㄡ	ㄚㄦ	ㄝㄙ	ㄊㄝ	

	Uu	Vv	Ww	Xx	Yy	Zz	
	ㄨ	ㄞㄝ	ㄨㄚ	ㄒㄧ	ㄧㄚ	ㄗㄝ	

V 只用来拼写外来语、少数民族语言和方言。
字母的手写体依照拉丁字母的一般书写习惯。

二 声母表

b	p	m	f	d	t	n	l
ㄅ玻	ㄆ坡	ㄇ摸	ㄈ佛	ㄉ得	ㄊ特	ㄋ讷	ㄌ勒

	g	k	h		j	q	x
	ㄍ哥	ㄎ科	ㄏ喝		ㄐ基	ㄑ欺	ㄒ希
	zh	ch	sh	r	z	c	s
	ㄓ知	ㄔ蚩	ㄕ诗	ㄖ日	ㄗ资	ㄘ雌	ㄙ思

在给汉字注音的时候，为了使拼式简短，zh ch sh 可以省作 ẑ ĉ ŝ。

三　韵母表

		i ㄧ 衣		u ㄨ 乌		ü ㄩ 迂	
a ㄚ	啊	ia ㄧㄚ	呀	ua ㄨㄚ	蛙		
o ㄛ	喔			uo ㄨㄛ	窝		
e ㄜ	鹅	ie ㄧㄝ	耶			üe ㄩㄝ	约
ai ㄞ	哀			uai ㄨㄞ	歪		
ei ㄟ	欸			uei ㄨㄟ	威		
ao ㄠ	熬	iao ㄧㄠ	腰				
ou ㄡ	欧	iou ㄧㄡ	忧				
an ㄢ	安	ian ㄧㄢ	烟	uan ㄨㄢ	弯	üan ㄩㄢ	冤
en ㄣ	恩	in ㄧㄣ	因	uen ㄨㄣ	温	ün ㄩㄣ	晕
ang ㄤ	昂	iang ㄧㄤ	央	uang ㄨㄤ	汪		
eng ㄥ	亨的韵母	ing ㄧㄥ	英	ueng ㄨㄥ	翁		
ong ㄨㄥ	轰的韵母	iong ㄩㄥ	雍				

（1）"知、蚩、诗、日、资、雌、思"等七个音节的韵母用i，即：

知、蚩、诗、日、资、雌、思等字拼作 zhi, chi, shi, ri, zi, ci, si。

（2）韵母儿写成 er，用作韵尾的时候写成 r。例如："儿童"拼作 ertong，"花儿"拼作 huar。

（3）韵母ㄝ单用的时候写成 ê。

（4）i 行的韵母，前面没有声母的时候，写成 yi（衣），ya（呀），ie（耶），yao（腰），you（忧），yan（烟），yin（因），yang（央），ying（英），yong（雍）。

u 行的韵母，前面没有声母的时候，写成 wu（乌），wa（蛙），wo（窝），wai（歪），wei（威），wan（弯），wen（温），wang（汪），weng（翁）。

ü 行的韵母，前面没有声母的时候，写成：yu（迂），yue（约），yuan（冤），yun（晕）；ü 上两点省略。

ü 行的韵母跟声母 j, q, x 拼的时候，写成：ju（居），qu（区），xu（虚），ü 上两点也省略；但是跟声母 n、l 拼的时候，仍然写成 nü（女），lü（吕）。

（5）iou, uei, uen 前面加声母的时候，写成 iu, ui, un。例如 niu（牛），gui（归），lun（论）。

（6）在给汉字注音的时候，为了使拼式简短，ng 可以省作 ŋ。

四　声调符号

阴平	阳平	上声	去声
ˉ	ˊ	ˇ	ˋ

声调符号标在音节的主要元音上。轻声不标。例如：

妈 mā　　麻 má　　马 mǎ　　骂 mà　　吗 ma
（阴平）　（阳平）　（上声）　（去声）　（轻声）

五　隔音符号

a、o、e 开头的音节连接在其他音节后面的时候，如果音节的界限发生混淆，用隔音符号（'）隔开，例如 pi'ao（皮袄）。

贰 《普通话韵谱字汇》多音字表

第一 支思辙

一、支部

1. ï [ɿ/ʅ] 韵

ï [ɿ/ʅ]			
(1) ï [ɿ]		(2) ï [ʅ]	
仔	仔¹ zī。仔² zǐ。仔³ zǎi。	氏	氏¹ zhī。氏² shì。
孖	孖¹ zī。孖² mā。	只	只¹ zhī。只² zhǐ。
吱	吱¹ zī。吱² zhī。	殖	殖¹ zhí。殖² shi。
呲	呲¹ zī。呲² cī。	苊	苊¹ zhǐ。苊² dǐ。
兹	兹¹ zī。兹² cí。	豸	豸¹ zhì。豸² zhài。
觜	觜¹ zī。觜² zuǐ。	识	识¹ zhì。识² shí。
訾	訾¹ zī。訾² zǐ。	峙	峙¹ zhì。峙² shì。
呲	呲¹ zǐ。呲² cí。	瘈	瘈¹ zhì。瘈² chì。
刺	刺¹ cī。刺² cì。	擿	擿¹ zhì。擿² tī。
差	差¹ cī。差² chā。差³ chà。差⁴ chāi。	坻	坻¹ chí。坻² dǐ。
玼	玼¹ cī。玼² cǐ。	匙	匙¹ chí。匙² shi。
跐	跐¹ cī。跐² cǐ。	尺	尺¹ chǐ。尺² chě。
伺	伺¹ cì。伺² sì。	嘘	嘘¹ shī。嘘² xū。
偲	偲¹ sī。偲² cāi。	什	什¹ shí。什² shén。
漦	漦¹ sī。漦² chí。	石	石¹ shí。石² dàn。
似	似¹ sì。似² shì。	拾	拾¹ shí。拾² shè。
俟	俟¹ sì。俟² qí。	莳	莳¹ shí。莳² shì。
食	食¹ sì。食² shí。	适	适¹ shì。适² kuò。

普通话的分韵及韵谱字汇

第二 衣期辙

二、齐部

2. i

	i				
衣	衣¹ yī。衣² yì。	俶	俶¹ tì。俶² chù。	腊	腊¹ xī。腊² là。
椅	椅¹ yī。椅² yǐ。	裼	裼¹ tì。裼² xī。	歙	歙¹ xī。歙² shè。
迤	迤¹ yí。迤² yǐ。	伲	伲¹ ní。伲² nì。	洗	洗¹ xǐ。洗² xiǎn。
荑	荑¹ yí。荑² tí。	呢	呢¹ ní。呢² ne。	铣	铣¹ xǐ。铣² xiǎn。
蛇	蛇¹ yí。蛇² shé。	泥	泥¹ ní。泥² nì。	戏	戏¹ xì。戏² hū。
遗	遗¹ yí。遗² wèi。	溺	溺¹ nì。溺² niào。		
尾	尾¹ yǐ。尾² wěi。	丽	丽¹ lí。丽² lì。		
艾	艾¹ yì。艾² ài。	蠡	蠡¹ lí。蠡² lǐ。		
仡	仡¹ yì。仡² gē。	栎	栎¹ lì。栎² yuè。		
昳	昳¹ yì。昳² dié。	鬲	鬲¹ lì。鬲² gé。		
嗌	嗌¹ yì。嗌² ài。	浰	浰¹ lì。浰² liàn。		
芘	芘¹ bǐ。芘² pí。	跞	跞¹ lì。跞² luò。		
泌	泌¹ bì。泌² mì。	几	几¹ jī。几² jǐ。		
贲	贲¹ bì。贲² bēn。	奇	奇¹ jī。奇² qí。		
秘	秘¹ bì。秘² mì。	期	期¹ jī。期² qī。		
裨	裨¹ bì。裨² pí。	缉	缉¹ jī。缉² qī。		
辟	辟¹ bì。辟² pì。	稽	稽¹ jī。稽² qǐ。		
臂	臂¹ bì。臂² bei。	亟	亟¹ jí。亟² qì。		
劈	劈¹ pī。劈² pǐ。	革	革¹ jí。革² gé。		
陂	陂¹ pí。陂² pō。陂³ bēi。	诘	诘¹ jí。诘² jié。		
否	否¹ pǐ。否² fǒu。	藉	藉¹ jí。藉² jiè。		
眯	眯¹ mī。眯² mí。	纪	纪¹ jǐ。纪² jì。		
糜	糜¹ mí。糜² méi。	济	济¹ jǐ。济² jì。		
冥	冥¹ mì。冥² míng。	给	给¹ jǐ。给² gěi。		
氐	氐¹ dī。氐² dǐ。	系	系¹ jì。系² xì。		
的	的¹ dī。的² dí。的³ dì。的⁴ de。	荠	荠¹ jì。荠² jì。		
提	提¹ dī。提² tí。	妻	妻¹ qī。妻² qì。		

续表

		i	
镝	镝¹ dī。镝² dí。	栖	栖¹ qī。栖² xī。
翟	翟¹ dí。翟² zhái。	蹊	蹊¹ qī。蹊² xī。
底	底¹ dǐ。底² de。	跂	跂¹ qí。跂² qǐ。
地	地¹ dì。地² de。	杚	杚¹ qǐ。杚² mèn。
体	体¹ tī。体² tǐ。	契	契¹ qì。契² xiè。
绨	绨¹ tí。绨² tì。	茜	茜¹ xī。茜² qiàn。

第三　姑苏辙

三、模部

3. u

		u	
乌	乌¹ wū。乌² wù。	陆	陆¹ lù。陆² liù。
於	於¹ wū。於² yū。於³ yú。	绿	绿¹ lù。绿² lù。
恶	恶¹ wū。恶² wù。恶³ ě。恶⁴ è。	碌	碌¹ lù。碌² liù。
卜	卜¹ bǔ。卜² bo。	露	露¹ lù。露² lòu。
堡	堡¹ bǔ。堡² pù。堡³ bǎo。	估	估¹ gū。估² gù。
埔	埔¹ bù。埔² pǔ。	呱	呱¹ gū。呱² guā。呱³ guǎ。
仆	仆¹ pū。仆² pú。	骨	骨¹ gū。骨² gǔ。
脯	脯¹ pú。脯² fǔ。	谷	谷¹ gǔ。谷² yù。
朴	朴¹ pǔ。朴² pō。朴³ pò。朴⁴ piáo。	贾	贾¹ gǔ。贾² jiǎ。
暴	暴¹ pù。暴² bào。	鹄	鹄¹ gǔ。鹄² hú。
瀑	瀑¹ pù。瀑² bào。	鹘	鹘¹ gǔ。鹘² hú。
曝	曝¹ pù。曝² bào。	糊	糊¹ hū。糊² hú。糊³ hù。
模	模¹ mú。模² mó。	和	和¹ hú。和² hé。和³ hè。和⁴ huó。和⁵ huò。和⁶ huo。
姥	姥¹ mǔ。姥² lǎo。	核	核¹ hú。核² hé。
牟	牟¹ mù。牟² móu。	浒	浒¹ hǔ。浒² xǔ。
夫	夫¹ fū。夫² fú。	唬	唬¹ hǔ。唬² xià。
芾	芾¹ fú。芾² fèi。	术	术¹ zhú。术² shù。

普通话的分韵及韵谱字汇

续表

		u		
佛	佛¹ fú。佛² fó。		褚	褚¹ zhǔ。褚² chǔ。
服	服¹ fú。服² fù。		属	属¹ zhǔ。属² shǔ。
柭	柭¹ fú。柭² bāo。		杽	杽¹ zhǔ。杽² chù。
洑	洑¹ fú。洑² fù。		著	著¹ zhù。著² zhuó。
荸	荸¹ fú。荸² piǎo。		处	处¹ chǔ。处² chù。
父	父¹ fǔ。父² fù。		畜	畜¹ chù。畜² xù。
都	都¹ dū。都² dōu。		滀	滀¹ chù。滀² xù。
阇	阇¹ dū。阇² shé。		熟	熟¹ shú。熟² shóu。
顿	顿¹ dú。顿² dùn。		数	数¹ shǔ。数² shù。数³ shuò。
读	读¹ dú。读² dòu。		俞	俞¹ shù。俞² yú。
肚	肚¹ dǔ。肚² dù。		卒	卒¹ zú。卒² cù。
度	度¹ dù。度² duó。		酢	酢¹ cù。酢² zuò。
菟	菟¹ tú。菟² tù。		宿	宿¹ sù。宿² xiǔ。
吐	吐¹ tǔ。吐² tù。		缩	缩¹ sù。缩² suō。
六	六¹ lù。六² liù。			

四、鱼部 可与u韵母通

4. ü

		ü		
与	与¹ yú。与² yǔ。与³ yù。		据	据¹ jū。据² jù。
予	予¹ yú。予² yǔ。		趄	趄¹ jū。趄² qiè。
喁	喁¹ yú。喁² yóng。		锔	锔¹ jū。锔² jú。
畬	畬¹ yú。畬² shē。		桔	桔¹ jú。桔² jié。
雨	雨¹ yǔ。雨² yù。		柜	柜¹ jǔ。柜² guì。
语	语¹ yǔ。语² yù。		咀	咀¹ jǔ。咀² zuǐ。
吁	吁¹ yù。吁² xū。		沮	沮¹ jǔ。沮² jù。
菀	菀¹ yù。菀² wǎn。		枸	枸¹ jǔ。枸² gōu。枸³ gǒu。
奥	奥¹ yù。奥² ào。		句	句¹ jù。句² gōu。
蔚	蔚¹ yù。蔚² wèi。		苣	苣¹ jù。苣² qǔ。

续表

	ü		
熨	熨¹ yù。熨² yùn。	区	区¹ qū。区² ōu。
捋	捋¹ lǚ。捋² luō。	曲	曲¹ qū。曲² qǔ。
偻	偻¹ lǚ。偻² lóu。	焌	焌¹ qū。焌² jùn。
率	率¹ lǜ。率² shuài。	圩	圩¹ xū。圩² wéi。
车	车¹ jū。车² chē。	砉	砉¹ xū。砉² huā。
且	且¹ jū。且² qiě。	欻	欻¹ xū。欻² chuā。
俱	俱¹ jū。俱² jù。	溆	溆¹ xǔ。溆² xù。

第四 麻沙辙

五、麻部

5. a

	a		
阿	阿¹ ā。阿² ē。	伽	伽¹ gā。伽² jiā。伽³ qié。
呵	呵¹ ā。呵² á。呵³ ǎ。呵⁴ à。呵⁵ a。呵⁶ hē。	咖	咖¹ gā。咖² kā。
啊	啊¹ ā。啊² á。啊³ ǎ。啊⁴ à。啊⁵ a。	戛	戛¹ gā。戛² jiá。
腌	腌¹ ā。腌² yān。	嘎	嘎¹ gā。嘎² gá。嘎³ gǎ。
嗄	嗄¹ á。嗄² shà。	轧	轧¹ gá。轧² zhá。轧³ yà。
扒	扒¹ bā。扒² pá。	咔	咔¹ kā。咔² kǎ。
吧	吧¹ bā。吧² ba。	卡	卡¹ kǎ。卡² qiǎ。
把	把¹ bǎ。把² bà。	咯	咯¹ kǎ。咯² gē。咯³ luò。
钯	钯¹ bǎ。钯² pá。	哈	哈¹ hā。哈² hǎ。咯³ hà。
耙	耙¹ bà。耙² pá。	虾	虾¹ há。虾² xiā。
鲌	鲌¹ bà。鲌² bó。	蛤	蛤¹ há。蛤² gé。
蚂	蚂¹ mā。蚂² mǎ。蚂³ mà。	扎	扎¹ zhā。扎² zhá。扎³ zā。
抹	抹¹ mā。抹² mǒ。抹³ mò。	咋	咋¹ zhā。咋² zé。咋³ zǎ。
摩	摩¹ mā。摩² mó。	查	查¹ zhā。查² chá。
吗	吗¹ má。吗² mǎ。吗³ ma。	爹	爹¹ zhā。爹² zhà。
发	发¹ fā。发² fà。	喳	喳¹ zhā。喳² chā。

普通话的分韵及韵谱字汇

续表

		a		
嗒	嗒¹ dā。嗒² tà。	楂	楂¹ zhā。楂² chá。
答	答¹ dā。答² dá。	劄	劄¹ zhā。劄² zhá。
打	打¹ dá。打² dǎ。	炸	炸¹ zhá。炸² zhà。
沓	沓¹ dá。沓² tà。	喋	喋¹ zhá。喋² dié。
瘩	瘩¹ dá。瘩² da。	柞	柞¹ zhà。柞² zuò。
大	大¹ dà。大² dài。	栅	栅¹ zhà。栅² shān。
铊	铊¹ tā。铊² tuó。	叉	叉¹ chā。叉² chá。叉³ chǎ。叉⁴ chà。
踏	踏¹ tā。踏² tà。	杈	杈¹ chā。杈² chà。
拓	拓¹ tà。拓² tuò。	衩	衩¹ chǎ。衩² chà。
那	那¹ nā。那² nà。那³ nèi。	刹	刹¹ chà。刹² shā。
哪	哪¹ nǎ。哪² na。哪³ né。哪⁴ něi。	杉	杉¹ shā。杉² shān。
茹	茹¹ nà。茹² nuó。	沙	沙¹ shā。沙² shà。
娜	娜¹ nà。娜² nuó。	莎	莎¹ shā。莎² suō。
拉	拉¹ lā。拉² lá。	煞	煞¹ shā。煞² shà。
啦	啦¹ lā。啦² la。	挲	挲¹ shā。挲² sa。挲³ suō。
刺	刺¹ lá。刺² là。	厦	厦¹ shà。厦² xià。
落	落¹ là。落² luò。落³ lào。	拶	拶¹ zā。拶² zǎn。
蜡	蜡¹ là。蜡² zhà。	拶	拶¹ zā。拶² zǎn。
夹	夹¹ gā。夹² jiā。夹³ jiá。	撒	撒¹ sā。撒² sǎ。

6. ia

		ia		
压	压¹ yā。压² yà。	假	假¹ jiǎ。假² jià。
哑	哑¹ yā。哑² ya。	价	价¹ jià。价² jiè。价³ jie。
俩	俩¹ liǎ。俩² liǎng。	吓	吓¹ xià。吓² hè。
家	家¹ jiā。家² jie。		

7. ua

		ua		
哇	哇¹ wā。哇² wa。		哗	哗¹ huā。哗² huá。
瓦	瓦¹ wǎ。瓦² wà。		划	划¹ huá。划² huà。划³ huai。
化	化¹ huā。化² huà。		挝	挝¹ zhuā。挝² wō。
华	华¹ huā。华² huá。华³ huà。		爪	爪¹ zhuǎ。爪² zhǎo。

第五 梭波辙

六、波部

8. o

		o		
哦	哦¹ ó。哦² ò。哦³ é。		泺	泺¹ pō。泺² luò。
嚄	嚄¹ ǒ。嚄² huō。		繁	繁¹ pó。繁² fán。
剥	剥¹ bō。剥² bāo。		迫	迫¹ pò。迫² pǎi。
蕃	蕃¹ bō。蕃² fān。蕃³ fán。		磨	磨¹ mó。磨² mò。
伯	伯¹ bó。伯² bāi。		万	万¹ mò。万² wàn。
泊	泊¹ bó。泊² pō。		没	没¹ mò。没² méi。
柏	柏¹ bó。柏² bò。柏³ bǎi。		冒	冒¹ mò。冒² mào。
薄	薄¹ bó。薄² bò。薄³ báo。		脉	脉¹ mò。脉² mài。
簸	簸¹ bǒ。簸² bò。		嘿	嘿¹ mò。嘿² hēi。
擘	擘¹ bò。擘² bāi。			

9. e

		e		
呃	呃¹ è。呃² e。		盖	盖¹ gě。盖² gài。
得	得¹ dé。得² de。得³ děi。		各	各¹ gě。各² gè。
忒	忒¹ tè。忒² tuī。		硌	硌¹ gè。硌² luò。
肋	肋¹ lē。肋² lèi。		坷	坷¹ kē。坷² kě。

普通话的分韵及韵谱字汇

续表

		e			
乐	乐¹ lè。乐² yuè。		颏	颏¹ kē。颏² ké。	
勒	勒¹ lè。勒² lēi。		嗑	嗑¹ kē。嗑² kè。	
了	了¹ le。了² liǎo。		壳	壳¹ ké。壳² qiào。	
纥	纥¹ gē。纥² hé。		咳	咳¹ ké。咳² hāi。	
搁	搁¹ gē。搁² gé。		可	可¹ kě。可² kè。	
颌	颌¹ gé。颌² hé。		喝	喝¹ hē。喝² hè。	
葛	葛¹ gé。葛² gě。		荷	荷¹ hé。荷² hè。	
个	个¹ gě。个² gè。		貉	貉¹ hé。貉² háo。	
合	合¹ gě。合² hé。		折	折¹ zhē。折² zhé。折³ shé。	
蜇	蜇¹ zhē。蜇² zhé。		择	择¹ zé。择² zhái。	
着	着¹ zhe。着² zhuó。着³ zhāo。着⁴ zháo。		笮	笮¹ zé。笮² zuó。	
舍	舍¹ shě。舍² shè。		色	色¹ sè。色² shǎi。	
喏	喏¹ rě。喏² nuò。		塞	塞¹ sè。塞² sāi。塞³ sài。	

10. uo

		uo			
涡	涡¹ wō。涡² guō。		焯	焯¹ zhuó。焯² chāo。	
渂	渂¹ wò。渂² yuān。		琢	琢¹ zhuó。琢² zuó。	
垛	垛¹ duǒ。垛² duò。		啜	啜¹ chuò。啜² chuài。	
驮	驮¹ duò。驮² tuó。		绰	绰¹ chuò。绰² chāo。	
柁	柁¹ duò。柁² tuó。		说	说¹ shuō。说² yuè。说³ shuì。	
啰	啰¹ luō。啰² luó。		作	作¹ zuō。作² zuò。	
络	络¹ luò。络² lào。		嘬	嘬¹ zuō。嘬² chuài。	
烙	烙¹ luò。烙² lào。		撮	撮¹ zuǒ。撮² cuō。	
落	落¹ luò。落² là。落³ lào。		瘥	瘥¹ cuó。瘥² chài。	
过	过¹ guō。过² guò。		酂	酂¹ cuó。酂² zàn。酂³ cuán。	
豁	豁¹ huō。豁² huò。		莎	莎¹ suō。莎² jùn。	

11. ie

		ie		
耶	耶[1] yē。耶[2] yé。		裂	裂[1] liě。裂[2] liè。
掖	掖[1] yē。掖[2] yè。		节	节[1] jiē。节[2] jié。
邪	邪[1] yé。邪[2] xié。		结	结[1] jiē。结[2] jié。
叶	叶[1] yè。叶[2] xié。		楷	楷[1] jiē。楷[2] kǎi。
咽	咽[1] yè。咽[2] yān。咽[3] yàn。		絜	絜[1] jié。絜[2] xié。
瘪	瘪[1] biē。瘪[2] biě。		颉	颉[1] jié。颉[2] xié。
别	别[1] bié。别[2] biè。		解	解[1] jiě。解[2] jiè。解[3] xiè。
撇	撇[1] piē。撇[2] piě。		切	切[1] qiē。切[2] qiè。
乜	乜[1] miē。乜[2] niè。		慊	慊[1] qiè。慊[2] qiàn。
帖	帖[1] tiē。帖[2] tiě。帖[3] tiè。		血	血[1] xiě。血[2] xuè。
咧	咧[1] liē。咧[2] liě。咧[3] lie。			

12. üe

		üe		
约	约[1] yuē。约[2] yāo。		倔	倔[1] jué。倔[2] juè。
哕	哕[1] yuě。哕[2] huì。		蹶	蹶[1] jué。蹶[2] juě。
钥	钥[1] yuè。钥[2] yào。		嚼	嚼[1] jué。嚼[2] jiáo。
疟	疟[1] nüè。疟[2] yào。		阙	阙[1] quē。阙[2] què。
角	角[1] jué。角[2] jiǎo。		雀	雀[1] què。雀[2] qiāo。雀[3] qiǎo。
觉	觉[1] jué。觉[2] jiào。		削	削[1] xuē。削[2] xiāo。

七、儿部

13. er

		er		
艿	艿[1] ér。艿[2] nài。		俰	俰[1] èr。俰[2] nài。

普通话的分韵及韵谱字汇

第六 怀来辙

八、开部

14. ai

ai				
挨	挨¹ āi。挨² ái。		逮	逮¹ dǎi。逮² dài。
唉	唉¹ āi。唉² ài。		骀	骀¹ dài。骀² tái。
欸	欸¹ ǎi。欸² ê阴。欸³ ê阳。欸⁴ ê上。欸⁵ ê去。		台	台¹ tāi。台² tái。
嗳	嗳¹ ǎi。嗳² ài。		苔	苔¹ tái。苔² tāi。
拜	拜¹ bái。拜² bài。		嗨	嗨¹ hāi。嗨² hēi。
呗	呗¹ bài。呗² bei。		还	还¹ hái。还² huán。
排	排¹ pái。排² pǎi。		载	载¹ zǎi。载² zài。
埋	埋¹ mái。埋² mán。		采	采¹ cǎi。采² cài。
待	待¹ dāi。待² dài。			

15. uai

uai				
崴	崴¹ wǎi。崴² wēi。		拽	拽¹ zhuāi。拽² zhuài。
会	会¹ kuài。会² huì。		揣	揣¹ chuāi。揣² chuǎi。揣³ chuài。
浍	浍¹ kuài。		衰	衰¹ shuāi。衰² cuī。

第七 灰堆辙

九、微部

16. ei

ei				
背	背¹ bēi。背² bèi。		蜚	蜚¹ fēi。蜚² fěi。
菲	菲¹ fēi。菲² fěi。		累	累¹ léi。累² lěi。累³ lèi。

17. uei

	uei		
委	委¹ wěi。委² wěi。	氿	氿¹ guǐ。氿² jiǔ。
为	为¹ wéi。为² wèi。	炅	炅¹ guì。炅² jiǒng。
隗	隗¹ wěi。隗² kuí。	桧	桧¹ guì。桧² huì。
虺	虺¹ wěi。虺² guī。	匮	匮¹ guì。匮² kuì。
亹	亹¹ wěi。亹² mén。	溃	溃¹ kuì。溃² huì。
敦	敦¹ duì。敦² dūn。	虺	虺¹ huī。虺² huǐ。
镦	镦¹ duì。镦² chún。	珲	珲¹ huī。珲² hún。
镦	镦¹ duì。镦² dūn。	椎	椎¹ zhuī。椎² chuí。
褪	褪¹ tuì。褪² tùn。	尿	尿¹ suī。尿² niào。
龟	龟¹ guī。龟² qiū。龟³ jūn。	遂	遂¹ suí。遂² suì。

第八 遥迢辙

十、豪部

18. ɑo

	ɑo		
熬	熬¹ āo。熬² áo。	啁	啁¹ zhāo。啁² zhōu。
拗	拗¹ ǎo。拗² ào。拗³ niù。	朝	朝¹ zhāo。朝² cháo。
炮	炮¹ bāo。炮² páo。炮³ pào。	召	召¹ zhào。召² shào。
刨	刨¹ bào。刨² páo。	吵	吵¹ chāo。吵² chǎo。
泡	泡¹ pāo。泡² pào。	剿	剿¹ chāo。剿² jiǎo。
叨	叨¹ dāo。叨² dáo。叨³ tāo。	稍	稍¹ shāo。稍² shào。
倒	倒¹ dǎo。倒² dào。	蛸	蛸¹ shāo。蛸² xiāo。
帱	帱¹ dào。帱² chóu。	鞘	鞘¹ shāo。鞘² qiào。
陶	陶¹ táo。陶² yáo。	苕	苕¹ sháo。苕² tiáo。
唠	唠¹ láo。唠² lào。	杓	杓¹ sháo。杓² biāo。
潦	潦¹ lǎo。潦² liáo。	少	少¹ shǎo。少² shào。
膏	膏¹ gāo。膏² gào。	娆	娆¹ ráo。娆² rǎo。
镐	镐¹ gǎo。镐² hào。	缫	缫¹ sāo。缫² qiāo。
号	号¹ háo。号² hào。	臊	臊¹ sāo。臊² sào。
好	好¹ hǎo。好² hào。	扫	扫¹ sǎo。扫² sào。

普通话的分韵及韵谱字汇

19. iao

	iao		
要	要¹ yāo。要² yào。	燎	燎¹ liáo。燎² liǎo。
侥	侥¹ yáo。侥² jiǎo。	钌	钌¹ liǎo。钌² liào。
銚	銚¹ yáo。銚² diào。	教	教¹ jiāo。教² jiào。
繇	繇¹ yáo。繇² zhòu。	矫	矫¹ jiáo。矫² jiǎo。
骠	骠¹ biāo。骠² piào。繇³ yóu。	恔	恔¹ jiǎo。恔² xiào。
漂	漂¹ piāo。漂² piǎo。	湫	湫¹ jiǎo。湫² qiū。
缥	缥¹ piāo。缥² piǎo。漂³ piào。	徼	徼¹ jiāo。徼² jiào。
了	了¹ liǎo。了² le。了³ liào。	峤	峤¹ jiào。峤² qiáo。
缪	缪¹ miào。缪² móu。缪³ miù。	校	校¹ jiào。校² xiào。
调	调¹ diào。调² tiáo。	悄	悄¹ qiāo。悄² qiǎo。
挑	挑¹ tiāo。挑² tiǎo。	翘	翘¹ qiáo。翘² qiào。
撩	撩¹ liāo。撩² liáo。	肖	肖¹ xiāo。肖² xiào。

第九　由求辙

十一、侯部

20. ou

	ou		
沤	沤¹ ōu。沤² òu。	侯	侯¹ hóu。侯² hòu。
掊	掊¹ póu。掊² pǒu。	轴	轴¹ zhóu。轴² zhòu。
斗	斗¹ dǒu。斗² dòu。	紬	紬¹ chōu。紬² chóu。
斜	斜¹ dǒu。斜² tǒu。	仇	仇¹ chóu。仇² qiú。
搂	搂¹ lōu。搂² lǒu。	杻	杻¹ chǒu。杻² niǔ。
喽	喽¹ lóu。喽² lou。	臭	臭¹ chòu。臭² xiù。
勾	勾¹ gōu。勾² gòu。	擞	擞¹ sǒu。擞² sòu。

21. iou

	iou		
尢	尢¹ yóu。尢² wāng。	溜	溜¹ liū。溜² liù。
柚	柚¹ yóu。柚² yòu。	馏	馏¹ liú。馏² liù。
蝤	蝤¹ yóu。蝤² qiú。	镏	镏¹ liú。镏² liù。

第十 言前辙

十二、寒部

22. an

			an		
犴	犴¹ àn。犴² hān。	覃	覃¹ tán。覃² qín。	禅	禅¹ chán。禅² shàn。
番	番¹ pān。番² fān。	镡	镡¹ tán。镡² chán。镡³ xín。	孱	孱¹ chán。孱² càn。
胖	胖¹ pán。胖² pàng。	难	难¹ nán。难² nàn。	刬	刬¹ chǎn。刬² chàn。
嫚	嫚¹ mān。嫚² màn。	干	干¹ gān。干² gàn。	苫	苫¹ shān。苫² shàn。
蔓	蔓¹ màn。蔓² wàn。	奸	奸¹ gān。奸² hán。	钐	钐¹ shān。钐² shàn。
担	担¹ dān。担² dàn。	看	看¹ kān。看² kàn。	埏	埏¹ shān。埏² yàn。
单	单¹ dān。单² chán。	槛	槛¹ kǎn。槛² jiàn。	扇	扇¹ shān。扇² shàn。
瘅	瘅¹ dān。瘅² dàn。	阚	阚¹ kàn。阚² hǎn。	剡	剡¹ shàn。剡² yàn。
掸	掸¹ dǎn。掸² shàn。	汗	汗¹ hán。汗² hàn。	攒	攒¹ zǎn。攒² cuán。
弹	弹¹ dàn。弹² tán。	崁	崁¹ hán。崁² dǎng。	参	参¹ cān。参² shēn。参³ cēn。
澹	澹¹ dàn。澹² tán。	占	占¹ zhān。占² zhàn。	散	散¹ sǎn。散² sàn。
膻	膻¹ dàn。膻² shān。	粘	粘¹ zhān。粘² nián。	糁	糁¹ sǎn。糁² shēn。
啴	啴¹ tān。啴² chǎn。	颤	颤¹ zhàn。颤² chàn。		

23. ian

	ian		
殷	殷¹ yān。殷² yīn。	渑	渑¹ miǎn。渑² shéng。	监	监¹ jiān。监² jiàn。
溵	溵¹ yān。溵² yīn。	佃	佃¹ diàn。佃² tián。	渐	渐¹ jiān。渐² jiàn。

普通话的分韵及韵谱字汇

续表

			ian				
嫣	嫣¹ yān。嫣² yàn。	钿	钿¹ diàn。钿² tián。	犍	犍¹ jiān。犍² qián。
燕	燕¹ yān。燕² yàn。	捵	捵¹ tiǎn。捵² chēn。	锏	锏¹ jiǎn。锏² jiàn。
芫	芫¹ yán。芫² yuán。	瑱	瑱¹ tiàn。瑱² zhèn。	见	见¹ jiàn。见² xiàn。
铅	铅¹ yán。铅² qiān。	磏	磏¹ lián。磏² qiān。	纤	纤¹ qiàn。纤² xiān。
扁	扁¹ biǎn。扁² piān。	间	间¹ jiān。间² jiàn。	鲜	鲜¹ xiān。鲜² xiǎn。
便	便¹ biàn。便² pián。	浅	浅¹ jiān。浅² qiǎn。	琄	琄¹ xián。琄² xuán。琄³ xuàn。

24. uan

		uan			
莞	莞¹ wǎn。莞² guǎn。	圜	圜¹ huán。圜² yuán。
妧	妧¹ wàn。妧² yuán。	转	转¹ zhuǎn。转² zhuàn。
观	观¹ guān。观² guàn。	传	传¹ zhuàn。传² chuán。
纶	纶¹ guān。纶² lún。	沌	沌¹ zhuàn。沌² dùn。
冠	冠¹ guān。冠² guàn。	钻	钻¹ zuān。钻² zuàn。
矜	矜¹ guān。矜² jīn。矜³ qín。		

25. üan

		üan			
员	员¹ yuán。员² yún。员³ yùn。	隽	隽¹ juàn。隽² jùn。
媛	媛¹ yuán。媛² yuàn。	券	券¹ quàn。券² xuàn。
圈	圈¹ juān。圈² juàn。圈³ quān。	旋	旋¹ xuán。旋² xuàn。
卷	卷¹ juǎn。卷² juàn。		

第十一 人辰辙

十三、痕部

26. en

	en			
奔	奔¹ bēn。奔² bèn。	溱	溱¹ zhēn。溱² qín。
栟	栟¹ bēn。栟² bīng。	綝	綝¹ chēn。綝² lín。
夯	夯¹ bèn。夯² hāng。	椹	椹¹ zhēn。椹² shèn。
喷	喷¹ pēn。喷² pèn。	棽	棽¹ chēn。棽² shēn。
闷	闷¹ mēn。闷² mèn。	沈	沈¹ chén。沈² shěn。
们	们¹ mén。们² men。	称	称¹ chèn。称² chēng。称³ chèng。
分	分¹ fēn。分² fèn。	伧	伧¹ chen。伧² cāng。
玢	玢¹ fēn。玢² bīn。	莘	莘¹ shēn。莘² xīn。
艮	艮¹ gěn。艮² gèn。	甚	甚¹ shén。甚² shèn。
龈	龈¹ kěn。龈² yín。	任	任¹ rén。任² rèn。

27. in

	in					
荫	荫¹ yīn。荫² yìn。	淋	淋¹ lín。淋² lìn。	劲	劲¹ jìn。劲² jìng。
饮	饮¹ yǐn。饮² yìn。	禁	禁¹ jīn。禁² jìn。	亲	亲¹ qīn。亲² qìng。
窨	窨¹ yìn。窨² xūn。	仅	仅¹ jǐn。仅² jìn。	芯	芯¹ xīn。芯² xìn。
槟	槟¹ bīn。槟² bīng。	尽	尽¹ jǐn。尽² jìn。		
玟	玟¹ mín。玟² wén。	廑	廑¹ jǐn。廑² qín。		

28. uen

	uen		
纹	纹¹ wén。纹² wèn。	屯	屯¹ tún。屯² zhūn。
蹲	蹲¹ dūn。蹲² cún。	抡	抡¹ lūn。抡² lún。
囤	囤¹ dùn。囤² tún。	论	论¹ lún。论² lùn。
楯	楯¹ dùn。楯² shǔn。	混	混¹ hún。混² hùn。

普通话的分韵及韵谱字汇

29. ün

	ün				
晕	晕¹ yūn。晕² yùn。		麇	麇¹ jūn。麇² qún。	
缊	缊¹ yūn。缊² yùn。		浚	浚¹ jùn。浚² xùn。	
筠	筠¹ yún。筠² jūn。		熏	熏¹ xūn。熏² xùn。	
菌	菌¹ jūn。菌² jùn。				

第十二 江阳辙

十四、唐部

30. ɑng

	ɑng				
膀	膀¹ bǎng。膀² pāng。膀³ páng。	樘	樘¹ táng。樘² chēng。	巷	巷¹ hàng。巷² xiàng。
蚌	蚌¹ bàng。蚌² bèng。	倘	倘¹ tǎng。倘² cháng。	长	长¹ zhǎng。长² cháng。
搒	搒¹ bàng。搒² péng。	囊	囊¹ nāng。囊² náng。	涨	涨¹ zhǎng。涨² zhàng。
磅	磅¹ bàng。磅² páng。	馕	馕¹ náng。馕² nǎng。	场	场¹ cháng。场² chǎng。
彷	彷¹ páng。彷² fǎng。	郎	郎¹ láng。郎² làng。	裳	裳¹ cháng。裳² shang。
尨	尨¹ máng。尨² méng。	阆	阆¹ láng。阆² làng。	上	上¹ shǎng。上² shàng。
氓	氓¹ máng。氓² méng。	扛	扛¹ gāng。扛² káng。	嚷	嚷¹ rāng。嚷² rǎng。
坊	坊¹ fāng。坊² fáng。	岗	岗¹ gāng。岗² gǎng。	瀼	瀼¹ ráng。瀼² ràng。
当	当¹ dāng。当² dàng。	钢	钢¹ gāng。钢² gàng。	脏	脏¹ zāng。脏² zàng。
铛	铛¹ dāng。铛² chēng。	戆	戆¹ gàng。戆² zhuàng。	奘	奘¹ zàng。奘² zhuǎng。
宕	宕¹ dàng。宕² tāng。	闶	闶¹ kāng。闶² kàng。	藏	藏¹ zàng。藏² cáng。
汤	汤¹ tāng。汤² shāng。	行	行¹ háng。行² xíng。	丧	丧¹ sāng。丧² sàng。
镗	镗¹ tāng。镗² táng。	吭	吭¹ háng。吭² kēng。		

31. iang

	iang				
吚	吚¹ yāng。吚² yǎng。		降	降¹ jiàng。降² xiáng。	
鞅	鞅¹ yāng。鞅² yàng。		虹	虹¹ jiàng。虹² hóng。	
徉	徉¹ yáng。徉² yàng。		强	强¹ jiàng。强² qiáng。强³ qiǎng。	
凉	凉¹ liáng。凉² liàng。		抢	抢¹ qiāng。抢² qiǎng。	
量	量¹ liáng。量² liàng。		呛	呛¹ qiāng。呛² qiàng。	
踉	踉¹ liáng。踉² liàng。		戗	戗¹ qiāng。戗² qiàng。	
靓	靓¹ liàng。靓² jìng。		跄¹	跄¹ qiāng。跄² qiàng。	
将	将¹ jiāng。将² jiàng。		锖	锖¹ qiāng。锖² qiàng。	
浆	浆¹ jiāng。浆² jiàng。		相	相¹ xiāng。相² xiàng。	

32. uang

	uang				
王	王¹ wáng。王² wàng。		幢	幢¹ zhuàng。幢² chuáng。	
桄	桄¹ guāng。桄² guàng。		创	创¹ chuāng。创² chuàng。	
晃	晃¹ huǎng。晃² huàng。		泷	泷¹ shuāng。泷² lóng。	
僮	僮¹ zhuàng。僮² tóng。				

第十三 中东辙

十五、东部

33. eng

	eng				
绷	绷¹ bēng。绷² běng。绷³ bèng。		怔	怔¹ zhēng。怔² zhèng。	
澎	澎¹ pēng。澎² péng。		挣	挣¹ zhēng。挣² zhèng。	
蒙	蒙¹ mēng。蒙² méng。蒙³ měng。		症	症¹ zhēng。症² zhèng。	
莑	莑¹ fēng。莑² fěng。		晟	晟¹ chéng。晟² shèng。	
蹬	蹬¹ dēng。澄² chéng。		乘	乘¹ chéng。乘² shèng。	

普通话的分韵及韵谱字汇

续表

	eng				
棱	棱¹ léng。棱² líng。		盛	盛¹ chéng。盛² shèng。	
更	更¹ gēng。更² gèng。		程	程¹ chéng。程² chěng。	
颈	颈¹ gěng。颈² jǐng。		省	省¹ shěng。省² xǐng。	
横	横¹ héng。横² hèng。		曾	曾¹ zēng。曾² céng。	
丁	丁¹ zhēng。丁² dīng。		缯	缯¹ zēng。缯² zèng。	
正	正¹ zhēng。正² zhèng。		综	综¹ zèng。综² zōng。	

34. ing

	ing				
应	应¹ yīng。应² yìng。		梃	梃¹ tǐng。梃² tùng。	
荥	荥¹ yíng。荥² xíng。		宁	宁¹ níng。宁² nìng。	
并	并¹ bīng。并² bìng。		拧	拧¹ níng。拧² nǐng。拧³ nìng。	
屏	屏¹ bǐng。屏² píng。		令	令¹ líng。令² lǐng。令³ lìng。	
町	町¹ dīng。町² tǐng。		经	经¹ jīng。经² jìng。	
钉	钉¹ dīng。钉² dìng。		兴	兴¹ xīng。兴² xìng。	
酊	酊¹ dīng。酊² dǐng。				

35. ueng

	ueng		
滃	滃¹ wēng。滃² wěng。		

36. ong

	ong				
侗	侗¹ dòng。侗² tóng。		空	空¹ kōng。空² kòng。	
垌	垌¹ dòng。垌² tóng。		哄	哄¹ hōng。哄² hǒng。哄³ hòng。	
峒	峒¹ dòng。峒² tóng。		蕻	蕻¹ hóng。蕻² hòng。	

续表

		ong		
洞	洞[1] dòng。洞[2] tóng。		中	中[1] zhōng。中[2] zhòng。
通	通[1] tōng。通[2] tòng。		松	松[1] zhōng。松[2] sōng。
同	同[1] tóng。同[2] tòng。		种	种[1] zhōng。种[2] zhòng。
弄	弄[1] nòng。弄[2] lòng。		重	重[1] zhòng。重[2] chóng。
笼	笼[1] lóng。笼[2] lǒng。		冲	冲[1] chōng。冲[2] chòng。
红	红[1] gōng。红[2] hóng。		涌	涌[1] chōng。涌[2] yǒng。
供	供[1] gōng。供[2] gòng。		枞	枞[1] zōng。枞[2] cōng。

37. iong

佣	佣[1] yōng。佣[2] yòng。		

参考文献

（汉）班固：《汉书·艺文志》，商务印书馆 1955 年重印本。
（梁）刘勰：《文心雕龙》，郭晋稀注释本，岳麓书社 2004 年版。
（梁）沈约：《谢灵运传论》，载黄钧等选注《历代骈文选》，湖南文艺出版社 1986 年版。
（梁）萧子显：《南齐书》，吉林人民出版社 1995 年版。
（梁）钟嵘：《诗品》，张朵、李进栓注译本，中州古籍出版社 2010 年版。
（明）陈第：《毛诗古音考》，康瑞琮点校本，中华书局 1988 年版。
（明）于谦：《咏煤炭》，载林寒选注《于谦诗选》，浙江人民出版社 1982 年版。
（清）宋湘：《祭风台》，载陈元生、高金波主编《历代长江诗选》，长江文艺出版社 1993 年版。
（清）魏源：《海国图志》，中州古籍出版社 1999 年版。
（宋）惠洪：《天厨禁脔》，载《四库全书存目丛书》集部 415 册，齐鲁书社 1997 年版。
（宋）王溥：《唐会要》，中华书局 1955 年版。
（宋）王直方：《王直方诗话》，载《诗人玉屑》卷八，商务印书馆 1938 年版。
（隋）陆法言：《切韵序》，载《覆宋本重修广韵》，中华书局 1985 年版。
（唐）白居易：《寄唐生》，载《白居易全集》，中华书局 1979 年版。
（唐）陈子昂：《送魏大从军》，载彭庆生《陈子昂诗注》，四川人民出版社 1981 年版。
（唐）杜甫：《登高》，载张忠纲、孙微编选《杜甫集》，凤凰出版社 2006 年版。

（唐）杜甫：《秋兴之七》，载《李白杜甫诗全集》，北京燕山出版社 1995 年版。

（唐）杜牧：《山行》，载《杜牧集》，山西古籍出版社 2004 年版。

（唐）皎然：《诗式》，学海类编本。

（唐）李延寿：《南史》，中华书局 1975 年版。

（唐）李益：《喜见外弟又言别》，载王亦军等编注《李益集注》，甘肃人民出版社 1989 年版。

（唐）温庭筠：《更漏子》，载张红、张华编著《温庭筠词新释辑评》，中国书店 2003 年版。

（唐）殷璠：《河岳英灵集·集论》，载王筱云、韦凤娟编《中国古典文学名著分类集成 28 文论卷（一）》，百花文艺出版社 1994 年版。

（元）马致远：《天净沙秋思》，载刘益国校注《马致远散曲校注》，书目文献出版社 1989 年版。

（元）杨朝英：【双调】《湘妃怨》，许金榜注《阳春白雪》本，中州古籍出版社 1991 年版。

（元）周德清：《中原音韵·后序》，张玉来、耿军《中原音韵校本》本，中华书局 2013 年版。

［日］空海：《文镜秘府论》，王利器校注本，中国社会科学出版社 1983 年版。

［日］太田斋：《山东方言的儿化》，《东京都立大学人文学报》166 号，1984 年。

《阳光路上》编委会：《阳光路上——中国当代歌典》，上海音乐出版社 2012 年版。

艾青：《艾青诗选》，北京工艺美术出版社 2017 年版。

白雉山：《汉语新诗韵》，河南人民出版社 1989 年版。

鲍明炜：《略论汉族共同语的形成和发展》，《中国语文》1955 年 6 月号。

鲍明炜：《论现代诗韵》，《南京大学学报》（哲学社会科学版）1978 年第 4 期。

北京大学中国语言文学系语言学教研室：《汉语方音字汇》，语文出版社 2003 年版。

卜永清：《关于今韵分部的几个问题》，《河西学院学报》2005 年第 4 期。

曹剑芬：《普通话轻声音节特性分析》，《应用声学》1986年第4期。

车锡伦：《诗韵常识》，内蒙古人民出版社1975年版。后改称《韵辙新编》，内蒙古人民出版社1978年版。

车锡轮：《新诗韵的韵辙划分问题》，《内蒙古大学学报》（人文社会科学版）1977年第5期。

陈保亚：《第九章汉语音系学的形成和发展》，载林焘主编《中国语音学史》，语文出版社2010年版。

陈北郊：《韵脚词典》，北岳文艺出版社1996年版。

陈独秀：《文学革命论》，《新青年》第2卷第6号，1917年2月。

陈治文：《关于北京话里儿化的来源》，《中国语文》1965年第5期。

晨枫：《中国当代歌词史》，漓江出版社2002年版。

傅懋勣：《北京话的音位和拼音字母》，《中国语文》1956年5月号。

盖国梁：《中华韵典》，上海古籍出版社2004年版。

高亦涵：《简化统一诗韵》，世界科技出版公司2002年版。

高元白：《新诗韵十道辙儿》，陕西人民出版社1984年版。

广东人民出版社编：《常用同韵字汇编》，广东人民出版社1978年版。

郭小川：《郭小川代表作》，李丽中编，黄河文艺出版社1986年版。

郭成华：《新诗声律初探》，华文出版社2009年版。

何佩森：《梨园声韵学》，天津古籍出版社2004年版。

洪柏昭主编：《中华新韵府》，岳麓书社2005年版。

胡明扬：《北京话初探》，商务印书馆1987年版。

胡适：《逼上梁山》，《文化月刊》1934年第1期。

胡适：《倡导与尝试》，北方文艺出版社2018年版。

胡适：《谈新诗》，载《星期评论》纪念号，1919年10月10日。

胡适：《文学改良刍议》，《新青年》第2卷第5号，1917年1月。

胡适：《新婚杂诗》，见《尝试集》，外文出版社2013年版。

黄宝文：《中华诗词今韵》，敦煌文艺出版社1992年版。

黄伯荣、廖序东主编：《现代汉语》，高等教育出版社2002年版。

贾采珠：《北京话儿化词典（增订本）》，上海教育出版社2019年版。

江南诗词学会：《江南诗韵》，中州古籍出版社1997年版。

康白情：《新诗底我见》，《少年中国》第1卷第9期，1920年3月15日。

柯岩、胡笳主编:《"与史同在":当代中国新诗选》,作家出版社 2005 年版。
雷抒雁:《春神》,宁夏人民出版社 1982 年版。
黎锦熙、白涤洲:《国音分韵常用字表》,商务印书馆 1934 年版。
黎锦熙:《国语运动史纲》,商务印书馆 1934 年版。
黎锦熙:《诗歌新韵辙的调查研究小结》,《中国语文》1966 年第 2 期。
黎锦熙:《新部首索引国音字典》,商务印书馆 1949 年版。
黎锦熙:《增订注解国音常用字汇》,商务印书馆 1949 年版。
黎锦熙:《增订注解中华新韵》,商务印书馆 1950 年版。
黎锦熙:《诗歌新韵辙的"通押"总说》,《徐州师范学院学报》(哲学社会科学版)1984 年第 4 期。
李保彤主编:《中国名歌 1000 首》,山西教育出版社 2001 年版。
李炳卫:《韵典》,北平民社 1934 年版。
李格非:《汉语"儿词尾"音值演变问题的商榷》,《武汉大学学报》1956 年第 1 期。
李国正:《四川话儿化词问题初探》,《中国语文》1986 年第 5 期。
李锐:《我对现代汉语的理解》,载《当代作家评论》1998 年第 1 期。
李润霞主编:《中国新诗百年大典》,长江文艺出版社 2013 年版。
李慎行:《诗韵的发展与改革》,《宝鸡文理学院学报》1996 年第 1 期。
李慎行:《诗韵探索》,陕西旅游出版社 1996 年版。
李思敬:《汉语"儿"音史研究》,商务印书馆 1986 年版。
李思敬:《论现代汉语普通话中儿系列字的音值和儿音缀的形态音位》,《中国语言学报》第三期,商务印书馆 1988 年版。
李延瑞:《"儿化"性质及普通话儿化韵的发展趋势》,《语文建设》1996 年第 2 期。
李延瑞:《论普通话儿化韵及儿化音位》,《语文研究》1996 年第 2 期。
李渔:《李渔全集》第 2 卷《笠翁一家言诗词集》,浙江古籍出版社 1991 年版。
李兆同:《新诗韵》,云南人民出版社 1979 年版。
厉兵:《长海方言的儿化和子尾》,《方言》1981 年第 1 期。
梁前刚、郭进双:《诗韵常识简编》,河南人民出版社 1979 年版。
林焘:《北京话儿化韵个人读音差异问题》,《语文研究》1982 年第 2 期。

林焘：《探讨北京话轻声性质的初步实验》，《语言学论丛》第 10 辑，商务印书馆 1983 年版。

林焘、王理嘉：《语音学教程》，北京大学出版社 2013 年版。

林端：《历代诗韵沿革》，新疆人民出版社 2004 年版。

林端：《现代汉语中的 e、ê 音位略说》，《新疆大学学报》1979 年第 4 期。

林茂灿、严景助：《北京话轻声的声学性质》，《方言》1980 年第 2 期。

林语堂：《新韵建议》，《国学月刊》1936 年第 1 卷第 1—12 期。

刘半农：《诗与小说精神上之革新》，《新青年》第 3 卷第 5 号，1917 年 7 月。

刘半农：《我之文学改良观》，《新青年》第 3 卷第 3 号，1917 年 5 月。

刘飞茂等：《新诗韵词典》，学苑出版社 1994 年版。

刘增人、冯光廉：《臧克家作品欣赏》，广西教育出版社 1988 年版。

刘照雄：《说儿化》，《语言文字应用》2003 年第 3 期。

龙国富：《北京话儿尾结构历时演变研究》，《广西师范大学学报》2017 年第 4 期。

卢甲文：《现代韵书评论》，《语文研究》1980 年第 1 期。

卢甲文：《中华新韵》，《中州学刊》2004 年第 3 期。

卢甲文：《中华新韵（续）》，《中州学刊》2004 年第 4 期。

鲁允中：《韵辙常识》，人民出版社 1978 年版。

鲁允中：《轻声和儿化》，商务印书馆 2001 年版。

罗常培：《中州韵与十三辙》，《益世报·读书周刊》1935 年 9 月 19 日。

罗常培：《北京俗曲百种摘韵》，国民出版社 1943 年版。又来薰阁书店 1950 年版。

罗常培：《汉语音韵学导论》，中华书局 1956 年版。

罗常培：《汉语拼音字母演进史》，文字改革出版社 1959 年版。

罗常培：《京剧中的几个音韵问题》，载《罗常培语言学论文集》，商务印书馆 2004 年版。

马志伟：《十三辙新韵书》，商务印书馆 2007 年版。

毛娟编：《民歌老歌大家唱》，吉林出版集团有限责任公司 2015 年版。

毛元晶：《论汉语诗韵的历史和现状及其发展方向》，《南昌大学学报》（人文社会科学版）2006 年第 6 期。

毛泽东：《毛泽东诗词》，胡忠恕书写，天津人民出版社 1993 年版。

潘慎：《关于整理诗韵问题》，《太原师范专科学校学报》2001年第1期。
彭春生：《新韵谱新词谱新诗谱》，中国文联出版社2012年版。
彭颂声：《彭颂声诗词对联》，北京燕山出版社1999年版。
彭宗平：《北京儿化词研究》，中国传媒大学出版社2005年版。
钱玄同：《新文学与今韵问题》，载《新青年》第4卷第1期，1918年1月15日。
钱玄同：《与黎锦熙论"儿化韵"书》，附见《国音分用常用字汇》，商务印书馆1934年版。
钱曾怡：《论儿化》，《中国语言学报》第5期，商务印书馆1995年版。
钱曾怡主编：《汉语官话方言研究》，齐鲁书社2010年版。
秦观：《千秋岁》，载胡跃荣《精选宋词三百首》，岳麓书社2015年版。
秦似：《现代诗韵》，广西人民出版社1975年版。又1979年第二版。
秋枫：《中华实用诗韵》，吉林人民出版社2005年版。
任卫新：《四季相思》，载吕进、毛翰主编《新中国50年诗选（第3卷）》，重庆出版社1999年版。
唐虞：《"儿"［ɚ］音的演变》，《史语所集刊》第2本第2分，1932年。
王辅世：《北京话韵母的几个问题》，《中国语文》1963年第2期。
王洪君：《普通话韵母的分类》，《语文建设》1995年第1期。
王洪君：《什么是音系的基本单位》，《现代语言学》，语文出版社1994年版。
王慧三：《汉语诗韵》，中华书局1957年版。
王理嘉：《儿化规范综论》，《语言文字应用》2005年第3期。
王理嘉：《儿化韵研究中的几个问题——与李思敬先生商榷》，《中国语文》1991年第2期。
王理嘉、贺宁基：《北京话儿化韵的听辨实验和声学分析》，载林焘、王理嘉《北京语音实验录》，北京大学出版社1985年版。
王理嘉、王海丹：《儿化韵研究中的几个问题》，《中国语文》1991年第2期。
王力：《汉语诗律学》，上海教育出版社1979年版。
王力：《汉语史稿》，中华书局2004年版。
王力：《汉语语音史》，中国社会科学出版社1985年版。
王力：《诗经韵读》，见《王力文集》第六卷，山东教育出版社1986年版。
王力：《中国格律诗的传统和现代格律诗的问题》，《文学评论》1959年第3期。

普通话的分韵及韵谱字汇

王文宝编选：《北京民间儿歌选》，浙江人民出版社1982年版。
王曾：《现代汉语诗韵新编》，载沈延毅主编《沈阳文史研究》第3辑，1988年内部发行本。
王志洁：《儿化韵的特征架构》，《中国语文》1997年第1期。
魏建功：《关于〈中华新韵〉》，载《魏建功文集》第一卷，江苏教育出版社2001年版。
魏建功：《国语常用"轻声"字》，载《魏建功文集》第四卷，江苏教育出版社2001年版。
魏建功：《说辙儿》，《世界日报·国语周刊》1933年第103、104期。
魏建功等：《中华新韵》，成都茹古书局1941年版。又台湾正中书局1963年版。
温颖：《论十三辙》，《语文研究》1982年第2期。
温颖：《试论"波"、"歌"不宜分为两韵》，《杭州师范学院学报》（社会科学版）1981年第2期。
温颖：《试论现代汉语诗歌韵目》，《语文研究》1981年第1期。
闻一多：《律诗的研究》，《闻一多全集》，湖北人民出版社1993年版。
闻一多：《诗的格律》，《晨报副刊》，1926年5月13日。
闻一多：《闻一多论新诗》，武汉大学出版社1985年版。
吴敬恒：《请公布〈国音常用字汇〉函》，载《国音常用字汇》，商务印书馆1932年版。
吴立冈：《新华诗韵》，江苏教育出版社1990年版。
武承仁等：《诗韵手册》，山西人民出版社1979年版。
谢德馨：《中华新诗韵》，汉语大词典出版社2004年版。
谢冕：《百年中国新诗史略·总序：论中国新诗》，北京大学出版社2010年版。
星汉：《今韵说略》，《新疆师范大学学报》（哲学社会科学版）2002年第2期。
徐世荣：《普通话语音知识》，文字改革出版社1980年版。
徐世荣：《语文浅论集稿》，安徽教育出版社1984年版。
徐通锵：《宁波方言的"鸭"[ε]类词和"儿化"的残迹——从残存现象看语言的发展》，《中国语文》1985年第3期。
许霆：《关于新诗格律的几个问题》，《江苏大学学报》（社会科学版）

2007年第3期。

颜力钢、李淑娟：《诗歌韵脚词典》，新世界出版社1994年版。

颜同林：《土音入韵与现代白话新诗》，《首都师范大学学报》（社会科学版）2009年第2期。

杨春丽、张世莲编著：《声乐教程2》，西南师范大学出版社2014年版。

杨发兴：《中华今韵》，中华诗词出版社2006年版。

杨顺安：《普通话儿化音节规则合成的初步研究》，《中国语文》1991年第2期。

叶日升：《诗韵革新之我见》，《上饶师专学报》1996年第1期。

佚名：《尚书·尧典》，王世舜译注本，四川人民出版社1982年版。

尹贤：《诗韵手册》，甘肃人民出版社1992年版。

雨萌编著：《老歌精选》，现代出版社2014年版。

曾宪瑞编：《中国当代百家歌词选》，广西人民出版社1988年版。

张保先、王珍：《词林新韵》，中国国际广播出版社1989年版。

张清常：《汉语诗歌要求押韵》，《语言教学与研究》1998年第4期。

张善曾：《北京十三辙及词汇编》，中国文史出版社2008年版。

张世方：《北京官话语音研究》，北京语言大学出版社2010年版。

张伟编著：《中国声乐演唱曲集》，百花文艺出版社2015年版。

张笑侠：《国剧韵典》，戏曲研究社丛书1935年版。

张新颖编选：《中国新诗（1916—2000）》，复旦大学出版社2001年版。

张洵如：《北平音系十三辙》，中国大辞典编纂处1937年版。

张洵如：《北平音系小辙编》，开明书店1948年版。

张玉来：《从清代北京儿歌用韵看十三辙》，《山东师范大学学报》1997年第1期。

张玉来：《汉民族共同语形成问题》，《汉语音韵学第六次国际学术讨论会论文集》，香港文化教育出版社2000年版。

张玉来等：《历史书面文献音系"存雅求正"的性质与汉语语音史研究》，《语言研究》2016年第3期。

张允和：《诗歌新韵》，上海教育出版社1959年版。

张再峰：《怎样唱京剧》，湖南文艺出版社2014年版。

张正体、张婷婷：《中华韵学》，台湾商务印书馆1978年版。

章亚昕主编：《百年新诗（社会卷）》，百花文艺出版社2012年版。

赵京战：《中华新韵》，中华书局2011年版。

赵秀环：《汉语普通话绕口令集锦》，知识出版社1993年版。

赵元任：《国音新诗韵》，商务印书馆1923年版。

赵元任：《汉语口语语法》，吕叔湘译，商务印书馆1979年版。

赵元任：《语言问题》，商务印书馆1980年版。

郑林曦：《怎样合辙押韵》，北京出版社1965年版。又北京出版社1980年版。

郑南：《走向诗神》，花城出版社1999年版。

中国社会科学院语言研究所：《新华字典》（第11版），商务印书馆2016年第537印次。

中国社会科学院语言研究所词典编辑室：《现代汉语词典》（第7版），商务印书馆2016年版。

中国文字改革委员会普通话语音研究班编：《普通话轻声词汇编》，商务印书馆1963年版。

中华书局编印：《诗韵新编》，中华书局1965年版。

周长楫：《〈诗经〉通韵合韵说疑释》，《厦门大学学报》（哲学社会科学版）1995年第3期。

周长楫：《厦门方言研究》，福建人民出版社1997年版。

周殿福、吴宗济：《普通话发音图谱》，商务印书馆1963年版。

周定一：《〈红楼梦〉里的"儿"和"子"》，《中国语言学报》第二期，商务印书馆1985年版。

周祖谟：《普通话正音问题》，《中国语文》1956年第5期。

朱宝全、朱忆鲁：《中华新韵谱》，华侨出版社1995年版。

朱光林等：《现代汉语新韵》，光明日报出版社2000年版。

朱光潜：《诗论》，北京出版社2005年版。

朱文熊：《江苏新字母》，文字改革出版社1957年版。

朱自清：《诗韵》，见《朱自清全集》（2），江苏教育出版社1988年版。